축구에 관한 모든 것

18 축구룰

축구에 관한 모든 것 시리즈
18 축구룰

초판 1쇄 발행 _ 2015년 10월 16일
지은이 _ 정재헌
펴낸이 _ 김명석
편집인 _ 김영세
표　지 _ 박한솔
마케팅 _ 김미영
제작인쇄 _ 정문사
펴낸곳 _ 도서출판 엘티에스 출판부 "사람들"
등　록 _ 제2011-78호
주　소 _ 서울시 관악구 신림동 103-117번지 5F
전　화 _ 02-587-8607
팩　스 _ 02-876-8607
블로그 _ http : //blog.daum.net/ltslaw
이메일 _ ltslaw@hanmail.net

* 이 책의 판권은 지은이와
  도서출판 엘티에스 출판부 "사람들"에 있습니다.
  양측의 서면 동의 없는 무단전재 및 복제를 금합니다.
* 저자와의 협의하에 인지는 생략합니다.
* 축구에 관한 모든 것 시리즈(전50권)는
  2016년 12월 완간을 목표로 하고 있습니다.
* 축구에 남다른 열정을 가진 분이라면 누구나
  이 시리즈의 저자가 될 수 있습니다.

ⓒ　2015
저자 이메일 wjdwogjs911@naver.com
ISBN 978-89-97653-95-9　14690
정가 16,000원

차 례

[서문] 쉽고도 어려운 축구 규정   8

제1장 경기장   23

1. 역사 ········· 29
2. 크기 ········· 30
3. 인조 잔디 ········· 31
4. 골대 ········· 33
5. 코너 플래그 ········· 42

제2장 볼   51

1. 역사 ········· 56
2. 주인 ········· 59
3. 색상 ········· 60
4. 결함 ········· 61

제3장 경기자 수   67

1. 역사 ········· 72
2. 수 ········· 73
3. 교체 선수 ········· 78
4. 교체 절차 ········· 81

제4장 선수 장비　　　　　　　　　　　　　　　　　　　　93

1. 역사 ·· 98
2. 색상 ·· 100
3. 등번호 ··· 102
4. 소매 ·· 104
5. 축구화 ··· 105
6. 정강이 보호대 ·· 107
7. 보온장비 ··· 108
8. 장신구 ··· 109
9. 장갑 ·· 111
10. 모자 ··· 112
11. 특수 보호 장비 ··· 113

제5장 주심　　　　　　　　　　　　　　　　　　　　　　　125

1. Umpire와 Referee ·· 129
2. 휘슬 ·· 130
3. 수신호 ··· 131
4. 어드밴티지 ·· 135
5. 판정 번복 ··· 136
6. 2명의 주심 ··· 137

제6장 부심　　　　　　　　　　　　　　　　　　　　　　　147

1. 역사 ·· 151
2. 깃발 신호 ··· 153

제7장 경기 시간　　　　　　　　　　　　　　　　　　　　163

1. 역사 ·· 167
2. 추가 시간 ··· 168
3. 중단 경기 ··· 179

4. 60분 캠페인 ····· 180

제8장 경기 개시와 재개 185

1. 동전 던지기 ····· 190
2. 드롭볼 ····· 191
3. 쿨링 브레이크 ····· 193

제9장 볼의 인 플레이와 아웃 오브 플레이 199

1. 터치라인, 골라인 ····· 204
2. 볼이 심판에 맞은 경우 ····· 206

제10장 득점 방법 209

1. 골라인 ····· 214
2. 골라인 테크놀로지 ····· 216
3. 연장전 ····· 220
4. 특이한 규정 ····· 223

제11장 오프사이드 231

1. 역사 ····· 235
2. 오프사이드 ····· 238

제12장 반칙과 불법행위 263

1. 골키퍼 보호구역 ····· 270
2. 카드 ····· 271
3. 핸드볼 ····· 273
4. 홀딩 ····· 278
5. 골 셀레브레이션 ····· 279
6. 항의 ····· 284
7. 골키퍼에게 범해진 위반 ····· 285

8. 반 스포츠적 행위 ·· 286
9. 퇴장성 플레이 ·· 289

제13장 프리킥   319

1. 직접 프리킥과 간접 프리킥 ··· 324
2. 위험한 태도로 플레이했을 경우 ··· 327
3. 상대 선수의 진행을 방해했을 경우 ·· 327
4. 골키퍼가 자신의 손에서 볼을 놓기 전에 6초를 초과하여 가지고 있을 경우
   ·· 328
5. 동료가 의도적으로 패스한 볼을 골키퍼가 손으로 만질 경우 ········· 330
6. 수비벽과 빠른 프리킥 ··· 331
7. 베니싱 스프레이 시스템 ··· 334

제14장 페널티킥   341

1. 역사 ·· 347
2. 볼이 인 플레이 되기 이전 ··· 349
3. 탭 페널티 ·· 350
4. 파라딘하 ·· 350
5. 골라인 ··· 352
6. 35 yard 페널티킥 ··· 353
7. 다른 선수의 볼 터치 이전에 키커가 볼을 터치할 경우 ················· 353

제15장 스로인   361

1. 역사 ·· 366
2. 스로인 반칙 ·· 368

제16장 골킥   377

1. 역사 ·· 383
2. 위치 ·· 384
3. 골킥 득점 ·· 385

제17장 코너킥 391

1. 올림피코 ··· 396
2. 코너 아크 ··· 397
3. 9.15m ·· 399

제18장 기타조항 405

1. 승부차기 ··· 407
2. 기술 지역 ··· 409
3. 감독 및 코치 퇴장 ··· 410
4. 주심 교체 ··· 412

필자 서문

쉽고도 어려운 축구규정

웨일즈 국가대표 출신의 필 우즈넘(Phil Woosnam)은 "축구 규정은 간단하다. 기본적으로 볼이 움직이면 차고 그렇지 않으면 움직일 때까지 찬다."라고 말했다. 그저 볼을 차서 상대편 골문에 넣는 간단한 행위다. 발로 차는 원초적이고도 간단한 행위가 축구의 전부라지만, 그 이면에는 17개의 조항이 존재한다. 법이 존재하여 사회질서가 바로 잡히듯 축구규정의 존재는 무질서하던 축구 경기의 질서를 바로 잡아줬다. 공통된 규정 아래 체계를 갖춰나가기 시작했고, 월드컵을 비롯한 각종 국제대회들이 열리면서 전 세계가 즐기는 스포츠로 자리매김했다.

이후 규정의 변화는 거듭되었다. 규정의 개정에 따라 전술의 트렌드도 변화해왔고, 이를 잘 이용한 팀들은 한 시대를 호령했다. 그만큼 규정은 경기에 지대한 영향을 미친다.

2002년 한일 월드컵 4강 이후 대한민국 축구는 급격하게 발전했다. 전체적인 시스템, 관련 시설들, 그리고 국가대표팀을 비롯하여 K리그 팀들도 국제무대에서 좋은 모습을 꾸준히 보여주고 있다. 그러나 정작 가장 기본적인 규정의 중요성은 배제되고 있다. 국내에 축구와 관련한 다양한 서적들이 출시되고 있으나, 규정을 다룬 책은 찾아보기가 힘들다. 워킹 홀리데이로 1년

간 머물렀던 캐나다에서도 서점마다 축구 규정을 간단하게나마 다룬 서적들이 한 권씩은 비치되어 있었다. 현지 사람들의 관심은 오로지 하키임에도 불구하고 말이다. 대한축구협회에서 매년 규정에 관한 번역본을 제공하고 있지만, 보편화되지 않은 것이 현실이다. 여전히 올바르지 않은 용어가 사용되거나 규정이 잘못 알려져 있는 부분도 많다. 본문에 수록된 K리그 선수들의 국제대회 속 실수들 역시, 규정이 덜 숙지된 상태에서 비롯했다. 아마추어 대회 역시 그러하다.

이 책은 축구 규정에 관한 전반적인 내용과 함께 역사적 배경, 변천 과정을 담아냈다. 다소 딱딱할 수 있는 내용을 감안하여 17항으로 이루어진 각 항의 앞부분에 저자의 생각 혹은 이야기를 담아냈다. 또한 각 조항이 어떻게 실제 경기에서 적용되었는지 알아보기 위해 다양한 사례와 함께 그림을 첨부하여 이해를 돕고 있다. 책을 접하고 난 뒤, 독자 분들의 축구를 보는 재미도 배가 될 뿐더러 시야를 넓히는 데에도 도움이 될 것이라고 확신한다.

이 책이 나올 수 있도록 믿고 기다려주신 김명석 출판사 대표님과 관계자 분들, 기회를 주신 이용욱 저자, 그래픽 작업을 도와준 재오, 한샘이, 그리고 표지 작업을 해준 한솔이와 더불어 조언을 준 주변 분들에게 감사하다는 말을 전하고 싶다.

들어가기 전에

 이 책은 전체적으로 FIFA 정관의 경기 규정(Laws of the Game) 17항에 관한 내용을 담고 있다. 수십 년을 거쳐 거듭해온 규정의 제정과 개정은 오늘날에도 계속되고 있다. 이러한 노력은 오늘날 축구가 전 세계인이 함께 즐기는 스포츠가 되는 데에 일조했다. 통합된 규정 하에 국가별 리그가 출범할 수 있었고, 세계를 무대로 하는 국가 대항전이 가능해졌다. 나라마다 각기 다른 규정이 적용된다면 지구촌 축제라 불리는 월드컵은 상상도 할 수 없었을 것이다.

 오락으로 시작한 축구는 승부를 가리기 위해 경쟁하는 팀 스포츠로 이어졌다. 축구에서 오는 원초적인 즐거움보다는 승리의 쾌감이 우선시 되었다. 초록 잔디 위에서 몸과 몸을 맞대며 경쟁하는 22명의 선수들이 승리에 집중하면서 경기는 더욱 거칠어졌다. 책임과 동시에 의무라 할 수 있는 스포츠맨십 정신은 찾아보기 힘들다. 기본이 되어야 할 스포츠 정신을 표면적으로 보여준 선수를 영웅화하고 상까지 수여하는 환경이 조성되어 버렸다.

 비단 선수들만의 문제가 아니다. 관중들은 경기를 보기 위해 기꺼이 돈을 지불하고 경기장을 찾는다. 그들은 목청 높여 소리를 지르며 자신들의 집단을 대표하는 선수들을 응원한다. 이 과정에서 승부에 집착한 나머지 그릇된 응원문화로 이어지기도 한다. 경기장으로 온갖 쓰레기가 날아들고 상대 선수를 비방함은 물론 폭력사태도 발생한다. 열기가 과열되는 더비전의 경우 만일의 사태에 대비하여 경찰들이 경기장에 배치된다.

　국가대표팀과 양국 클럽간의 경기는 더욱 심각한 사태를 낳기도 한다. 단순한 응원을 넘어서 민족주의와 국가주의, 극단적인 경우 국수주의가 표출된다. 인종차별은 구호와 몸짓으로 나타나고, 상대 국가와 민족을 비하하기 위한 걸개들은 경기장 곳곳에 나타난다. 경기장 밖에서는 집단 싸움이 유혈 사태로도 이어진다.

　FIFA는 규정에 따라서 선수의 부당한 행위에 대해 경고와 퇴장으로 제재하고 심각할 경우 추가적인 징계를 부여하고 있다. 또한 안팎에서 벌어지는 일부 팬들의 폭력 행위나 인종 차별, 정치적 행위에 대해서는 벌금이나 무관중 경기, 혹은 경기 중단과 부전패 처리 등의 중징계를 내리기도 한다.

　이러한 노력 이외에도 FIFA는 캠페인을 진행하고 있다. 대표적인 예로 'Fair Play'과 'Say no to racism'이 있다. 경기 규정 곳곳에서도 페어플레이 정신과 차별 반대의 이념들이 17개의 조항에 깊이 스며들어 있다. 차별에 반대하고 차이를 인정하며 축구 본연의 가치를 극대화하기 위한 FIFA의 캠페인은 17항의 경기 규정들보다 더 알려져야 하고 강조되어야 한다. 축구를 하는 모든 사람들이 이념들을 정확히 인지하고 실현했으면 한다.

페어플레이 (MY GAME IS FAIR PLAY)

 FIFA는 스포츠맨십을 증대시키고 경기 속의 차별을 방지하기 위해 페어플레이 캠페인을 시행하고 있다. FIFA가 주관하는 모든 경기에서는 선수입장과 동시에 'My game is fair play'라는 문구가 새겨진 노란 깃발이 등장한다. 선수들과 심판들은 악수를 나누며 경기 규칙을 준수하고 정정당당하게 경기에 임할 것을 암묵적으로 다짐한다.

1. 공정하게 경기하라.
2. 승리를 위해서 경기하지만 지더라도 겸허히 패배를 인정하라.
3. 경기 규정을 준수하라.
4. 상대방, 팀 동료, 심판들과 관중들을 존중하라.
5. 축구에 대한 관심을 유발하라.
6. 축구의 훌륭한 명성을 지키는 사람들을 존중하라.
7. 부정부패, 마약, 인종차별, 폭력과 그 밖의 축구를 위협하는 모든 것에 대해 거부하라.
8. 부정한 압력에 저항하는 자들을 도와라.
9. 축구의 명예를 훼손하는 자들을 고발하라.
10. 축구를 통해서 더 나은 세상을 만들어라.

FIFA는 축구경기 안팎에서 페어플레이 정신을 존중한 개인이나 단체에 한해서 상을 수여한다. 이탈리아 출신 파올로 디 카니오(Paolo Di Canio)의 사례를 들 수 있다. 잉글랜드 프리미어리그 웨스트햄 유나이티드(West Ham United) 소속이었던 그는 에버튼(Everton)을 상대로 1:1의 무승부를 이어가던 중 상대 문전에서 결정적인 골 찬스를 맞았다. 그러나 그 와중에 부상당한 골키퍼를 본 디 카니오는 슛을 시도하는 대신 볼을 손으로 잡고 경기를 중단시켰다. FIFA는 "멋진 스포츠맨십을 보여준 특별한 사례(A special act of good sportsmanship)"라고 극찬했고, 이듬해 그는 2001년 FIFA가 선정한 올해의 페어플레이 선수에 뽑히는 영광을 누렸다.

이런 식으로 FIFA는 매해 페어플레이를 펼친 선수나 그룹에게 FIFA Fair Play상을 수여하고 있다. 또한 1997년부터 매년 국제경기가 있는 한 주를 'FIFA Fair Play Days'로 지정했다. 이 기간 동안에는 경기장 안과 밖에서 페어플레이를 알리고 그 중요성을 강조하고 있다.

No Racisim

FIFA는 책임감을 가지고 모든 종류의 축구에서의 차별을 없애기 위해 노력한다. 반 인종차별 대한 내용은 FIFA 정관 3조에도 명시하고 있다.

Article 3. Non-discrimination and stance against racism

Discrimination of any kind against a country, private person or group of people on account of ethnic origin, gender, language, religion, politics, or any other reason is strictly prohibited and punishable by suspension or expulsion

인종, 성별, 언어, 종교, 정치 혹은 어떠한 이유에서도 국가, 개인 혹은 단체에 대한 차별은 엄격히 금지된다. 이러한 행위를 한 선수는 권리 제재와 제명 등의 징계를 받을 수 있다.

명시된 규정을 어길 시에는 FIFA Disciplinary Code를 거쳐서 제재를 받게 된다. 제재를 받을 수 있는 대상은 경기장에서 경기하는 선수뿐만이 아닌, 클럽, 심판, FIFA에서 허가한 인원들과 더불어 관중들도 포함된다.

FIFA는 2001년 부에노스아이레스 결의안 이후 다양한 노력을 펼쳤다. 2004년엔 "심판, 선수, 에이전트는 특히 인종, 민족성, 문화, 정치, 지역, 성, 언어와 관련한 차별을 삼가야 한다."는 점을 윤리규정에 포함하였다. 2006년엔 'Say no to racism'이라는 캠페인을 시작하여 독일에서 열린 월드컵을 통해 캠페인을 전파하였고, 인종차별에 대한 처벌규정을 좀 더 강화하였다. 2007년에는 '90 minutes for Mandela' 경기를 주최하여 세계 올스타와 아프리카 올스타의 친선경기를 개최해 전 세계 축구팬들에게 강한 메시지를 던졌다. 또한 2010년에는 남아프리카 공화국 월드컵 8강전에서 'Anti-Discrimination days'를 맞아 인종차별주의에 반대하는 넬슨 만델라의 선언문 낭독이 있었다.

이와 같이 FIFA와 UEFA(유럽축구연맹)는 월드컵 등 주요 경기에서 팀의 주장이나 심판에게 선언문을 낭독하게 하여 축구 행사에서 발생할 수 있는 민족성, 문화, 정치, 성(젠더) 관련 차별을 근절하기 위해 노력하고 있다. 특히 UEFA는 2001년부터 'Football Against Racism in Europe' (FARE) 네트워크와 긴밀한 협력을 맺고 있다. 이를 통해 관련 행사를 개최하고 인종차별주의 행위에 대한 비관용적인 태도와 함께 다양성에 대한 존중의 메시지를 전하고 있다. 2013년 6월 열린 총회에서는 논란이 되는 인종차별을 뿌리뽑고자 개혁안을 내놓기도 했다. 인종차별과 연루된 팀은 하위리그로 강등되거나 승점을 삭감하며, 관련 선수는 최소 5경기 출전금지는 물론 경기장 출입을 차단하는 방안을 내놓은 바 있다.

영국축구협회는 'Kick it out' 이라는 슬로건 하에 인종차별을 줄이기 위한 일련의 활동을 하고 있다. 현재는 인종차별 행위를 보고하는 모바일 애플리케이션을 개발 중에 있다. 그라운드에서 발생하는 인종차별 행위를 적발한 경우 팬들은 애플리케이션을 통해 글을 남긴다. 이는 즉각 영국축구협회와 각 구단으로 보고된다. '인종차별 행위 보고 애플리케이션'의 제작자인 로이진 우드(Roisin Wood)가 실시한 설문조사에서 75%에 달하는 팬들이 그라운드에서 발생하는 인종차별은 축구 경기를 관람하는 데에 큰 문제가 된다고 응답했다. 무료로 배포될 애플리케이션이 인종차별 척결에 긍정적인 영향을 줄 것이라고 예상되어 많은 이들의 관심이 쏠리고 있다.

FARE Action

　Fare 단체는 1999년에 설립되었다. 좁은 범위의 지역을 넘어서 국제적인 수준에서 다양한 단체들과 협력하며 축구계의 모든 차별을 없애기 위해 노력하는 단체이다. 이를 통하여 모든 사람들이 두려움이 없이 축구를 즐기고 경기를 관람하며 자유롭게 의견을 공유할 수 있는 환경을 조성하고자 노력한다. 또한, 축구가 차별과 사회적 소외를 극복하는 수단이 되는 데에 도움을 준다.

　인종차별이 유럽 내에서 일어나지 않도록 그라운드 안팎에서 교육하며 대중 매체를 통해서 이를 전파한다. 인적 네트워크를 형성하고 좋은 관행을 초국가적으로 조성한다. 어린이들과 이주자, 또는 종교적으로나 성적소수자들을 위한 다양한 활동도 하고 있다.

Fare 단체와 협력하는 UEFA는 매년 10월에 'Anti-racism Week'를 지정하고 외국인 혐오증, 편협한 시선, 인종차별을 줄이기 위하여 경기장 안팎에서 여러 가지 활동을 진행한다. 경기장 대형 화면을 통하여 30초간 Respect TV 광고를 전하고 대형 스피커를 활용해 인종차별 반대에 팬들이 동조해주길 호소한다. 선수입장 시 선수들을 에스코트하는 어린이들도 인종차별 반대 티셔츠를 착용하며, 각 팀의 주장들의 팔에는 인종차별 반대 주장 완장이 착용된다. 이목이 집중되는 UEFA 챔피언스 리그와 유로파 리그 경기에서 진행되며 유럽에서 가장 큰 규모의 반 인종차별 캠페인으로 점점 활동범위를 넓혀가고 있다.

이처럼 FIFA를 비롯한 많은 기구와 단체들이 나서서 인종차별 철폐를 위해서 힘을 쓰고 있지만 아직도 축구계에서는 인종차별이 계속되고 있다. 'Say no to racism'이라는 문구가 새겨진 광고판을 버젓이 옆에 두고도 여전히 인종차별로 인한 사건들은 계속해서 발생한다.

잉글랜드 프리미어리그의 리버풀(Liverpool)과 맨체스터 유나이티드(Manchester United) 경기에서도 인종차별 문제가 발생했다. 2011년 리버풀 소속이었던 루이스 수아레즈(Luis Suarez)는 경기 중 상대 선수인 에브라 선수에게 흑인을 비하하는 발언을 하였고, 파트리스 에브라(Patrice Evra)의 언론 인터뷰를 통해 그 사실이 알려졌다. 수아레즈는 축구협회로부터 8경기 출장 정지의 징계를 받았다. 이듬해 다시 리버풀과 맨체스터 유나이티드와의 경기에서 수아레즈는 에브라가 건넨 화해의 악수를 거부하며 비난을 사기도 했다.

　인종차별이 문제되고 있는 대표적인 리그는 이탈리아이다. 코파 이탈리아 결승전 특설 무대에 초청된 싸이의 '강남스타일'은 그가 동양인이라는 이유로 관중들의 야유를 받기도 하였다. 또한, 2012-13 시즌 유로파리그 세리에 A의 SS 라치오(SS Lazio)와 프리미어리그의 토튼햄 핫스퍼(Tottenham Hotspur) 간 경기에서 라치오 서포터들은 유대인을 비하하는 노래와 함께 구호를 외치기도 하였고, 토튼햄 서포터는 라치오 서포터의 공격을 받기도 하였다. AC 밀란(AC Milan)의 미드필더 케빈 프린스 보아텡(Kevin Prince Boateng)은 경기 도중 관중들의 인종차별에 기분이 상하여 경기장을 나가는 사건도 있었다.

　이탈리아 축구협회에서는 인종차별 가해자에게 10경기 경기장 출입 금지를 처분하는 새 방안을 도입했다. 이는 5경기 출입 금지였던 기존 처벌보다 강화된 규정이며, 같은 사건이 재발할 시 클럽이 5만 유로 벌금 및 무관중 경기 징계를 받게 된다. 승점 삭감 등 추가 징계도 도입되면서 제도적으로나마 인종차별로 인해 발생될 사건들을 미연에 방지하기 위해 노력하고 있다.

러시아 모스크바에서 열린 2013-14 UEFA 챔피언스 조별리그 D조 맨체스터 시티(Manchester City)와 CSKA 모스크바(CSKA Moscow)의 경기에서 인종차별로 의심되는 원숭이 소리가 들렸다. 맨체스터 시티의 야야 투레(Yaya Toure)는 인터뷰를 통해 실망감을 표시했고, 러시아 관중들의 인종차별이 계속된다면 흑인 선수들이 2018 러시아 월드컵에 보이콧을 선언할 수 있다고 전했다. UEFA는 당시 경기 주심인 오비디우 하테간(Ovidiu Hategan)을 비롯하여 부심들을 소집했고, 결국 혐의가 인정되었다. UEFA는 지난 2013년 4월에 밝혔던 UEFA 징계 기준대로 경기장의 일부를 폐쇄하고 구단에는 최소 5만 유로(한화 약 7,300만원)를 부과했다. 또 인종차별 행위가 있을 경우 경기장 전체를 폐쇄하여 무관중 경기를 치르게 할 것이라고 밝혔다. 이 징계로 인해 CSKA 모스크바는 이미지 실추와 함께 경기 입장 수익에서도 상당한 감소를 떠안게 되었다.

제1장
경기장

제1장 경기장

 아빠 품에 쏙 안긴 아기부터 연륜이 묻어난 커플룩의 노부부까지 모두의 발걸음은 경기장으로 향하고 있다. 환한 조명으로

빛을 내고 있는 웅장한 경기장 너머로 들려오는 관중들의 환호성과 응원 소리는 사람들의 발걸음을 재촉하기에 충분하다. 경기장 앞에서 분주히 움직이는 사람들과 입장권을 사기 위해 길게 늘어선 사람들 모두 저마다 들뜬 표정을 감추지 못한다.

점점 더 두근거리는 심장의 울림은 좁은 통로에 들어서는 순간 최고조에 이른다. 눈앞에는 경기장을 메운 수많은 관중들과 푸른 잔디 위에서 몸을 풀고 있는 선수들이 보인다. 동시에 귓가에는 한껏 흥을 돋구어주는 양 팀 서포터들의 응원소리가 들려오고 모두가 그 분위기에 흠뻑 취하고 만다. 주심의 힘찬 휘슬 소리와 함께 환희와 탄식, 슬픔과 기쁨, 응원과 야유가 공존하는 90분의 드라마 혹은 별들의 전쟁이 시작된다.

어느 대륙 속 국가, 국가 속 지역, 지역 속 경기장의 모습을 묘사한 것이 아니다. FIFA 회원국은 209개국으로 UN 회원국의 수를 넘어섰고, 월드컵은 세계인의 축제가 되었다. 월드컵 결승전의 시청 인구는 30억여 명[1]을 넘어섰다. 축구만큼 많은 사람들이 즐기는 스포츠가 있을까, 오늘날 축구는 스포츠를 넘어 다른 종교나 문화도 가지지 못하는 보편성을 가졌다. 지금 이 순간에도 지구 어딘가에서 볼은 굴러가고 있다. 남녀노소, 종교와 인종을 불문하고 볼 하나에 열광하게 된 이유는 무엇일까?

먼저 축구는 어디서나 가능하다. 아스팔트 위에서, 흙먼지 날리는 흙바닥은 양반이다. 필리핀 보라카이 바다 속에서 한국, 독일, 필리핀, 스쿠버다이버들의 수중경기가 열리기도 한다. 핀란드에서는 'Swamp Soccer'라는 무릎까지 빠지는 진흙탕 경기

---

[1] 2006년 독일 월드컵 결승전 시청 인구

장에서 볼을 찬다. 날선 스케이트가 있어야 할 빙판 위에서도 축구는 존재한다. 1954년, 독일을 스위스 월드컵 우승국으로 이끈 독일의 공격수 막스 모를로크(Max Morlock)는 얼어붙은 연못 위에서 얼음 축구를 통해 균형 감각을 연마했다고 한다. 아름다운 축구의 대명사 프랑스의 지네딘 지단(Zinedine Zidane)을 비롯하여 많은 선수들도 잔디가 아닌 길거리에서 축구를 시작했다. 운동장이 부족한 북한에서는 벽에 흰색 페인트로 골대와 가상 골키퍼를 그려 넣고 연습을 한다. 그저 몸을 가눌 수 있을 정도의 공간만 주어진다면 축구는 가능하다.

또한, 무엇으로든 가능하다. 볼을 차는 행위가 축구이고, 축구가 곧 볼을 차는 행위라 할 수 있다. 죽은 사람들의 해골을 차고 놀던 놀이가 축구의 기원이라는 설도 존재하는데, 어느 것이 볼이 될 수 없을까. 필자의 군 시절 체육대회에서는 둥글지 않은 럭비공과 축구공을 동시에 놓고 22명을 뛰어다니게 만들기도 했다. 종목은 축구가 분명했다. 비단 공뿐만이 아니라 마시던 음료수 캔, 플라스틱 뚜껑, 종이 뭉치든 상관이 없다. 굳이 굴러가지 않아도 미끄러져 나아가 상대의 골대에 넣을 수 있다면 그것이 볼이요 곧 축구이다.

마지막으로 축구는 누구나 쉽게 가능하다. 공식적인 경기의 조건을 갖추고 경기를 하지 않는 이상, 공간과 찰 수 있는 무언가만 있다면 다른 것들은 걸림돌이 되지 않는다. 값비싼 축구화가 없어도, 땀을 흡수해줄 유니폼이 없어도 문제가 되지 않는다. 복잡한 규칙 또한 중요하지 않다. 골키퍼 외엔 손을 쓸 수 없고 상대 골문으로 볼을 넣으면 득점이라는 기초적인 규칙만으로도 경기는 가능하다. 양 팀 선수의 수는 11명이 아니어도 문제없으며 실력 차이에 따라서 인원의 수를 조정할 수도 있다. 게다가 그들이 어디에서 왔든, 어떤 언어를 사용하든, 혹은 신체조건이 뛰어나든 아니든 축구는 유희라는 원초적인 목적을 달성하는 데에 문제가 되지 않는다.

언제, 어디서나, 누구나 쉽게 즐길 수 있는 이러한 축구의 단순성은 축구 저변이 특정 지역이 아닌 세계 각지로 확대되는 것에 기여했다. '제3의 길'의 저자 앤서니 기든스(Anthony Giddens)는 "스포츠, 그 중에 축구는 세계화 그 자체."라고 말한다. 동일한 규칙 아래 볼 하나를 놓고 국가와 민족, 종교, 빈부격차, 인종과 언어를 막론하고 모두가 함께 즐기며 열광한다. 단순성과 보편성을 가진 축구는 이제 70억 인류의 만국 공통어가 되었다.

1. 역사

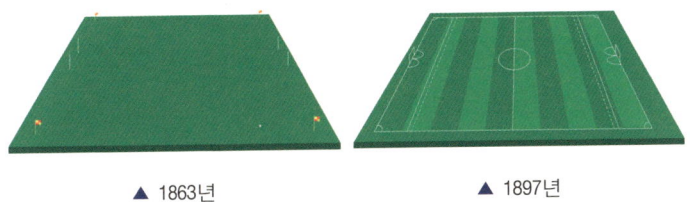

▲ 1863년   ▲ 1897년

초록색 잔디 위에 하얀색 선이 그어지기까지는 꽤나 오랜 시간이 걸렸다. 1863년의 초기 규정에는 골라인과 터치라인에 대해선 따로 명시되지 않았다. 길이 180m, 폭 90m로 현재 경기장보다 훨씬 큰 경기장에 7.32m 거리에 골대 대신 막대기가 놓여 있었다. 현재까지 골대 간격은 유지되고 있다. 1882년부터는 터치라인과 골라인과 같은 경계선을 표시하기 시작했다. 5년 뒤에는 골키퍼가 자기 진영에서만 손을 사용할 수 있도록 하면서 경기장 가운데에 하프라인이 그어졌다. 또한 1882년에 크로스바의 높이가 결정되면서 골대라는 형태를 점점 갖추기 시작했다.

1891년에는 골대부터 약 11m 거리에 페널티킥 라인이 그어졌다. 16.5m 거리의 점선은 지금의 페널티킥 상황에서 다른 선수들이 들어오지 못하는 경계선이다. 지금의 골라인부터 페널티 박스의 거리와 같다. 이후 1897년에 경기장 각 모서리에 깃발이 세워졌고, 1902년에 선과 점선이 페널티 박스로 바뀌면서 점차 현재 경기장의 모습을 갖췄다.

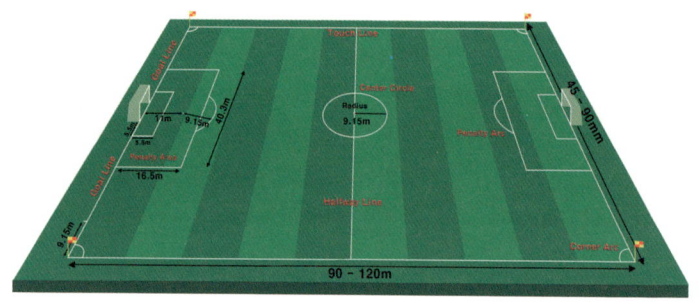

2. 크기

1897년부터 경기장 규격이 정해지면서 경기장은 직사각형 모양을 이루기 시작했다. 당시 국제경기 규격은 길이가 100~110m(110-120yd), 너비가 65m~75m(70-80yd)로 오늘날과 큰 차이를 보이진 않았다.

2008년에 IFAB[2]에서 국제경기장의 규격을 길이 105m(115yard)와 너비 68m(75yard)로 일반화하자는 주장이 나왔으나 실행으로 옮겨지진 않았다.

현재는 길이 100~110m(110-120yard), 너비 64~75m(70-80yard)의 규격 범위에 따라 각 경기장마다 크기는 다르게 나타난다. 2003년 워릭대학교(The University of Warwick)의 알렉스 모튼(Alex Morton) 박사와 헨리 스콧(Henry Scott) 박사는 넓은 경기장

---

[2] International Football Association Board의 준말로 국제축구협회평의회로 불린다. 축구 규정과 경기방식을 결정하는 협의체로 1886년에 설립되었다. 잉글랜드, 스코틀랜드, 웨일스, 북아일랜드, 웨일스 축구 협회를 대표하는 4명과 국제 축구 연맹(FIFA)을 대표하는 4명으로 총 8인으로 구성된다.

일수록 적은 수의 골이 터진다는 연구 결과를 내기도 하였다. 좁은 경기장과 넓은 경기장의 차이는 경기에 임하는 양 팀의 전술에도 영향을 미친다.

2007년 캐나다에서 열린 20세 이하 청소년 월드컵이 열린 여러 경기장 중 한국이 속한 D조의 조별 예선은 몬트리올 올림픽 경기장에서 진행되었다. D조에 속한 브라질, 한국, 폴란드, 미국은 터치라인과 골라인이 일반 경기장에 비해 5m 이상 긴 몬트리올 경기장을 이용해서 경기장을 넓게 사용하는 전술을 사용하기도 하였다.

3. 인조 잔디

지난 2004년부터 인조 잔디 경기장에서도 공식적인 경기가 열렸다. 먼저 시범적으로 2003년 U-17 세계 청소년 축구대회 결승전과 예선전 등 10경기가 인조 잔디 경기장에서 진행되었다. 최근에는 2010년 남아공 월드컵에서도 인조 잔디가 섞인 경기장에서 경기가 열린 바 있다. 직접 경기에 임하는 선수들이나 감독들은 인조 잔디 경기장에 대한 의견이 분분하다.

인조 잔디의 장점으로는 먼저 관리가 용이하다. MLS[3] 리그의 스포르팅 캔자스시티(Sporting Kansas City)는 2억 달러를 경기장 신축을 위해 투자하였다. 신축된 리브스트롱 스포르팅 파크(Livestrong Sporting Park)는 개장 후 많은 호평을 받았지만, 2억

---

3) Major League Soccer의 준말로 미국 프로축구리그를 말한다. 1996년에 10개의 팀으로 시작하여 현재는 17개의 미국팀과 3개의 캐나다팀으로 구성되어 있다.

달러짜리 경기장에도 문제가 생겼다. 캔자스 시티의 뜨거운 태양 아래, 공연장을 찾은 여러 가수들의 공연과 그동안 밀린 경기 일정을 치르고 나니 잔디가 뿌리를 내리지 못한 것이다. 결국 푸르게 펼쳐졌던 천연 잔디는 모래 바닥처럼 변해버리고 말았다.

최근에는 과학기술의 발달로 인조 잔디의 품질도 천연 잔디 수준에 이르렀다. 2012년 1월에는 인조 잔디 시스템에 대한 FIFA 규격에 대한 항목을 개정하는 등 FIFA의 인조 잔디 경기장 수준 향상을 위한 노력이 계속되고 있다.

이와 같이 인조잔디는 천연 잔디와 비교했을 때 날씨의 영향을 적게 받는다. 반면, 계속해서 사용되어온 천연 잔디에 대부분의 선수들이 익숙해져 있기 때문에 부상의 우려가 크다. 단점으로는 계속해서 사용되어온 천연 잔디에 대부분의 선수들이 익숙해져 있기 때문에 부상의 우려가 크다. 실제로 2014년 10월 10일 안도라와 웨일즈의 유로 2016 예선 경기에서 웨일즈의 아론 램지(Aaron Ramsey)가 인조 잔디 때문에 발목 부상을 당했다. 동료인 가레스 베일(Gareth Bale)과 감독 크리스 콜만(Chris Coleman)은 경기 후 인터뷰에서 인조 잔디 사용에 대한 불만을 표했다.

해리 래드냅(Harry Redknapp) 감독 역시 잉글랜드 프리미어리그 토트넘 홋스퍼(Tottenham Hotspur)의 지휘봉을 잡던 시절에 인조 잔디에 대한 불만을 인터뷰를 통해 밝힌 바 있다. 그는 UEFA 챔피언스리그 플레이오프 1차전 원정경기에서 스위스 리그의 BSC 영 보이스(BSC Young Boys)에게 패배했다. 경기가 끝난 뒤 영 보이스의 홈 경기장인 스타드 드 스위스(Starde de Suisse)경기장의 인조 잔디를 언급하면서 부상에 대한 우려로 주전 선수를 4명이나 출전시키지 않았다고 밝혔다.

 국내에서는 인조 잔디의 유해성에 관한 논란도 빚어졌다. 관리의 용이함과 저렴한 관리 비용 때문에 학교 내에 인조 잔디가 설치되고 있는 추세이다. 그런데 인조 잔디에서 기준치 이상의 납 성분이 검출되거나 구성하는 고무분말이 피부에 손상을 줄 수 있다는 문제점도 계속 제기되고 있다. 이러한 다양한 문제점에도 불구하고 천연 잔디 구장의 문제점을 보완하며 관리의 용이함, 비용 절약 면에서 인조 잔디 경기장이 많이 설립되고 있다.

4. 골대

 1882년에 형태를 갖춘 골대는 7.32m의 거리를 두고 굳건히 서 있는 길이 2.44m의 두 골포스트와 그것들이 받치고 있는 크로스바로 이루어져 있다. 그 안으로 볼이 통과되면 득점으로 인정되며 득점은 곧 승리를 결정한다. 그래서 골대의 존재는 경기에 필수적이라고 할 수 있다. 1967년 북아일랜드의 클럽 간 경기에서는 골포스트가 설치되지 않아서 경기가 연기된 적도 있었다.

꼭 있어야 할 곳에 있어야 하는 골대지만 공교롭게도 은은하게 부정적인 뉘앙스가 풍긴다. '골대를 맞추면 진다.'라는 축구계의 오랜 속설이 있을 정도다. 선수의 발을 떠난 볼이 골대를 강타하는 순간, 선수는 물론 응원하던 팬들의 얼굴에도 패배의 그림자가 드리워진다.

2013-14 K리그 클래식 3R **수원삼성 블루윙즈** vs **포항 스틸러스**

▲ 모두를 웃고 울린 수원 월드컵 경기장의 골대

2:0으로 일찌감치 앞서가던 포항 스틸러스는 전반 41분, 공격수 조찬호가 시도한 슈팅이 크로스바를 맞췄다. 아쉬움이 채 가시기도 전인 5분 뒤, 조찬호의 슈팅이 다시 한 번 크로스바를 강타했다. 수원은 점수 차이를 좁히기 위해 후반전에 분발하기 시작했다.

 수원의 공격수 제난 라돈치치(Dzenan Radoncic)가 후반 3분에 골포스트를 맞췄고, 그는 35분에 한 번 더 골포스트를 맞추고 말았다. 라돈치치가 머리를 감싸 쥐는 사이 골포스트에 맞고 나온 볼을 다시 한 번 수원의 공격수 조동건이 재차 슈팅을 시도했으나, 볼은 포항 수비수에 맞고 굴절되면서 이번에는 크로스바에 맞고 튀어나왔다. 만회골을 위해 한시가 급한 수원은 포항을 밀어붙였다. 그러던 후반 47분에 라돈치치가 '골대 해트트릭'을 달성하면서 경기는 끝났다. 양 팀은 총 6번 골대를 맞추면서 K리그 신기록을 수립했고, 이 해프닝은 여러 해외 언론에도 소개되었다.

골네트

 초기에는 골네트(Goal-Net)가 설치되지 않은 채로, 기둥만이 덩그러니 놓여 있었다. 볼이 골대로 빠르게 날아올 경우 골포스트 사이로 들어갔는지, 옆으로 들어갔는지 판별하기가 어려웠다. 그러던 1889년에 리버풀 출신의 존 알렉산더 브로디(John Alexander Brodie)가 골네트를 발명했다. 엔지니어 출신인 그의 발명품은 1892년 FA컵 결승에서 처음으로 사용되었고, 1893년 FA컵부터는 모든 경기에서 의무적으로 골네트가 설치되었다.

경기 전에 부심은 항상 골네트를 점검해야 한다. 두 부심은 양쪽 골네트에 구멍이 뚫리진 않았는지 경기 중에도 이상이 없을지 점검한 뒤 경기 전 부심 위치로 돌아가야 한다.

2013-14 독일 분데스리가 9R
바이엘 04 레버쿠젠 vs TSG 1899 호펜하임

후반 25분, 바이어 04 레버쿠젠(Bayer 04 Leverkusen)의 미드필더 곤살로 카스트로(Gonzalo Castro)가 시도한 코너킥을 동료 공격수 슈테판 키슬링(Stefan Kieβling)이 헤딩슛으로 연결했다. 그의 머리를 떠난 볼은 골포스트 안이 아닌 옆 그물로 향했고, 볼은 그물을 통과하여 안으로 들어왔다. 주심은 득점을 인정했고 관중들은 환호했으나, 정작 헤딩을 시도한 키슬링은 아쉬워하면서 머리를 감싸 쥐고 있었다. 뒤늦게 득점을 알아차린 키슬링은 동료들과 기뻐하면서도 자신도 어이없다는 제스처를 취했다. 리플레이 화면에서도 볼이 옆 그물을 통과하였고, 주심의 판정은 명백한 오심이었다. TSG 1899 호펜하임(TSG 1899 Hoffenhaim) 선수들은 뚫려 있는 그물을 주심에게 보여주면서 항의했으나, 주심은 경기를 그대로 진행했다.

2:1로 패배한 호펜하임 구단은 경기가 끝난 후에 독일축구협회에 항소했다. 그러나 독일축구협회는 항소를 받아들이지 않았고, 키슬링의 '유령골'을 공식득점으로 인정하면서 재경기를 허락하지 않았다.

골포스트

크로스바를 지탱하는 두 개의 기둥을 골포스트(Goalpost)라고 한다. 노끈에서 시작한 크로스바와 달리 일찍부터 세워져 있던 골포스트는 바람에 견딜만한 기둥으로 시작했다. 때문에 골포스트의 높이나 너비에 관한 규정보다는 안전성 문제에 대해서 논란이 많았다. 목재, 금속이나 철재 등으로 제작되는 골포스트는 선수들에게 위험요소가 될 수 있기 때문이다. 골을 넣겠다는 일념 하에 골대를 향해 달려드는 공격수와 그 선수를 막기 위한 수비수와 골키퍼 가릴 것 없이 골대에 부딪히는 사고도 종종 일어난다. 실제로 중상이나 사망사고로 이어진 경우도 있다.

필드에 고정되지 않은 채로 크로스바를 지탱하던 골포스트가 무너지면서 사고가 발생한 경우도 있다. 브라질의 2부 리그

인 세리에 B에서 케이프코엔세(Chapecoense)와 크리시우마 (Criciúma)의 경기에서 골대가 무너졌다. 레안드로 마르코스 페레이라(Leandro Marcos Pereira)는 달리던 가속도를 이기지 못한 채 골라인 넘어가기 직전의 볼을 걷어낸 뒤 그대로 골문으로 빨려 들어갔고, 그는 축구 골대 그물과 엉키면서 쓰러졌다. 그 순간 골대가 페레이라를 향해 쓰러졌고 순간적으로 왼쪽 발을 들며 골대를 필사적으로 막았다. 다행히 큰 사고로 이어지지는 않았지만 골대가 무너지는 아찔한 상황이 연출되었고, 1시간 30여 분 지연된 경기는 골대를 새로 교체한 뒤에야 재개되었다.

　1966년부터 IFAB에서 골포스트는 나무, 금속 혹은 승인된 나머지 재료로 구성하도록 규정했다. 또한, 팔각형과 경사지게 깎인 모서리 형태의 골포스트는 허용하지 않았고, 직각사각형과 원형, 타원형의 포스트만 허용이 되었으나, 1987년에는 FIFA에 의해 사각형 포스트도 금지되었다. 색상은 1988년부터 하얀색으로 통일했다. 영국 축구협회는 2001년에 모든 골포스트를 정해진 기준에 따라 검사를 실시하기도 했다.

크로스바

　크로스바(Crossbar)는 두 개의 골포스트 상단을 수평으로 연결한 길이 7.32미터의 가로 기둥을 말한다. 폭과 두께는 골포스트와 같되 12센티미터를 초과할 수 없다. 목재, 금속 또는 승인된 재료로만 만들어야 하며 모양은 정사각형, 직사각형, 원형, 타원형 등으로 선수의 안전을 확보할 수 있어야 한다. 경기 도중 크로스바가 부러지거나 위치가 바뀌었을 경우에는 수리를 마치거나 제 위치에 놓일 때까지 주심은 플레이를 중지시킨다. 수리가 완료되었을 경우에는 크로스바에 문제가 생긴 것을 발견했을 때 볼이 있던 위치에서 드롭볼로 경기를 재개하며, 수리가 불가능할 경우에는 경기를 포기해야 한다.

▲ 1872년 영국과 스코틀랜드의 친선경기, 끈으로 연결된 크로스바

원시 축구의 '골대'에는 골포스트만 있고 크로스바가 없었다. 아무리 볼이 높이 치솟아도 포스트 사이만 통과하면 골인이었던 것이다. 잉글랜드축구협회는 1863년에 '볼이 골포스트 사이의 공간을 통과하면 득점으로 인정한다.'고 규정했다. 당시 선수들은 높이 뜬 볼이 골포스트 사이로 지나가는 경우 득점 여부에 대해 다투는 일이 많았다. 영국에서 열린 한 경기에서 지면으로부터 약 10m의 높이로 치솟은 볼이 골대 사이를 지났고, 득점으로 인정되면서 적지 않은 논란이 일었다. 이후 1882년에 축구

협회는 8피트(2.44m)로 크로스바의 높이를 정했고, 공허하던 골대 상단이 드디어 채워졌다. 초기에는 노끈에서 시작하여 테이프, 목재, 최근에는 금속 재질과 가벼운 알루미늄, 스틸 소재 골대들이 세워지고 있다.

골포스트와 마찬가지로 1987년 이후로 사각형 골대 사용이 금지되었다. 1976년 유로피언컵[4] 결승전에서 바이에른 뮌헨(Bayern Munich)과 AS 생테티엔(AS Saint-Etienne)의 경기에서 벌어진 해프닝이 영향을 주었다는 이야기도 있다. 결승전이 열린 스코틀랜드의 국립 축구 경기장 햄던 파크(Hampden Park)에는 각진 사각형의 골대가 설치되어 있었다. 0:0 상황에서 생테티엔의 미드필더 도미니크 배써니(Dominique Batheney)는 뮌헨의 골키퍼 제프 마이어(Sepp Maier)와의 1:1 상황에서 슛을 시도했다. 발을 떠난 볼은 크로스바에 맞고 튀어나왔다. 원형 골대였으면 들어갔을지도 모를 상황이었다. 사각형의 골대에서만 볼 수 있는 상황이 벌어진 것이다. 아쉬움을 뒤로하고 다시 찾아온 공격 찬스에서 자크 산티니(Jaques Santini)가 헤딩슛을 시도했다. 또 한 번 크로스바에 맞고 나오면서 서포터즈들은 머리를 감싸 쥐어야 했다. 경기 결과는 1:0으로 승리의 여신은 뮌헨의 손을 들어주었다. 경기가 끝난 후 생테티엔은 햄던 파크의 크로스바가 골을 방해했다고 주장했다. 생테티엔의 서포터들은 경기장을 떠나며 "les poteaux carres"[5]을 수없이 되뇌었을 것이다.

---

[4] 1955년 프랑스의 스포츠 일간신문 레퀴프의 편집자 가브리엘 아노(Gabriel Hanot)가 제안하면서 포르투갈의 리스본에서 '유로피언 챔피언스 클럽컵(European Champions Clubs'cup)'이라는 명칭으로 첫 대회가 열렸다. 이후 現 UEFA 챔피언스리그(UEFA Champions League)로 발전했다.

5. 코너 플래그

코너 플래그(Corner Flag)는 1890년 중반부터 제자리를 지켜왔다. 직사각형 모양의 경기장에는 각 4개의 꼭짓점에 최소 1.5m 높이의 깃발이 꽂혀 있어야 한다. 터치라인과 골라인이 만나는 지점에 놓인 코너 플래그는 스로인과 코너킥의 구분을 가능하게 해준다. 주심과 부심이 정확히 판단할 수 없는 위치에서 볼이 골라인과 터치라인의 경계로 나가는 경우, 코너 플래그를 통해 구별을 용이하게 하기 위함이다. 만약 경기장에 깃발이 없는 경우 주심은 모든 수단을 동원하여 깃발을 구해야 한다. 만약 깃발을 구하지 못할 경우 경기는 그대로 진행하지만, 해당 팀은 협회의 징계를 받을 수 있다.

---

5) 프랑스어로 사각 기둥

선수들은 간혹 깃발을 골 세리머니를 위한 도구로 사용한다. 깃발을 뽑거나 부러뜨리는 등의 행위도 서슴지 않는데, 이벤트성 경기에서는 문제가 되지 않지만 일반적으로는 주심에게 경고 조치를 받는다. 또한, 볼이 코너 플래그에 맞고 라인 밖으로 나가지 않고 필드 위에 있을 경우 경기는 계속 진행된다.

경기장 규칙 요약

경기장 표면

대회 규정에 따라 천연 잔디 또는 인조 잔디 위에서 경기할 수 있다.

인조 잔디의 색상은 반드시 녹색이어야 한다.

FIFA 가맹 협회 또는 국제 클럽팀의 공식 경기에서 인조 표면을 사용할 경우, FIFA의 특별 지침을 받지 않았다면, 표면은 축구 잔디용 FIFA 품질 기준 또는 국제 인조잔디의 표준의 조건을 충족해야 한다.

경기장의 표시

경기장은 반드시 직사각형이어야 하고 선으로 표시한다. 경계선은 각 지역 넓이에 포함된다.

두 개의 긴 경계선은 터치라인이라 한다. 두 개의 짧은 경계선은 골라인이라 한다.

경기장 2개 터치라인의 중앙 지점과 만나는 중앙선(하프웨이

라인)에 의해 둘로 나뉜다.

센터 마크는 중앙선의 가운데 지점에 표시한다. 센터 서클은 반지름이 9.15m (10야드)인 원을 그려 표시한다.

코너킥을 실시할 때 수비수들이 규정 거리를 물러설 수 있도록 경기장 밖에 표시할 수 있으며, 이 표시는 코너 아크로부터 9.15미터 (10야드) 떨어진 골라인과 터치라인에 직각으로 표시할 수 있다.

크기

터치라인의 길이는 골라인의 길이보다 반드시 더 길어야 한다.

길이 : 최소 90m (100야드)
　　　　최대 120m (130야드)
너비 : 최소 45m (50야드)
　　　　최대 90m (100야드)

모든 선은 동일한 너비이어야 하고, 그 너비는 12cm (5인치) 이하이어야 한다.

국제경기

길이 : 최소 100m (110야드)
　　　　최대 110m (120야드)
너비 : 최소 64m (70야드)
　　　　최대 75m (80야드)

골 에어리어

각 골 포스트의 안쪽에서 코너 쪽으로 5.5m(6야드) 되는 곳에서 골라인과 직각되게 경기장 안쪽으로 5.5m(6야드) 길이의 두 개의 선을 긋고, 그 끝을 골라인과 평행이 되게 직선으로 연결한다. 이 선들과 골라인으로 둘러싸인 지역이 골 에어리어이다.

페널티 에어리어

각 골포스트의 안쪽에서 16.5m(18야드) 되는 곳에서 골라인과 직각되게 경기장 안쪽으로 16.5m(18야드) 길이의 두 개의 선을 긋고, 그 끝을 골라인과 평행이 되게 직선으로 연결한다. 이 선들과 골라인으로 둘러싸인 지역을 페널티 에어리어라 한다.

각 페널티 에어리어 안의 두 골 포스트 중앙에서 11m(12야드) 되는 지점에 페널티 마크를 표시한다.

페널티 아크는 각 페널티 마크에서 반지름이 9.15m(10야드)인 원호를 페널티 에어리어 밖에 그린다.

플래그 포스트

높이 1.5m(5피트) 이상의 끝이 날카롭지 않은 깃대와 깃발을 각 코너에 설치한다. 중앙선의 양 끝 터치라인 밖 1m(1야드) 이상 되는 지점에 깃대를 설치할 수 있다.

코너 아크

각 코너 플래그 포스트에서 반지름이 1m(1야드)인 1/4원을 경기장 안쪽에 그린다.

골대

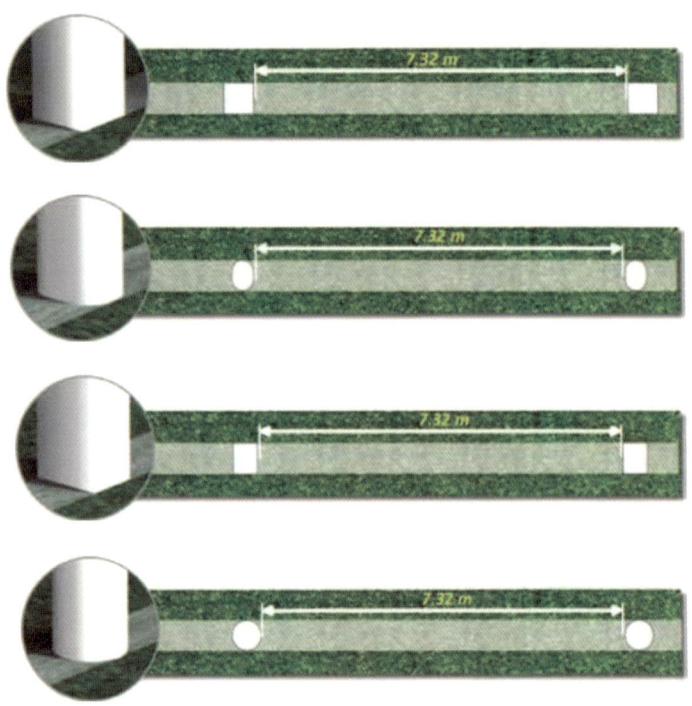

골은 반드시 각 골라인의 중앙에 설치한다.

양 코너 플래그 포스트에서 같은 거리에 두 개의 포스트를 수직으로 세우고, 두 개의 포스트 윗부분을 수평의 크로스바로 연결한다. 골포스트와 크로스바는 나무 또는 금속, 다른 승인된 재료로 만들어져야 한다. 그것은 선수에게 위험하지 않아야 하며 반드시 정사각형, 직사각형, 원 또는 타원형이어야 한다.

양 포스트의 거리는 7.32m(8야드)이고, 지면에서 크로스바의 아래쪽까지의 높이는 2.44m(8피트)이다.

만약 골포스트의 형태가 사각형일 경우(위에서 보이는 바와 같이), 양측은 반드시 골라인과 평행 또는 직각이어야 한다. 크로스바의 측면은 반드시 지면과 평행 또는 수직으로 있어야만 한다.

만약 골포스트의 형태가 타원형일 경우(위에서 보이는 바와 같이) 가장 긴 축이 반드시 골라인과 직각이어야 한다. 크로스바의 가장 긴 축은 반드시 지면과 평행해야 한다.

만약 골포스트의 형태가 직사각형일 경우(위에서 보이는 바와 같이), 가장 긴 면이 골라인과 직각이어야 한다. 크로스바의 가장 긴 면은 반드시 지면과 평행해야 한다.

골포스트와 크로스바의 폭과 두께는 같아야 하며, 12cm(5인치)를 초과해서는 안 된다. 골라인의 폭은 골포스트와 크로스바의 폭과 같아야 한다. 골네트를 골대와 골대 뒤쪽 지면에 설치할 수 있으나 골네트가 완전하게 박힌 상태에서 골키퍼를 방해하지 않는 조건이어야 한다.

골포스트와 크로스바는 반드시 흰색이어야 한다.

안전

골대는 지면에 안전하게 고정되어야 한다. 이동식 골대는 안전에 대한 조건이 갖추어졌다면 사용할 수 있다.

국제축구평의회 결정사항

결정 1

기술 지역이 있을 경우, 해당 기술 지역은 국제축구평의회에서 승인한 본 규칙서의 '기술 지역' 섹션에 포함된 요구조건과 같아야 한다.

결정 2

GLT가 사용되면, 골 프레임의 변형은 허용될 것이다. 그것들은 위에서 설명한 'Goals'와 GLT를 위한 FIFA 품질 프로그램에 명시된 규정을 따라야 한다.

경기장의 표시

경기장에 점선이나 골을 판 경기장 표시는 허용하지 않는다.

선수가 경기장에 자신의 발로 허가되지 않은 표시를 한다면, 그 선수는 반 스포츠적 행위로 경고를 받아야 한다. 만일 주심이 경기 도중 이를 인지했다면, 주심은 볼이 다음 아웃 오브 플레이 때 위반 선수를 반 스포츠적 행위로 경고해야 한다.

오직 규칙 1에서 지정된 선만 경기장에 표시되어야 한다.
인조 잔디 구장의 경우, 다른 선들이 축구에 사용되는 선과 다른 색상이거나 명확히 구분이 된다면 허용한다.

골대

크로스바가 제 위치가 아니거나 파손되었다면, 크로스바가 수리되거나 제 위치에 놓일 때까지 플레이는 중단한다. 만일 크로스바를 수리하는 것이 불가능하다면, 경기는 중단되어야 한다. 크로스바를 대신하기 위한 밧줄의 사용은 허락하지 않는다. 크로스바가 수리될 수 있다면 경기는 플레이가 중단되었을 때 볼 위치에서 드롭볼로 재개하며 플레이가 골 에어리어 내에서 중단된 경우, 플레이가 중단되었을 때 볼의 위치에서 가장 가까운 골라인과 평행한 골 에어리어 선상에서 드롭볼로 전개한다.

상업 광고

지면 위의 광고는 경기장 경계선에서 최소한 1m 이상 떨어져야 한다.

입식광고는 최소한:

- 터치라인에서 1m 이상 떨어져야 한다.
- 골라인에서부터 골네트와 같은 거리만큼 떨어져야 하고 골네트로부터 1m 떨어져야 한다.

상업적인 광고물은 실제로든 가상으로든, 선수들이 경기장에 들어와서 하프타임에 경기장을 떠날 때까지, 그리고 다시 들어와서 경기가 끝날 때까지 경기장, 기술지역 또는 터치라인 밖 1m 이내에는 허용되지 않는다. 모든 종류의 광고물은 골, 네트, 블랙 포스트, 플래그에 표시할 수 없다. 또한 골네트, 플래그 포스트, 플래그에도 외부의 설치물(카메라, 마이크) 등을 부착할 수 없다.

로고와 엠블럼

경기 시간 동안에는 실제로든 가상으로든 FIFA, 대륙연맹, 회원국 협회, 리그, 클럽 또는 기타 조직을 상징하는 로고 또는 엠블럼을 경기장이나 골네트, 골네트로 둘러싸인 지역, 골, 플래그 포스트 및 깃발에 재구성하는 것을 금지한다.

제2장

볼

제2장 볼

2014년 브라질 월드컵 개회식, 제프 블래터(Joseph Blatter) 전 FIFA 회장과 함께 반기문 UN 사무총장. 지우마 호세프(Dilma Rousseff) 브라질 대통령은 "오늘 우리는 경기의 승리뿐만 아니라 평화의 승리를 위해 함께 모였다."를 시작으로 공동 선언문[6]을 발표했다. 공동 선언문은 월드컵 경기가 열리는 모든 경기장에 울려 퍼졌고 TV를 통해 전 세계 팬들에게 전파되었다. 관중들은 지우마 호세프 브라질 대통령을 기다렸다는 듯 야유 소리를 쏟아냈다. 그 외침은 경기장을 가득 메웠고 경기장 밖에서는 또 다른 소리가 들려오는 듯했다. 그 소리는 평화와 존중, 평등을 간절히 바라는 브라질 국민들의 외침이었다.

---

[6] 브라질 월드컵 공동 선언문. "경기의 승리뿐만 아니라 평화의 승리를 위해 함께 모였다. 브라질과 UN, FIFA는 평화와 관용, 인간의 권리에 대한 존중의 메시지를 공유하고자 한다. 모든 선수와 감독들, 전 세계의 팬들이여. 모든 종류의 차별에 싸우고 성, 인종, 민족, 성적 지향, 종교 또는 계급에 구애받지 않는 상호 존중을 위해 힘을 합치자. 이는 우리가 이번 월드컵과 그 이후로도 꾸준히 전파하겠다고 굳게 약속하는 보편적인 가치이자 열망이다."

    브라질 정부가 당시 개회식에만 들인 비용이 81억, 월드컵 개최 비용은 12조 8500억 원이다. 지난 2010년 남아공 월드컵보다 4배 정도 많은 비용이다. 브라질의 지니 계수[7]가 0.56으로 세계 10위권, 물가는 끝을 모르고 상승곡선을 그렸지만 FIFA와 정부는 대회를 강행했다.

    '모든 것을 위한 축구, 축구를 위한 모든 것 (Football for All, All for Football)', 제프 블래터 전 회장의 철학이다. 모두가 즐길 수 있고 함께 즐겨야 하는 월드컵 개회식에서 FIFA 회장을 포함한 그들은 전 세계에 평등과 평화의 메시지를 던졌다. 동시에 브라질 국민들 역시 50여개 도시에서 "누구를 위한 월드컵인가?"라는 물음을 던지며 하나둘씩 거리로 나섰다. 그러나 대중

---

7) 지니 계수(Gini Index). 계층 간 소득 차이를 나타내는 지표로 전 세계 국가들의 불평등 정도를 나타낸다.

들의 목소리는 공권력에 의해 묻혔고, 전 세계로 울려 퍼지던 FIFA 수장의 메시지 역시 대중들의 야유 소리에 묻혀 버렸다. 월드컵은 인종과 민족, 문화와 언어, 종교를 뛰어넘어 '이질성'이라는 단어를 무색하게 만드는 모두가 즐기는 축제의 장이다. 그러나 아이러니하게도 모두들 평화와 평등을 갈망하고 있다.

결국 군중의 외침은 뒤로한 채 대회는 강행되었고, 브라질 월드컵에서도 볼은 어김없이 굴러갔다. 2010년 남아공 월드컵 우승국 스페인은 네덜란드에게 1:5의 패배 이후 조별예선에서 탈락했고, "죽음의 D조" 탈락 1순위였던 코스타리카는 우루과이와 이탈리아를 차례로 격파하며 16강에 올랐다. 3·4위전에서는 개최국 브라질이 독일에게 1:7의 참패를 당하는 등 어느 대회보다도 이변이 속출했다. 다른 대회보다 괜스레 이변이 더 반

갑게 느껴졌다.

축구공은 둥글다. 어디로 튈지 모르는 둥근 볼이 누군가의 편을 들어주지는 않는다. 상대적인 강자와 약자는 존재하지만, 절대적인 강자와 약자는 없다. "절대적"이라는 단어를 비웃기라도 하듯 어느 쪽으로도 치우치지 않고 공평하게, 그리고 정직하게 굴러간다. 마치 둥근 축구공만이 평화와 평등의 메시지를 전 세계에 알리겠다는 그들의 뜻을 몸소 실현하고 있는 듯하다. 둥근 축구공, 모두가 열광하는 평등의 산물은 오늘도 어딘가에서 굴러가고 있다.

1. 역사

동물의 가죽으로 만든 볼을 차는 행위에 대한 기록은 고대 이집트와 그리스, 로마부터 전해져 온다. 털 등으로 채워진 돼지 방광을 차고 노는 축구와 유사한 형태의 놀이가 행해졌다고 한다. 중세시대 유럽에서는 사람의 머리를 두고 군중들은 그것을 차고 놀기도 했다.

돼지 방광 혹은 동물의 털을 끈으로 엮은 둥근 형태는 1855년에 찰스 굿이어(Charles Goodyear)가 첫 번째 가죽 축구공을 개발하면서 볼의 형태를 갖췄다. 이전의 돼지 방광과는 달리 쉽게 형태가 일그러지지 않았다. 1862년에 리차드 린던(Richard Lindon)의 발명으로 부풀릴 수 있는 가죽 볼을 생산했다. 볼은 이전보다 좀 더 차기 쉬워졌고, 더욱 견고해졌다.

1866년 3월 셰필드(Sheffield)와 런던 연고팀과의 경기에서 쓰인 '릴리화이트 No.5(Lillywhite No.5)'가 1871년 FA컵의 공인구로 정해졌고, 1873년에 영국 축구협회가 볼의 둘레 길이는 27인치~28인치(68.5~71cm)로 규정했다.

 가죽으로 제작된 볼은 비가 오는 날이면 돌이 되었다. 볼은 물을 흡수하면서 무거워졌고, 선수들은 볼을 다루는 데 애를 먹었다. 게다가 공기 밸브 대신 끈으로 구멍을 메우면서 구(球)형태를 갖추지 못했다. 1934년 이탈리아 월드컵에서는 총 70골이 나왔는데 그 중 헤딩골은 2골 뿐이었다. 잉글랜드의 스트라이커 제프 애슬(Jeff Astle)은 2002년에 치매 증상을 보이다가 사망했는데, 사인은 퇴행성 뇌질환으로 판명됐다. 조사한 검사관에 따르면 그가 물을 흡수하여 볼이 무거워지는 구식 가죽 볼으로 오랜 기간 헤딩을 하면서 충격이 누적된 결과라고 밝혔다.

▲ 1855년 찰스 굿이어의 첫 가죽 축구공

이후 공기 밸브가 발명되면서 볼은 조금씩 구의 형태를 갖춰 갔다. 그러나 비가 오면 무거워지는 문제는 계속되었다. 물만 먹으면 볼의 무게가 달라지면서 경기 시작 전에 무게를 측정할 표준 중량의 기준이 필요했다. 1937년, 볼의 표준 중량은 410~450g으로 정해졌고 기존의 둘레 길이와 함께 오늘날까지 이어지고 있다. 그 다음 1938년 프랑스 월드컵에서는 볼에 코팅 처리로 물의 흡수를 막았고, 공기 밸브를 달아서 매끈한 볼의 형태가 되었다. 덕분에 이전 월드컵과 달리 총 84골 중에 17개의 헤딩골이 나왔다.

▲ 축구공의 신세계를 연 리처드 벅민스터 풀러

1970년대에 들어와서 발명가 리처드 벅민스터 풀러(Richard Buckminster Fuller)의 버키볼(Buckyball)은 축구공의 신세계를 열었다. 6각형과 5각형 패널로 구성된 버키볼은 1970년 멕시코 월드컵 기간에 검은색과 흰색의 패널로 이루어져 사용되었다. 1986년 멕시코 월드컵부터는 가죽에서 벗어나, 아즈테카(Azteca)라는 합성 섬유를 사용해서 볼을 만들었다. 이후 구(球)형태에 가까워지기 위해 패널 수를 줄이는 노력이 계속되고 있다. 2014년 브라질 월드컵 공인구인 브라주카(Brazuca)는 6개의 패널로 구성되었다.

2. 주인

공인구가 정해지기 이전에는 홈팀이 경기에 쓰일 볼과 여분의 볼까지 마련해야 했다. 부의 상징이었던 축구공을 다량으로 가지고 있던 구단은 드물었다. 때문에 볼이 없어서 경기가 중단되는 경우도 많았다. 1967년 2월에 열린 울버햄튼 원더러스(Wolverhampton Wanderers)의 피터 노레스(Peter Knowles)는 포츠머스(Portsmouth)를 상대로 골을 넣은 뒤, 골 세리머니로 볼을 경기장 밖으로 날렸다가 구단에서 보상을 요구하는 영수증을 받기도 했다.

볼을 두고 양 국가가 실랑이를 벌인 경우도 있었다. 1930년 우루과이 월드컵 결승전, 개최국 우루과이와 아르헨티나와의 경기였다. 양 팀은 경기를 앞두고 한동안 다퉜다. 당시에는 월드컵 공인구가 없었다. 결국 양 팀의 신경전 끝에 벨기에의 진 란제누스(Jean Langenus) 주심은 동전을 던져서 이를 결정하기로 했다. 결국 양 팀은 전반전에는 아르헨티나의 볼을, 후반전에는 우루과이의 볼을 사용하기로 합의했다. 아르헨티나가 전반전에 1:2로 리드하더니, 자국의 공으로 후반전에 나선 우루과이 선수들이 3골을 몰아치며 4:2로 승리했다. 이후 1970년 멕시코 월드컵부터는 국제축구연맹이 아디다스의 축구공을 공인구로 지정하여 사용하고 있다.

3. 색상

▲ 슬레진저에서 제작한 오렌지색 볼

흑백 TV가 보급되던 1950년대에 사람들은 공식 경기에서 쓰이는 흰색 볼을 회색으로 알고 있었다. 눈에 띄기 쉬운 흰색 볼이 널리 사용되었는데, 경기장에 눈이 오는 날에는 대책이 없었다. 푸른 잔디 위에 눈이 소복이 쌓이는 날이면 경기는 연기되었고 고민은 늘어갔다. 1963년에 오렌지색, 노란색, 그리고 빨간색 볼이 나왔다. 1966년 잉글랜드 월드컵 결승전에서 슬레진저(Slazenger)[8]에서 제작한 오렌지색 볼을 사용했다. 현재는 경기장 환경에 따라 선수들과 심판, 그리고 관중들이 잘 식별할

---
8) 1881년 랄프, 알버트(Ralph, Albert) 슬레진저 형제가 설립한 스포츠 용품 회사

수 있는 색상의 볼을 사용한다.

4. 결함

2차 세계대전 전후로 볼을 생산하는 공장에선 규격에 맞춰 생산하기 어려웠다. 볼의 바람이 빠지거나 터지는 경우가 허다했다. 때문에 경기 중에 볼의 결점이 발견되면 볼을 교체하고, 볼의 결점이 발생한 그 자리에서 경기를 재개하는 규정이 존재했다.

1946년 FA컵 결승전에서 더비 카운티(Derby County)의 재키 스탬스(Jackie Stamps)가 상대팀 찰튼 애슬레틱(Charlton Athletic)의 골문을 향해 슛을 시도했다. 찰튼의 골키퍼 샘 바르트램(Sam Bartram)은 골라인을 넘어서는 볼에서 바람이 새는 소리를 들었다. 규정을 정확히 알고 있었던 바르트램은 곧바로 볼을 터치라인을 향해 집어던졌다. 1947년 찰튼과 번리(Burnley)의 FA컵 결승전 도중에도 터치라인 부근에서 볼이 터졌는데 선수들과 심판들 모두 익숙하다는 듯 볼을 교체하고 경기를 재개했다.

2011-12 독일 분데스리가 17R FC **바이에른 뮌헨** vs FC **쾰른**

전반 29분, 선수들마저 웃게 만든 어이없는 해프닝이 발생했다. 쾰른(FC Koeln)의 페널티 에어리어 바로 앞 정면에서 바이에른 뮌헨이 프리킥 기회를 잡았다. 키커로 나선 수비수 다니엘 반 보이텐(Daniel Van Buyten)이 슛을 시도했고, 쾰른의 수비수가 몸을 날려 막아냈다. 볼은 아르연 로벤(Arjen Robben)의 발 앞에 떨어졌고 볼을 바라보며 쫓아가던 선수들이 일제히 어리둥절한 표정을 지었다. 볼의 한쪽 표피가 찢어지면서 볼 안에 있던 고무가 튀어나온 것이다. 볼을 주워든 뮌헨의 로벤은 웃음을 지으며 관중석을 향해 볼을 찼다. 시대를 역행하여 가축의 방광을 보는 듯한 광경에 선수와 팬들 모두 신기해하는 모습이었다.

볼 규칙 요약

품질과 규격

볼은 :
- 둥근 모양
- 가죽 또는 알맞은 재질
- 둘레의 길이는 68cm(27인치) 이상, 70cm(28인치) 이하
- 경기 시작 시, 무게는 410g (14온스) 이상, 450g(16온스) 이하
- 공기압력은 해면에서 0.6 기압 이상, 1.1기압 이하이어야 한다.

결함 있는 볼의 교체

경기 중에 공이 터지거나 결함이 발생한다면:
- 경기 중단
- 볼의 결함이 발생된 장소에서 드롭 볼로 재개한다. 골 에어리어 내에서 중단된 경우는 플레이가 중단되었을 때에 볼이 있던 위치에서 가장 가까운 골라인과 평행한 골에어리어 선상에서 교체된 볼을 드롭하여 재개한다.

만약 페널티킥을 하는 동안이거나 페널티 마크에서 볼이 킥이 되어 앞으로 움직이는 상황일 때 볼이 선수, 크로스바 또는 골포스트 닿기 전에 볼이 터지거나 결함이 발견된다면 :
- 페널티킥을 다시 실시한다.

제2장 볼

킥오프, 골킥, 코너킥, 프리킥, 스로인 등으로 인한 인 플레이가 아닐 때, 만일 볼이 터지거나 또는 결함이 발생 한다면 :
• 경기는 상황에 따라 재개
볼은 경기하는 동안 주심의 허락 없이 바꿀 수 없다.

국제축구평의회 결정사항
결정 1

규칙 2의 필요조건에 추가하여, FIFA 또는 대륙 연맹의 주최 하에 구성된 공식 대회의 경기에 사용될 볼의 승인은 다음 중 하나를 가지고 있는 볼을 조건으로 한다.

- FIFA Quality PRO
- FIFA Quality
- IMS-INTERNATIONAL MATCHBALL STANDARD

"FIFA Approved", "FIFA Inspected" or "International Match Standard" 와 같은 이전 마크가 부착된 볼은 2017년 7월 이전까지 예정되어 있는 경기에서만 사용된다.

볼 표면에 표시한 이런 로고는 볼이 공식적으로 검사를 받았고, 각 로고마다 서로 다른 세부 기술적 조건을 따르고 있으며 규칙 2에 규정된 최소 사항을 준수하고 있음을 나타낸다. 각각의 로고에 따른 추가적인 조건의 목록은 국제 축구 평의회의 승인을 받아야 한다. 검사를 실시하는 기관은 FIFA의 승인을 받아야 한다.

회원국 축구 협회의 대회에서도 세 가지 로고 중 어느 하나를 가지고 있는 볼의 사용을 요구할 수 있다.

결정 2

FIFA, 대륙 연맹 또는 회원국 협회가 주최하는 공식 대회의 경기에서, 대회와 대회조직위원회의 상징(엠블럼) 그리고 볼 제조회사의 등록 상표를 제외하고 볼에는 다른 모든 형태의 상업 광고를 허용하지 않는다. 대회 규정으로 이런 마크의 크기와 수를 제한할 수 있다.

결정 3

골라인 테크놀로지(GLT)가 사용되면, 통합된 기술(GLT)이 적용된 공이 사용된다. 그러나 그 공들은 반드시 "FIFA APPROVED", "FIFA INSPECTED", 또는 "INTERNATIONAL MATCHBALL STANDARD" 이어야 한다(결정 1 확인).

추가 볼

볼이 규칙 2의 조건을 충족하고 주심의 통제 하에 있다면 사용할 추가 볼을 경기장 주변에 배치할 수 있다.

제3장
경기자 수

제3장 경기자 수

 밝은 조명이 무대 위를 비춘다. 악장을 비롯한 단원들이 각자의 포지션에 맞게 위치하고, 서로 눈빛을 교환하며 성공적인 무대를 기원한다. 무대 밖과 뒤에서 분주히 움직이던 음향, 조명감독을 비롯한 스태프들이 마음을 졸이며 무대를 지켜본다. 그리고는 긴장하는 단원들과 조금 떨어진 곳에 지휘자가 들어선다. 지휘자의 등 뒤로 기대에 한껏 부푼 관객들의 품격 있는 박수소리가 쏟아진다. 지휘자의 몸짓이 수십 명의 단원들이 내는 조화로운 선율이 홀을 가득 채우면, 그 소리에 몸을 맡기던 관객들은 기립 박수로 보답한다. 그리고는 대단원의 막을 내린다.

단원들은 개개인의 역량보다 각자의 악기 소리를 서로 조화롭게 내는 것에 중점을 둔다. 지휘자는 그들의 능력과 동시에 조화로운 소리를 이끌어내기 위해 조율한다. 무대 스태프들은 완벽한 공연을 위해 공연과 관련된 모든 부분들을 처리해낸다. 마지막으로 관중들이 그에 걸맞은 관중매너로 보답하면 비로소 공연이 완성된다. 이렇게 한 편의 오케스트라는 연주자들과 지휘자, 스태프들과 관중들의 '조화'로 이뤄진다.

축구도 한 편의 오케스트라와 같다. 선수들은 손에 쥐어진 관악기, 타악기, 현악기 대신 축구화를 신었고, 말끔하게 차려 입은 정장 대신 유니폼을 입었을 뿐이다. 개개인의 역량을 내세우는 대신 조화를 이루기 위해 노력한다. 승리를 위한 자신의 기교가 오히려 팀에 그릇된 결과를 낳을 수 있다. 그 조화를 이끌어내는 것은 단원들의 앞에 선 지휘자, 바로 감독이다. 감독은 선수들의 능력과 동시에 팀으로서의 조화를 끌어낸다. 그리고 그들을 무대 밖에서 지원하는 경기 혹은 팀을 위한 모든 코칭 스태프들과 직원들까지 모두의 역할이 존재한다.

관중들 또한 그들만의 역할이 있다. 멋진 연주에 걸맞는 호응과 박수소리가 더욱 환상적인 무대를 만들어낸다. 경기장 내 관중들이 선수들의 실수에 야유를 쏟아내고 오물을 투척하며 경기의 진행이 불가능할 정도의 난동을 부린다면? 공연 중 큰 목소리로 통화를 하고 카메라 플래쉬를 터뜨리며 사진을 찍어 대는 것과 같다. 제대로 된 진행이 어렵다. 그들이 최고의 무대를 펼칠 수 있도록 관중들이 지켜야 할 '관중 매너'가 있는 것이고, 그것이 바로 관중들의 역할이다. 열렬한 응원과 팀을 위한 지지는 선수들에게 큰 힘이 되고, 그것이 곧 좋은 경기력과 결과로 다가온다.

일본의 축구를 주제로 한 만화 '자이언트 킬링'의 주인공이면서 감독인 타츠미는 이렇게 말한다. "그라운드에서 뛰는 선수는 11명이다. 그러나 그깃만으로는 장기적인 리그전에서 싸울 수 없다. 선수단, 프론트, 서포터즈 등 팀에 관계된 그 모두가 같은 마음을 가지고 같은 방향을 바라보면서 싸우는 것, 그것이 팀이다." 이렇듯 선수, 감독, 스태프와 직원, 그리고 관중까지 각자의 역할이 존재한다. 개인적인 행동이 아닌 전체를 위해 서로가 협력하여 조화를 이룰 때 모두가 바라는 지향점에 도달할 수 있다.

1. 역사

경기에 참여하는 선수가 팀당 11명이어야 한다는 규정이 있기 이전까지는 양 팀에 참여하는 선수의 수가 정해지지 않았다. 1863년 처음 만들어진 FA의 규정에서도 경기자의 수는 확정되지 않았다. 13명의 선수가 뛰는 팀과 14명의 선수가 뛰는 팀끼리 경기를 하다가 뒤늦게 발견하고 재경기를 한 경우도 있었다. 1877년에 열린 셰필드컵 결승전은 12명씩 총 24명이 경기를 치렀다.

1897년에 경기자 수가 팀당 11명의 선수로 정해지면서 점차 보편화되었다. 왜 11명으로 정해졌는지에 대해서는 정확히 알려진 바가 없다. 당시 영국 사립학교끼리 대항전의 형식으로 축구를 했는데 기숙사 내 방의 인원이 대부분 10명씩 수용했고 여기에 사감이 더해져서 11명으로 정해졌다는 설이 가장 유력하다.

이후로는 양 팀 똑같은 수의 선수가 출전하여 정정당당한 승부를 겨룰 수 있었고, 경기자의 수에 대한 문제는 더 이상 발생하지 않는 듯했다. 그러나 11명의 선수가 경기 시작 전까지 채워지지 않았을 경우의 문제가 생겨났다. 교통수단은 지금처럼 발달하지 않았고, 선수단이 합숙하는 일도 없었다. 선수들은 기차를 놓쳐 경기에 늦는 경우도 빈번했으며, 1981년 번리와 블랙번 로버스(Blackburn Rovers)의 경기에서는 블랙번 선수들이 춥다는 이유로 골키퍼만을 남기고 필드 밖으로 나가는 상황도 발생했다. 결국 IFAB는 최소 경기자의 수를 7명으로 제한하기에 이르렀고, 이보다 적을 경우에는 경기를 중단하기로 결정했다. 여기서 최소 경기자는 정해진 교체를 모두 사용한 뒤에 선수가 부상을 당하거나 퇴장을 당해서 7명 이하가 되는 경우에 해당한다.

2. 수

일반적으로 공식 경기에서 양 팀의 선수는 11명으로 시작한다. 경기 시작 전에 주심은 필드 위에 있는 경기자의 수를 파악해야 한다. 주로 킥오프 전에 확인하며 주심은 경기가 시작한지 10분 이후에 12명의 선수가 경기하는 것을 발견했을 경우 경기를 즉시 중단하고 1명을 내보낸 후 다시 재개한다.

한 팀의 선수가 7명보다 적을 때에는 경기를 개시할 수 없으며 그대로 그 팀은 몰수 패 처리가 된다. 경기자의 수가 11명에서 7명 미만으로 줄어드는 경우는 선수가 퇴장을 당하거나 부상을 당하여 경기를 계속할 수 없을 경우에 해당한다.

2007년 내셔널리그[9] 챔피언결정전 1차전 울산현대미포조선 vs 수원시청

승적을 앞두고 열린 경기인 만큼 치열했다. 사건은 전반 34분부터 시작되었다. 김성호 주심이 울산현대미포조선에 페널티킥을 주자 수원시청의 박희완이 달려들어 거칠게 항의했고, 이에 주심은 레드카드를 꺼내들었다. 흥분한 수원시청 선수들은 주심과 충돌했고 37분에 이수길과 양종후가, 39분에는 홍정민이 퇴장을 당했다. 게다가 대기심에게 욕설을 퍼부은 감독마저 퇴장을 당하면서 10분여 간 경기가 지연되다가 겨우 진행이 되

---

[9] 현 K리그 챌린지, 당시 프로 축구 2부 리그

었다. 후반 2분에 수원시청의 정재운이 스로인 상황에서 그라운드 반대편으로 3차례나 볼을 던져 경고를 받았다. 그는 다시 주어진 스로인을 대기심의 옆구리를 향해 던졌고 결국 레드카드를 받고 퇴장 당했다. 경기는 울산현대미포조선이 2:1로 앞서 있었지만 수원시청의 선수가 6명이 되면서 몰수패가 적용되었고, 3:0으로 수원시청이 패했다.

필드 플레이어가 골키퍼 된 경우

A매치 경기가 시작되기 이전에 양 팀 간의 협의가 있는 경우에는 교체 선수가 조정되기도 하지만 대부분의 경기에서는 한 경기에 3명의 교체선수만 가능하다. 감독은 상황에 맞게 교체카드를 사용하는데 전략적인 측면과 선수들의 체력 안배 차원에서 3장의 카드를 대부분 모두 사용한다. 혹시 모를 상황에 대비하여 감독은 마지막 교체카드를 경기종료가 얼마 남지 않은 시점에 사용하곤 한다. 그럼에도 교체 카드를 다 쓴 이후에 선수가 부상으로 들것에 실려 나가게 되거나 퇴장을 당하는 상황은 때때로 일어난다.

또한, 부상을 당하거나 레드카드를 받고 퇴장을 당하는 것은 필드 플레이어만 해당되지 않는다. 골과 직결되는 상황에서 상대 선수를 막아내는 골키퍼가 오히려 두 가지 상황보다 더욱 극단적인 상황과 맞닥뜨린다. 골키퍼가 부상으로 경기에 참여할 수 없거나 퇴장을 당하는 경우에는 감독의 머리가 지끈거리기 시작한다. 이 경우 교체를 할 수 없는 상황에서 필드 플레이어에게 골키퍼 복장을 착용시켜야 한다. 빈 골대를 그대로 두고 경기를 진행할 순 없지 않은가. 필드의 한 자리를 비워둔 채 선수는 골키퍼 복장을 착용하고 경기에 임한다. 자주 볼 수 있는 상황이 아니기 때문에 팬들은 초조해하면서도 새로운 광경에 한 번쯤은 웃는다. 최근에는 분데스리가 유튜브 채널에서 필드 플레이어가 골키퍼가 된 장면들만 모은 3분짜리 영상을 공개하여 팬들의 흥미를 끌기도 했다.

존 오셔

화이트 하트 레인(White Hart Lane)[10]에서 열린 잉글랜드 프리미어리그 26라운드 토튼햄 핫스퍼와 맨체스터 유나이티드간의 경기. 원정팀 맨체스터 유나이티드가 4:0으로 앞서 나가던 후

---
10) 토튼햄 홋스퍼의 홈 경기장

반 35분 경, 반 데 사르(Van Der Sar) 골키퍼가 토튼햄의 공격수 로비 킨(Robbie Keane)의 무릎에 충돌했다. 반 데 사르 골키퍼는 곧바로 응급처치 후 경기장 밖으로 나갔다. 이미 3장의 교체 카드를 다 사용해버린 맨체스터 유나이티드는 벤치에 쿠쉬착 골키퍼가 있었지만, 그를 경기에 투입할 수 없었다. 어쩔 수 없이 수비수 리오 퍼디난드(Rio Ferdinand)가 골키퍼 복장을 입고 장갑을 끼기 시작했다. 그러자 알렉스 퍼거슨(Alex Ferguson) 감독은 존 오셔(John O'shea)에게 골키퍼 복장착용을 지시했고, 존 오셔는 미소를 보이며 장갑에 손을 넣었다. 이후 세트피스 상황에서 볼을 쳐냈고, 91분 경에 1:1 상황도 빠르게 대처하며 팀의 4:0 승리를 지켜냈다. 벤치에서 이 재미있는 광경을 지켜보던 웨인 루니(Wayne Rooney)와 라이언 긱스(Ryan Giggs)의 웃음도 카메라에 포착되었다.

존 테리

첼시의 골키퍼 페트르 체흐(Petr Cech)가 헤드기어를 착용하기 시작한 경기다. 경기를 시작하는 휘슬이 울린 지 15초 만에 또 한 번 크게 휘슬이 울렸다. 볼을 쫓던 레딩의 스티븐 헌트의 무릎과 체흐의 머리가 부딪히면서 의식을 잃었고, 쿠디치니는 몸도 풀지 못하고 경기에 투입되었다.

1점차 리드로 승점 3점의 고지를 앞둔 93분 경, 코너킥 상황에서 첼시의 골키퍼 카를로 쿠디치니(Carlo Cudicini)가 레딩의 수비수 이브라히마 송코(Ibrahima Sonko)와 충돌하면서 의식을 잃고 들것에 실려 나갔다. 주장 존 테리는 곧바로 골키퍼 복장을 착용하고 첼시의 골문을 지켰다. 존 테리가 골키퍼 능력을 보여줄 상황이 벌어지진 않았고 경기는 그대로 103분경에 종료되었다.

최현태

아시아 챔피언스리그(AFC) E조 3라운드 FC 서울과 J리그의 베갈타 센다이(Vegalta Sendai)의 경기가 2013년 4월 2일 서울월드컵경기장에서 열렸다. 경기는 서울이 전반 5분 일찌감치 골을 넣으며 2:0으로 앞서나갔다. 그러던 후반 38분, 페널티지역을 돌파하던 베갈타 센다이의 미드필더 헤버티(Heberty)를 막는 과정에서 반칙을 범했고, 주심은 곧바로 유상훈 골키퍼에게 레드카드를 꺼냈다. 이미 3장의 교체 카드를 사용한 FC서울은 골키퍼를 교체할 수 없었다. 어쩔 수 없이 미드필더로 경기를 뛰던 최현태가 골키퍼로 나섰다. 키커로 나선 윌슨(Wilson)이 최현태 골키퍼를 상대로 페널티킥을 성공했고 센다이는 2:1로 추격했다. 경기는 그대로 끝났고 경기 후 인터뷰에서 FC서울의 최용수 감독은 "골키퍼가 퇴장 당한 상황은 아찔했다. 그러나 이것도 또한 축구다."라며 대담함을 보였다.

3. **교체 선수**

감독은 경기 중에 발생하는 부상, 컨디션 난조, 혹은 전술 변화에 대응하여 선수를 교체한다. 교체 카드 3장을 어떻게 활용하느냐에 따라 감독에 대한 평가가 좌우되기도 한다.

그러나 한때 교체 카드는 감독의 능력과는 관계가 없었다. 교체 규정이 도입된 초기에는 부상당한 골키퍼만이 교체가 가능했다. 1953년 잉글랜드와 헝가리의 경기에서는 헝가리의 골키퍼 지울라 그로식스(Gyula Grosics)가 경기 중에 팔을 다쳤고, 그는 벤치에 교체를 요구했다. 주심은 그에게 조용히 다가왔고,

정말로 팔을 다쳤는지를 알아보기 위해 그로식스의 팔을 잡고 흔들었다. 고통스러워하는 그를 보며 주심은 교체를 허용했다.

1965년에 영국 리그에도 교체 제도가 도입되었는데 부상을 당한 선수 한 명만 교체가 가능했다. 1966년에는 부상당한 선수만 교체가 가능하다는 제한이 없어졌고 이후에는 포지션에 관계없이 모든 선수가 교체가 가능해졌다. 현재는 총 3명까지 교체가 가능하며 골키퍼 1명에 불과했던 교체 명단도 7명으로 늘어났다. 각 연맹에서 주최하는 대회나 각국의 리그도 대부분 FIFA의 규정을 따르고 있다. 예외적으로 이탈리아 세리에 A의 경우에는 교체 명단을 12명으로 제한하고 있다.

FIFA, 연맹, 협회가 주관하는 공식 경기 외에서는 사전 협의가 이뤄지면 교체 가능 횟수를 늘릴 수 있다. 자주 있지 않은 평가전이나 친선전의 경우 감독들은 최대한 많은 선수들을 기용하고 싶어 한다. 11명 전원을 교체할 수 있도록 협의하는 경우도 있다. 단, 국가 간의 A매치의 경우 최대 교체 선수를 6명으로 규정하고 있는데 이 부분에서 간혹 문제가 발생한다.

2013년 A매치 스페인 vs 남아프리카 공화국

이번이 연출된 스페인과 남아프리카 공화국 간의 경기는 공식 A매치로 인정받지 못했다. 스페인은 당시 6명의 교체 인원을 모두 활용한 뒤 골문을 지키던 빅토르 발데스(Victor Valdes)가 부상당하는 일이 벌어졌다. 수비수 알바로 아르벨로아(Alvaro Arbeloa)가 골키퍼 장갑을 끼고 골문을 지키고 있었는데, 잠시 후 스페인 벤치에서 교체 투입을 심판진에 요청했다.

남아공 대표팀의 고든 이게순드(Gordon Igesund) 감독은 강하게 반발했으나 주심은 예외적으로 스페인의 7번째 교체를 인정했고 스페인은 곧장 페페 레이나(Pepe Reina)를 투입했다. FIFA의 A매치 요건을 충족하기 위해선 최대 6명까지 선수교체가 이뤄져야 한다. 이 경기는 그 기준을 충족하지 못했고 FIFA는 공식 A매치로 인정하지 않았다. 경기가 끝난 뒤에도 이게순드 감독은 "룰을 지켜야 했다."며 스페인에게 거둔 승리가 공식 A매치로 기록되지 않음에 분개했다. 비센테 델 보스케(Vicente Del Bosque) 스페인 대표팀 감독은 스포츠맨십을 강조하며 예기치 못한 상황을 이해해 달라고 호소했다. 그로부터 9일 뒤인 11월 29일 FIFA는 스페인과 남아공의 경기를 다시 공식 A매치로 인정한다는 결정을 내렸다. 선수 교체를 예외 상황으로 판단했고 공식 A매치로 인정하며 경기 결과를 FIFA 랭킹 포인트에도 반영하기로 결정했다.

2011년 친선경기 **대한민국 vs 폴란드**

대한민국의 공격수 박주영이 2골을 성공하면서 경기는 2:2 무승부로 끝이 났다. 그러나 이날 박주영의 골과 폴란드 선수들의 득점은 A매치 득점 기록으로 인정받지 못했다. A매치에서는 교체인원 수를 7명으로 제한하고 있는데 이 날 경기에서는 한 팀에서 8명이 교체를 했다. 사전에 양 팀 감독들은 경기 전에 교체 명단을 필드 플레이어 7명과 골키퍼 1명, 총 8명으로 합의한 것이다. 경기가 열리기 이전에 이미 A매치 기준을 벗어난 셈이다.

팬들은 박주영의 골이 기록으로 인정되지 않았다는 소식을 듣고 조광래 감독이 규정을 간과한 것에 대해 비난하기 시작했다. 이전 허정무 감독의 경우에는 오만과의 평가전이 열리기 이전에 오만 측과 합의했고 "테스트를 위해 선수 전원을 바꿔 경기를 치루겠다."고 경기 전 인터뷰를 통해 밝혔었다. 조광래 감독은 허정무 감독과 달리 경기 이전 인터뷰에서도 아무런 언급이 없었고 팬들의 혼란과 비난만 야기했다.

4. **교체 절차**

 교체는 반드시 경기가 중단되었을 때만 가능하다. 경기가 중단되면 대기심은 주심에게 교체 신호를 보낸다. 대기심은 교체 선수의 장비를 체크한 뒤 두 선수의 등번호가 표시된 번호판을 머리 높이 들어 올려 주심이 볼 수 있도록 해야 한다. 교체는 하프 라인 선상에서 이뤄지며, 교체되어 필드 위로 들어오는 선수는 교체될 선수가 터치라인을 나간 후에 들어와야 한다. 골키퍼도 마찬가지로 같은 절차를 통해 교체한다. 부상을 당한 선수가 터치라인 밖에서 치료를 받는 경우에 교체되는 선수는 주심에게 확인 받은 뒤에 경기장으로 들어간다.

가나 국가대표 출신의 사무엘 인쿰(Samuel Inkoom)은 소속팀에서 교체되어 나가는 중 터치라인에 다다르기 이전에 옷을 벗는 바람에 옐로카드를 받았다. 이미 경기 중에 한 장의 옐로카드를 받았던 그는 경기장을 나가다가 퇴장을 당했고, 결국 교체는 이뤄지지 않았다.

경기자 수 규칙 요약

선수의 수

경기는 각각 11명 이하로 구성된 두 팀에 의해서 진행되며 선수들 중 한 명은 골키퍼이다. 어느 한 팀이 7명보다 적을 때에는 경기를 개시할 수 없다.

교체 선수의 수

공식 경기

FIFA, 대륙 연맹, 국가 협회 등에서 주관하는 공식 경기에서는 경기 중 최대 3명까지 교체할 수 있다.

대회 규정에는 반드시 몇 명을 교체할 수 있는지(3명에서 최대 12명) 명시되어야 한다.

기타 경기

국가 대항전인 A매치에서는 최대 6명까지 교체할 수 있다.

다른 모든 경기에서 다음의 조건이라면, 더 많은 수의 교체를 할 수 있다.

- 관련된 팀들이 최대 교체 수에 대하여 동의 하였을 때
- 주심이 경기 전에 통보를 받았을 때

주심이 통보를 받지 않았거나, 합의가 경기 전에 되지 않았다면, 교체 선수 6명의 초과는 허용되지 않는다.

제3장 경기자 수

교체 절차

모든 경기에서 교체 선수의 이름은 경기시작 전에 심판에게 주어져야 한다. 교체 선수 중 경기 시작 전에 이름이 심판에게 주어지지 않았다면 그 경기에 참여할 수 없다.

경기자를 교체 선수로 교체하기 위해서는 다음 조건들을 준수해야 한다.
- 주심은 교체하기 전에 선수교체 의사를 통보 받아야 한다.
- 교체 선수는 교체되어 나가는 선수가 경기장을 떠난 뒤 주심의 신호를 받은 후 경기장에 입장한다.
- 교체 선수는 경기가 중단 되었을 경우에만 경기장의 중앙선에서 입장한다.
- 교체는 교체 선수가 경기장에 들어가면 완료된다.
- 그 순간부터 교체 선수는 경기자가 되고 교체한 선수는 교체된 선수가 된다.
- 재 교체가 허용된 경기를 제외하고, 교체된 선수는 더 이상 경기에 참여할 수 없다.
- 모든 교체 선수들은 경기에 참여하든 참여하지 않든 심판에 복종해야 한다.

골키퍼 교대

어느 경기자라도 골키퍼와 위치를 바꿀 수 있으나, 다음의 조건이어야 한다.
- 바꾸기 전에 주심에게 통보하여야 하며,
- 경기가 중단된 동안 교대한다.

위반과 처벌

   교체 선수 또는 교체된 선수가 주심의 허락이 없이 경기장에 입장하였다면:
- 주심은 플레이를 중단한다. (교체 선수 또는 교체된 선수가 플레이를 방해하지 않는다면 즉시 중단할 필요는 없다.)
- 주심은 반 스포츠적 행위에 대해 선수에게 경고하고 경기장을 떠나도록 명령한다.
- 주심이 플레이를 중단시켰다면, 중단되었을 때 볼이 있던 지점에서 상대 팀의 간접 프리킥으로 재개된다(규칙 13-프리킥의 위치 참고).

선수와 교체 선수가 바뀐 것을 주심에게 알리지 않았을 경우 :
- 주심은 교체 선수가 계속 경기하는 것을 허락한다.
- 해당 교체 선수에게 어떠한 징계도 내리지 않는다.
- 해당 팀의 선수교체로 간주하지 않는다.
- 주심은 이에 대해 해당 기관에 보고한다.

주심의 허락 없이 골키퍼와 선수가 위치를 바꾼다면 :
- 주심은 경기가 계속되도록 허용한다.
- 주심은 다음 아웃 오브 플레이 때에 관련 선수들에게 경고 조치한다.

본 규칙의 다른 위반은 :
- 해당 경기자들에게 옐로카드를 보여 경고 조치한다.

- 경기가 중지 되었을 때, 볼이 있던 위치에서 상대 팀의 간접 프리킥으로 재개한다(규칙 13-프리킥의 위치 참고).

경기자와 교체 선수의 퇴장

- 경기자가 킥오프 전에 퇴장 되었을 때 등록된 교체 선수 중의 한 명으로 보충할 수 있다.
- 킥오프 전 또는 플레이가 시작된 후 어느 쪽이든 퇴장당한 교체선수는 보충할 수 없다.

교체 절차

모든 경기에서 교체 선수의 이름은 경기시작 전에 심판에게 주어져야 한다. 교체 선수 중 경기 시작 전에 이름이 심판에게 주어지지 않았다면 그 경기에 참여할 수 없다.

경기자를 교체 선수로 교체하기 위해서는 다음 조건들을 준수해야 한다.

- 주심은 교체하기 전에 선수교체 의사를 통보 받아야 한다.
- 교체 선수는 교체되어 나가는 선수가 경기장을 떠난 뒤 주심의 신호를 받은 후 경기장에 입장한다.
- 교체 선수는 경기가 중단 되었을 경우에만 경기장의 중앙선에서 입장한다.
- 교체는 교체 선수가 경기장에 들어가면 완료된다.
- 그 순간부터 교체 선수는 경기자가 되고 교체한 선수는 교체된 선수가 된다.

- 재 교체가 허용된 경기를 제외하고, 교체된 선수는 더 이상 경기에 참여할 수 없다.
- 모든 교체 선수들은 경기에 참여하든 참여하지 않든 심판에 복종해야 한다.

경기장의 외부 인원

외부 요원

선수, 교체 선수 또는 팀 임원으로서 팀의 명단에 등록되지 않은 사람은 퇴장된 선수처럼 외부 요원으로 간주한다.

외부 요원이 경기장에 입장한다면 :

- 주심은 플레이를 중단해야 한다(외부 요원이 플레이를 간섭하지 않는다면 즉시 중단할 필요는 없다).
- 팀 임원을 경기장에서 떠나게 해야 하고 만일 그의 행동이 무책임하다면 주심은 팀 임원을 경기장과 그 주변에서 추방해야 한다.
- 주심이 경기를 중단했을 때 골 에어리어 안이 아니라면 주심은 볼이 있던 위치에서 드롭볼로 재개한다.

팀 임원

코치와 팀 명단에 표시된 다른 임원은(경기자 또는 교체선수를 제외하고) 팀 임원으로 간주한다.

만약 팀 임원이 경기장에 입장한다면 :

- 주심은 플레이를 중단시켜야 한다. (만일 팀 임원이 플레이를 간섭하지 않거나 어드밴티지가 적용될 경우, 즉시 중단하지는 않는다.)
- 팀 임원을 경기장에서 떠나게 해야 하고, 만일 그의 행동이 무책임하다면 주심은 팀 임원을 경기장과 그 주변에서 추방해야 한다.
- 주심이 경기를 중단한 경우, 주심은 골 에어리어 내에서 경기가 중단될 경우가 아니라면 볼이 있던 위치에서 드롭볼로 재개하고, 골 에어리어 내에서 발생한 경우 플레이가 중단되었을 때 볼에서 가장 가까운 골라인과 평행한 골 에어리어 선상에서 드롭볼로 재개한다.

경기장 밖의 선수

허가되지 않은 장비를 교정하기 위해, 부상 또는 출혈을 치료받기 위해, 선수가 피 묻은 용품을 지니고 있거나 주심의 허락을 받은 기타 이유로 경기장을 떠난 후, 선수가 주심의 허락 없이 경기장에 재입장한다면, 주심은 :

- 플레이를 중단시켜야 한다. (선수가 플레이를 방해하지 않거나 어드밴티지가 적용될 경우, 즉시 중단시키지 않는다.)
- 허락 없이 경기장에 입장한 것을 이유로 선수를 경고조치해야 한다.
- 필요하다면, 경기장을 떠나도록 그 선수에게 지시해야 한다. (규칙 4 위반)

주심이 플레이를 중단 시킨다면, 다음과 같이 재개한다 :
- 다른 위반이 없다면, 플레이가 중단 되었을 때 볼의 위치에서 상대 팀의 간접 프리킥으로 경기를 진행한다.(규칙 13-프리킥의 위치 참고).
- 선수가 이 규칙을 위반 한다면, 규칙 12에 따라 경기를 재개한다.

선수가 경기장의 경계선 중 하나를 우연히 넘어간다면, 그 선수는 위반을 범했다고 간주되지 않는다. 경기장 밖으로 나간 것은 플레이하는 움직임의 일부로 고려될 수 있다.

교체 또는 교체된 선수

교체 선수 또는 교체된 선수가 허락 없이 경기장에 입장한다면:
- 주심은 플레이를 중단 시켜야 한다. (선수가 플레이를 방해하지 않거나 어드밴티지가 적용될 경우, 즉시 중단시키지 않는다.)
- 주심은 그 선수를 반스포츠적 행위로 경고조치 해야 한다.
- 그 선수는 반드시 경기장을 떠나야 한다.

주심이 플레이를 중단 시킨다면, 플레이가 중단 되었을 때 볼의 위치에서 상대 팀의 간접 프리킥으로 재개한다.(규칙 13-프리킥의 위치 참고)

경기장에 외부인원이 있는 상황에 득점한 경우

득점이 된 후, 플레이가 재개되기 전에, 주심이 득점이 되었을 때에 외부 인원이 경기장에 있었음을 알았다면 :

- 주심은 득점을 인정하지 않아야 한다.
    - 외부 인원이 외부 요인이었고 그가 플레이를 방해하였다면
    - 외부 인원이 득점을 한 팀과 관련이 있는 선수, 교체 선수, 교체된 선수 또는 팀 임원이었다면
- 주심은 득점을 인정해야 한다. :
    - 외부 인원이 플레이를 방해하지 않았던 외부 요인이었다면
    - 외부 인원이 득점을 허용한 팀과 관련이 있는 선수, 교체 선수, 교체된 선수 또는 팀 임원이었다면

경기자의 최소 숫자

대회 규정에 따라 모든 선수들과 교체 선수들의 명단은 킥오프 전에 반드시 제출되어야 하고 한 팀이 11명의 선수보다 적은 숫자로 경기를 시작한다면, 오직 선발 선수 명단에 등록된 선수들만이 도착하는 대로 11명을 채울 수 있다.

비록 어느 한 팀이라도 선수가 7명보다 적다면 경기를 '시작'할 수는 없지만, 경기를 '계속하기' 위한 최소 선수 인원은 회원국 협회의 재량에 따라 다르다. 하지만, 만일 어느 한 팀이라도 선수가 7명보다 적다면 경기를 중단해야 한다는 것이 국제 축

구 평의회의 견해이다.

 1명 이상의 선수가 의도적으로 경기장을 떠나 한 팀의 선수가 7명보다 적다면, 주심은 경기를 중단시키지 말아야 하고 어드밴티지를 적용할 수 있다. 이런 경우, 만일 한 팀이 7명이 되지 않는다면, 주심은 볼이 아웃 오브 플레이가 된 후 경기가 다시 시작되도록 허용하지 않아야 한다.

제4장
선수 장비

제4장 선수 장비

2002년 한·일 월드컵을 앞둔 '브라질의 축구황제' 펠레(Pele)가 인터뷰를 가졌다. "프랑스는 아마도 월드컵의 승자가 될 것이다. 지단은 개인적으로 세계 넘버원이다. 또한, 브라질 대표팀은 1라운드조차 통과하지 못할 것이다." 그가 언급한 지네딘 지단(Zinedine Zidane)은 직전 대한민국 대표팀과의 평가전에서 부상을 당했고, 프랑스 대표팀은 1무 2패 무득점으로 탈락했다.

▲ 그들은 보란 듯 우승컵을 들어올렸다.

게다가 루이스 스콜라리(Luiz Scolari) 감독이 이끄는 브라질 대표팀은 조별예선 포함 7경기를 단 한 번의 패배도 없이 보란 듯 우승컵을 들어올렸다. 늘 그래왔듯 펠레의 예언은 저주가 되어버렸고 지명된 그들에게는 징크스로 다가왔다.

　징크스(Jinx), 사전적 의미로는 재수 없는 일이나 불길한 징조를 띠는 사람 혹은 물건을 뜻한다. 불운한 결과가 자신이 처한 특정 조건이나 행동으로 인해 일어난다고 믿는 일종의 미신적 행동이다. 짧은 시간 내에 결과를 직면하게 되는 스포츠와 징크스는 떼려야 뗄 수 없다. 정해지는 경기에 대한 부담감으로부터 오는 심리적 압박을 이겨내야 하는 선수들은 징크스를 달고 산다. 사소한 것 하나라도 선수들은 민감해질 수밖에 없다. 아이러니하게도 몇몇 선수들은 다양한 방법을 활용해 '징크스'를 이용하기도 한다.

　잉글랜드의 전설적인 수비수 바비 무어(Bobby Moore)는 경기 전 다른 선수들이 바지를 다 입은 후에야 비로소 바지를 입는 엄격한 의식을 늘 치렀다. 가장 다림질이 잘된, 가장 주름이 잘 잡힌 바지를 입고 경기에 나서기 위해서였다. 맨체스터 유나이티드의 수비수였던 게리 네빌은 팀이 승리할 때 신었던 축구화를 세탁하지 않았고 양말 또한 그대로 착용했다. 토고 출신의 엠마뉴엘 아데바요르는 자신이 착용하는 축구화와 정강이 보호대는 항상 똑같은 것을 착용해야 경기가 잘 풀린다는 믿음을 갖고 있다. 또 반대로 지금은 은퇴한 브라질의 호베르토 카를로스(Roberto Carlos)는 경기에 졌을 때 신었던 축구화는 두 번 다시 신지 않는 징크스가 있다.

▲ 발로텔리에게 행운이 따르는지는 의문이다.

 첼시의 수비수 존 테리(John Terry)는 항상 같은 정강이 보호대를 사용한다. 그가 10년 간 사용하던 정강이 보호대를 분실하여 다른 보호대를 사용하자 팀이 경기에서 패하는 일도 있었다. '그라운드의 악동'으로 불리는 마리오 발로텔리(Mario Ballotelli)는 인터 밀란(Inter Milan)시절 등번호로 45번을 선택했는데, 이는 4+5가 9번이었기 때문이다. 발로텔리는 이 번호를 단 후 치른 4경기에서 모두 득점했고, 45번이 자신에게 행운을 가져다 준다고 생각하여 등번호 45번을 고집한다.

 "선수들은 늘 예측할 수 없는 경기 결과를 염려한다. 이 걱정스러운 심리 상태는 경기 시간이 다가올수록 극도로 예민해져 무엇인가에 의지하려고 하는 경향이 강해진다. 그래서 특정 행동이나 물건에 자신만의 특별한 의미를 부여해 그것을 강하게 믿는다. 이런 행동들이 심리적 안정을 가져다주면서 경기력 향상에 도움이 된다." 영국 킬(Keele) 대학의 리차드 스테판(Richard Stephens) 교수의 말처럼 선수들은 징크스를 이용하여 상실감과 자괴감으로부터 조금은 벗어나기도 하며 심리적인 안정을 찾기도 한다. 또는 징크스를 넘어서기 위한 부단한 노력이 긍정적인 결과를 이어지기도 하는데, 위 사례들처럼 많은 선수들이 장비에 의미를 부여한다. 몸을 보호하기 위해 착용하는 장비를 이용해서 심리적으로도 보호받고자 한다.

이처럼, 많은 선수들에게 징크스는 긍정적인 영향을 주는 경우도 있다. 심리적 혹은 정신적인 영향이 필드 위에서는 경기력으로 이어진다. 대부분의 사람들은 과학적인 근거가 없다고 말하며 사람들을 피곤하게 하고 생활을 제약한다고 생각한다. 그러나 징크스는 비과학적이고 개인의 심리적인 면이 강해 경기를 함에 있어서 중요한 요인이 되기도 한다. 자신에 대한 믿음을 증가하고 결과에 대한 불안을 감소하는 역할로서 작용한다면, 경기를 임하는 새로운 활력소로서 충분한 가치를 가질 수 있다.

1. 역사

1863년에 축구협회가 설립되고 규정이 제정되면서 유니폼의 체계가 점차 잡히기 시작했다. 당시에는 그저 입을 수 있는 옷이면 그것이 곧 유니폼이었다. 디자인과 색상, 불편한 착용감은 그다지 중요하지 않았다. 선수들은 다양한 색상의 모자나 띠를 착용하여 서로를 구분했다. 1867년에는 같은 팀끼리 유사한 색상의 유니폼을 입도록 하는 방안이 권고되었다. 1870년이 되어서야 그저 유사한 색상의 유니폼에서 한 발 나아가 각종 행사에서 착용하는 복장을 유니폼에 반영했다. 규정이 적용된 첫 해에 각 팀은 경기마다 다른 유니폼을 입었다. 반바지 대용으로 불편한 니커-보커(Knicker-Bockers)[11]를 입거나 긴 바지를 입고 벨트나 멜빵을 착용했다. 이때까지 등번호는 존재하지 않았고 모자나 신고 있는 양말을 보고 선수를 구분했다.

이후 축구가 점차 대중화되면서 유니폼도 변화했다. 초기에는 선수 개인이 직접 자기 유니폼을 구입했지만 차차 팀에서 유니폼을 준비했다. 팀이 유니폼을 다른 디자인과 색상으로 마련하면서 관중들은 점차 선수들을 구별하기 시작했다.

1890년 리그에서는 선수들과 심판, 그리고 관중들의 혼란을 피하기 위해서 선수들이 유니폼을 유사한 색상으로 입지 않도록 규정했다. 초기에는 양 팀의 유니폼 색상이 유사할 시 홈팀이 유니폼을 바꿔야 했다. 당시 선더랜드(Sunderland)와 울버햄턴 원더러스와의 경기에서 유니폼 때문에 문제가 생겼다. 당시엔 양 팀 모두 빨간색과 하얀색 줄무늬로 된 유니폼을 입었다. 규정에 따라 홈팀이었던 선더랜드가 다른 유니폼을 입고 경기에 임했다. 1921년부터는 규정이 바뀌면서 원정팀이 홈팀과는 다른 유니폼을 골라야 했다.

1909년에는 주심이 골키퍼와 필드 플레이어들을 구분할 수 있도록 구분되는 유니폼을 착용하도록 규정을 수정했다. 초기에는 빨간색과 비슷한 다홍색, 진홍색이나 진한 파랑색의 유니폼이 주를 이루었다. 1912년부터는 초록색이 추가되면서 세 가지 색상이 유행했는데 지금처럼 얇은 소재가 아닌 스웨터로 된 유니폼을 착용하기도 했다.

---

11) 무릎 아래까지 내려오는 느슨한 바지

2. 색상

　1956년에 열린 제1회 아시안컵에 참여한 대한민국 대표팀의 유니폼은 빨간색이었다. 당시 경기 도중에 갑자기 소나기가 내렸는데, 유니폼의 염색물이 빠지면서 선수들 모두 피를 뒤집어 쓴 듯 했다. 지금으로서는 상상도 못할 일이다. 이제는 첨단 과학기술이 적용되어 땀 흡수, 초경량 유니폼은 물론 팬들의 구매의욕을 자극하는 세련된 디자인의 유니폼들이 꾸준히 출시되고 있다.

　유니폼은 선수와 심판, 관중, 날씨 및 조명 등의 외부적인 상황에서도 잘 식별할 수 있는 색상으로 이루어져야 한다. 특히 골키퍼의 유니폼은 심판과 상대팀 골키퍼를 포함한 모든 선수들과 구별되어야 한다. 기본적으로 유니폼은 4가지 이상의 색상을 담지 못한다. 선수 이름과 등번호 또는 소속 협회 마크, 생산자 식별마크는 색상 수에 포함되지 않는다. 또한, 유니폼에 있는 등번호가 다른 무늬와 색상에 가려지지 않고 잘 보여야 한다. 줄무늬가 있는 유니폼의 경우 앞면은 번호 구역(Number Zone)을 확보하여 잘 보이도록 해야 하며 뒷면 역시 번호가 잘 보일 수 있는 공간을 마련해야 한다.

주심과 부심은 1960년대에는 주로 검은색의 재킷과 블레이저 종류의 옷을 착용하고 경기에 임했다. 검은색으로 된 유니폼은 초록색 잔디에서 가장 구분되기 쉬웠는데, 상위팀들이 검은색이나 남색의 유니폼을 착용하면서 문제가 되기 시작했다. 결국 검은색의 얇은 줄무늬나 초록색의 유니폼을 입고 경기에 임했다. 이탈리아 리그에서는 노란색 유니폼이 등장했는데 여타 색상 중 가장 구별하기 쉽다는 의견이 많았다.

주심과 부심이 착용하는 유니폼 역시 항상 경기장에서 구별되어야 한다. 날씨, 조명 등의 외부적 상황과 더불어 선수들의 유니폼과도 구분될 수 있는 색상이어야 한다. 현재는 주로 검은색, 노란색, 하늘색 그리고 빨간색의 유니폼이 사용된다.

3. 등번호

1933년 FA컵 결승전에서 맨체스터 시티와 에버튼이 만났다. 양 팀이 평소에 착용하는 유니폼이 아닌 결승전을 위해 제작된 등번호가 적힌 흰색과 빨간색의 유니폼이 준비되었다. 동전 던지기로 에버튼은 1~11번이 적힌 유니폼을, 맨체스터 시티는 12~22번이 적힌 유니폼을 받았다. 1928년에 이미 주심과 관중이 선수를 알아볼 수 있도록 도입했다고 알려졌으나, 이 경기가 등번호를 착용하고 진행된 첫 공식 경기로 기록되어 있다. 특별히 포지션별로 정해진 번호는 없었다. 당시 가장 팀 내에서 영향력이 있어서인지 나이가 가장 많아서인지는 밝혀지지 않았지만 골키퍼는 1번이 새겨진 유니폼을 입었다. 그리고 당시에는 1번에서 11번까지 선발명단의 선수들이 번호를, 12번부터는 교체 선수가 번호를 배정받았다.

▲ 1+8=9

2002년 2월에 FIFA는 "등번호는 1번부터 23번으로 하되, 1번은 반드시 골키퍼가 달아야 한다."고 규정했다. FIFA 주관의 국제경기는 이 규정을 지켜야 하지만 각국의 리그와 대회의 규정에 따라 99번과 같은 다양한 등번호도 사용이 가능하다. 이탈리아 세리에A의 인터밀란에서 브라질의 공격수 호나우두(Ronaldo)를 영입했을 당시, 9번을 달고 있던 칠레 공격수 이반 사모라노(Ivan Zamorano)는 9번을 호나우두에게 넘기고 자신은 18번을 배정받았다. 18번도 좋아하는 숫자였지만, 그가 제일 좋아하는 숫자는 9였다. 결국 그는 1과 8 사이에 +를 넣어 9를 만들어 착용했다. K리그 클래식, 전북 현대의 최은성 골키퍼는 자신의 출전횟수인 '532'가 등번호로 새겨진 유니폼을 입고 은퇴경기를 가졌다.

4. 소매

카메룬 대표팀은 말리에서 열린 2002년 아프리카 네이션스컵(Africa Nations Cup)[12]에서 민소매 유니폼을 착용했다. 2002년 한일 월드컵에서도 그대로 민소매를 착용하려 했는데 FIFA가 반대하고 나섰다. "경기를 하는 모든 팀들의 유니폼 소매에는 월드컵 로고가 있어야 한다."는 입장이었다. 카메룬은 이에 검은색 소매에 월드컵 로고가 박힌 옷을 입고 그 위에 민소매

---

12) 아프리카축구연맹(Confederations of African Football, CAF) 주관으로 2년마다 열리는 아프리카 최대의 국가대항전이다.

유니폼을 입기로 결정했다. 2003년에 IFAB에서 모든 유니폼에는 소매가 있어야 한다는 규정을 제정했다. 반소매와 긴소매에는 선택하여 입을 수 있지만 민소매는 금지하고 나선 것이다. 그럼에도 2004년에 열린 아프리카 네이션스컵에서 카메룬 대표팀이 민소매 유니폼을 착용하자, FIFA는 카메룬 대표팀에 벌금을 부과했다.

5. 축구화

▲ 1525년에 만들어진 헨리 8세의 첫 번째 축구화.

최초의 축구화에 관한 기록은 1500년대로 거슬러 올라간다. 당시 영국의 왕이었던 헨리 8세(King Henry VIII)는 오늘날 100파운드에 해당하는 가격에 스페인에서 가죽 축구화를 구입했다. 그 축구화는 헨리 8세의 신발 제작자 코르넬리우스 존슨(Cornelius Johnson)이 직접 제작했으며, 단단한 가죽으로 이루어져 일반 신발보다 무겁게 제작되었다. 1863년에 제정된 규정에는 "어떤 선수도 돌출된 스터드(Studs)[13]가 달린 신발을 신고 경기에 참가할 수 없다."라는 규정이 명시되었다. 이에 따라 둥근 모형의 스터드가 달린 축구화가 생산되기 시작했다. 안 그래도 무거운 두껍고 빳빳한 가죽으로 발목 부분을 덮도록 만들어진 축구화는 스터드를 통해 물이 들어오면 그 무게가 배가 되기도 했다.

1880년까지는 프로선수들과 아마추어의 구분 없이 제작되었다. 제2차 세계대전이 끝날 때까지 변화가 없던 축구화는 현존하는 골라(Gola), 발스포츠(Valsport), 험멜(Hummel) 제조사에 의해 발전하기 시작했다. 이후 점점 가벼워졌고 킥과 볼 컨트롤을 쉽게 할 수 있도록 기술적으로 발달했다. 그리고 아디다스(Adidas)와 푸마(Puma)가 축구화 시장에 뛰어들었고, 이후 축구화는 급속도로 발전을 거듭했다. 1954년부터는 현재 형태와 같이 발목 부분이 없는 축구화가 생산되기 시작했다. 현재는 그 형태를 유지한 채로 선수들의 움직임을 극대화하기 위해서 더 가볍고 착용감에 초점을 맞추어 제작되고 있다. 지금은 무게가 100g도 안 되는 축구화도 출시되고 있다.

---

13) 경기 중에 미끄러지지 않고 민첩하게 움직일 수 있도록 바닥과 신발 밑창 사이 마찰력을 유지하는 스파이크와 같은 형태의 돌기

6. 정강이 보호대

 선수들은 반드시 정강이 보호대를 착용해야 한다. 신가드 (Shinguards)로도 불리는 정강이 보호대는 1880년 규정에서 처음 언급되었다. 양말로 보호대를 완전히 덮어야 하는 지금과는 달리 당시에는 양말 위에다가 착용했다. 보호대 착용이 의무가 아니었던 덕분에 다소 불편했던 선수들은 과감히 보호대를 벗고 경기에 임했다. 오히려 양말을 돌돌 말아서 발목을 드러낸 채로 경기에 임한 선수들이 더 뛰어난 경기력을 보여주었다고 한다.
 정강이 보호대를 착용하지 않는 유행으로 인해 부상 선수가 조금씩 늘어났고, 이에 IFAB는 1988년부터 의무적으로 보호대를 착용하도록 규정했다. 1990년에 정강이 보호에 무리가 없는 재료로 보호대를 만들도록 규정하여 지금까지 이어지고 있다.

7. 보온장비

악천후로 인해 경기가 중단되거나 연기되지 않는 한, 덥거나 추운 날씨에도 선수들은 경기에 임해야 한다. 특히 추운 날씨는 선수들의 경기력에 굉장한 영향을 미친다. 긴 소매의 유니폼이 존재하지만 사실 보온의 역할을 하기엔 부족하다. 그래서 선수들은 체온 유지를 위하여 유니폼 상, 하의에 속옷을 착용하곤 한다.

속옷에 대한 특별한 규정이 명시되어 있지는 않다. 단, 선수들은 속옷을 착용할 시에 상의와 하의에 구분 없이 색상에 신경써야 한다. 상의의 경우 유니폼 상의 소매의 주 색상과 같아야 하며 하의는 유니폼 하의 주 색상과 동일해야 한다.

속옷 이외에 목에 착용하는 넥워머(Neck Warmer or Snood)도 있다. 대표적으로 사미르 나스리(Samir Nasri), 카를로스 테

베즈(Carlos Tevez) 등이 자주 넥워머를 착용하고 경기에 임했었다. 여러 선수들이 착용하곤 했지만, 넥워머에 대한 곱지 않은 시선도 많았다. 맨체스터 유나이티드의 선수였던 로이 킨 (Roy Keane)은 "선수들이 넥워머를 착용한 채로 어떻게 경기에 집중하는지 모르겠다."고 말했고, 알렉스 퍼거슨은 "진짜 남자는 넥워머를 착용하지 않는다."고 비꼬았다.

블래터 전 FIFA 회장은 2011년 3월에 넥워머에 대해 "위험 요소가 있다."고 의견을 내며 "사실 유니폼의 일부도 아닌 넥워머에 대해 논의를 가지는 것 자체가 말이 안 된다."며 규칙 개정에 대한 주장을 피력했다. 선수들이 경합 과정에서 잡아당겼을 경우 위험할 수 있다는 말이었다. 이후 비공식 경기나 훈련 때는 착용이 가능하지만 공식 경기에서는 넥워머를 볼 수 없게 되었다.

8. 장신구(Jewellery)

▲ 그의 왼쪽 손 약지에 끼어있던 반지

2002년 한일 월드컵, 대한민국 대표팀의 '반지의 제왕' 안정환은 골을 넣은 뒤 부인을 위한 반지 키스 세리머니를 선보이곤 했다. 당시에는 왼손 약지에 자리한 반지에 직접 입맞춤을 했다. 그로부터 4년 뒤, 안정환은 2006년 독일 월드컵에도 출전했는데 그의 손가락에서 반지는 찾아볼 수 없었다. 2006년 독일 월드컵 이후로 FIFA에서 장신구 착용을 금지했기 때문이다.

귀걸이, 반지, 팔찌 등의 장신구들은 선수 간에 맞부딪히는 상황에서 위험 요소가 되기에 충분하다. 상대 선수뿐만이 아닌 자신에게도 위험 요소가 될 수 있다. 2006년 이전까지는 주심이 위험하지 않다고 판단할 경우, 선수들은 테이핑을 이용하여 장신구를 감싸고 경기에 출전할 수 있었다. 그러나 이후로 장신구 착용이 전면 금지되었다.

2005년 호주 현대 A리그에서는 반지 때문에 어이없는 상황이 벌어지기도 했다. 퍼스 글로리 (Perth Glory)소속의 공격수 데미언 모리(Damian Mori)는 경기에 출전하기 위해서 자신의 결혼반지를 잘라내야 할 처지에 놓였다. 멜버른 빅토리(Melbourne Victory)와의 리그 경기에 앞서 마크 쉴드(Mark Shield) 주심으로부터 반지를 제거하고 출전하라는 지시를 받았다. 손가락에 꼭 맞는 반지를 빼내려다 피가 흘러내리기도 했지만, 반지는 도저히 빠질 생각을 하지 않았고, 결국 그는 경기 출전을 포기했다. 선발 명단에 포함된 모리가 피까지 흘려가며 반지를 빼기 위해서 용을 쓰는 동안 10명이 경기에 임했다. 결국 전반 5분 다른 선수와 교체되면서 해프닝은 마무리되었다. 그는 "나는 지난 4경기를 포함해 11년 동안 반지를 끼고 경기에 임했다."고 주장했다.

9. 장갑

1934년에 이탈리아의 카를로 체레솔리(Carlo Ceresoli)가 처음으로 장갑을 착용하고 국제경기에 출전했다. 당시에는 골키퍼를 위한 장갑이 따로 없었기 때문에 교통경찰 장갑이나 레이싱 선수의 장갑 등 다양한 장갑들이 등장했다. 1973년에는 등산용이나 스키용 장갑이 등장했다. 1년 뒤 독일의 제프 마이어가 서독 월드컵 결승전에서 착용했고, 현재의 골키퍼 장갑의 표준이 되었다. 골키퍼는 부상을 방지하고 볼을 꽉 움켜쥐기 위해서 장갑을 착용한다. 최근에는 등뼈와 같이 생긴 플라스틱 지지대가 손가락이 꺾이는 것을 방지해주기도 한다. 장갑이 비단 골키퍼만의 특권만은 아니다. 날씨에 따라서 필드 플레이어들도 장갑을 착용할 수 있다. 장갑에는 제조사 표시와 함께 선수이름이나 등번호 중 한 가지와 협회의 엠블럼, 상징, 이름, 국기 그리고 나라명 중에 한 가지가 새겨져 있어야 한다.

대부분의 골키퍼가 장갑을 착용하기 때문에 필수 장비라고 생각할 수 있지만, 골키퍼가 장갑을 착용하는 것이 의무는 아니다. 대표적으로 유로 2004[14]에서 포르투갈의 히카르도(Ricardo) 골키퍼는 잉글랜드와의 8강전 승부차기에서 장갑을 벗고 볼을 막아냈다.

10. 모자

현재 K리그 클래식 인천 유나이티드 골키퍼 코치를 역임하고 있는 이용발은 선수시절 다양한 모자를 착용하는 것으로 유명했다. 두건은 물론이며 신사들의 중절모, 서부영화에서나 볼 수 있는 카우보이 모자, 다양한 색상이 들어간 마술사 모자 등 다양한 모자를 착용하고 경기에 임했다. 심판들은 다른 선수들에게 해가 되지 않는다고 판단되어 착용을 허용했다. 떨어진 카

---

14) 유럽 축구 연맹(UEFA)에서 4년마다 개최하는 유럽축구선수권대회

우보이 모자를 줍다가 골을 허용한 어처구니가 없는 경우도 있었지만 경기장을 찾는 팬들에게 즐거움을 선사했다.

골키퍼는 특성상 높은 위치에서 떨어지는 볼을 봐야할 일이 많다. 경기장에 내리쬐는 햇빛이 시야에 방해를 준다고 판단하면 모자를 착용할 수 있다. 모자를 선수나 볼을 향해 집어 던지는 일만 없으면 문제가 되지 않는다. 수비를 위해서 쓰고 있던 모자를 던져 볼을 막는 경우엔 경고조치와 함께 상대팀에게 간접 프리킥이 주어진다. 골키퍼는 포지션 특성상 필드 플레이어보다 다른 선수들과 신체접촉을 하는 횟수가 적기 때문에 모자 착용이 허용된다. 필드 플레이어들은 모자를 착용하면 헤딩을 하는 과정에서 불편함이 따르며, 상대 선수에게도 해가 될 수 있기 때문에 착용하지 않는다.

모자의 색상은 경기장 환경에 방해되지 않는 선에서는 제한이 없지만 햇빛을 반사하여 상대 선수에게 영향을 주는 제품은 금지된다. 모자에는 협회의 엠블럼, 상징, 이름이나 국기, 나라명 중에 한 가지, 그리고 선수의 이름이나 등번호 중 한 가지가 반드시 새겨져 있어야 한다.

11. 특수 보호 장비

선수가 경기를 위해 착용해야 하는 필수 장비 중에서 몸을 보호하기 위한 장비는 정강이 보호대가 전부다. 얇디얇은 유니폼이 선수들의 속살을 보호해줄지 모르지만, 보호 장비라고 보기엔 무리가 있다. 90분간 몸을 부대끼는 선수들에게 부상은 불가피하다. 큰 부상을 당했어도 상황에 따라 경기에 출전해야 하는 선수도 있다. 그런 경우에 선수들은 기본 장비 이외의 보호 장비인 헤드기어, 안면 보호대, 팔꿈치 보호대 등을 착용하고 경기에 임한다. 착용한 선수나 다른 선수들에게 안전상의 문제가 없으면 특수 보호 장비는 착용할 수 있다. 불편함을 감수하고 부득이하게 보호 장비를 착용한 선수들도 있다.

김태영

김태영은 2002년 한일 월드컵 '아주리 군단' 이탈리아와의 16강 경기에 출전했다. 그는 경기도중 당시 최고의 공격수로 평가받던 아마추어 복싱선수 출신의 크리스티안 비에리(Christian Vieri) 선수와 헤딩 경합 중 팔꿈치에 코를 맞아 코뼈가 부러졌다. 급히 병원으로 옮겨져 치료를 받아도 모자를 판에 김태영은 간단한 응급처치 후 경기장에 돌아왔다. 후반 63분 황선홍과 교체되어 나갈 때까지 그 상태로 경기에 임했다.

　김태영은 일정탓에 수술을 할 수 없었고, 코를 고정하지 않는 한 경기에 나설 수 없었다. 의료진은 스페인전을 하루 앞두고 마스크를 착용한 채로 경기에 출전했던 일본대표팀의 미야모토를 떠올렸다. 마침 J리그에서 활약하던 대표팀 동료 유상철의 도움으로 마스크를 제작한 일본 제작진과 접촉이 되었고, 10시간의 작업 끝에 마스크가 완성되었다. 김태영의 얼굴에 맞게 제작된 마스크는 부상부위를 보호해주었고, 특별히 색깔은 붉은악마를 상징하는 빨간 색으로 제작했다. 8강전인 스페인전에서 붉은 색의 타이거 마스크를 착용했고 이는 곧 투혼의 상징이 되었다. 스페인, 독일, 터키와의 경기에서도 종횡무진 활약하며 경기장을 누볐던 타이거 마스크는 여전히 축구팬들 사이에서 회자된다.

에드가 다비즈

"싸움닭"이라는 별명을 가졌던 네덜란드의 에드가 다비즈(Edgar Davids)는 1999년에 녹내장 수술을 받았다. "눈에 충격을 받으면 시력을 잃을 수도 있다."는 의사의 권고까지 받았다. 선수 생활을 계속하기 위해서는 눈을 보호할 수 있는 장비가 필요했다. 안경을 착용하기엔 오히려 위험할 수 있는 상황에서 네덜란드 축구협회는 "에드가 다비즈가 고글을 쓸 수 있게 허락해 달라."고 FIFA에 공식적으로 요청했다. FIFA는 요청을 받아들였고 다비즈는 눈을 보호할 수 있는 고글을 착용한 채 경기에 임할 수 있었다. 덕분에 그는 2008년까지 선수 생활을 할 수 있었다.

페트르 체흐

2006년 10월 14일, 마제스키 스타디움(Madejski Stadium)에서 열린 잉글랜드 프리미어리그 첼시와 레딩(Reading)의 리그 경기에서 경기 시작 1분 만에 큰 사고가 벌어졌다. 레딩의 스티브 헌트(Stephen Hunt)와 첼시의 페트르 체흐가 경합하는 과정에서 스티브 헌트의 무릎에 체흐의 정수리가 충돌하면서 의식불명 상태에 빠졌다. 즉시 병원으로 이송되었지만 체흐의 의식불명 상태가 지속되었다. 검사 결과 두개골이 함몰되었고 체흐의 두개골은 일반인에 비해 3배 정도 약해졌다. 당시 체흐를 담당했던 전문의는 충돌로 눌려있던 뼈를 복원하는 과정에서 자칫 죽음으로도 이어질 수 있었다는 말을 전하기도 했다.

2007년 1월 20일, 리버풀과의 복귀전에서 체흐는 헤드기어를 착용하고 출전했다. 헤드기어는 럭비기구를 제작하는 뉴질랜드에서 체흐의 머리를 위해 플라스틱을 추가적으로 씌워 머리 보호대를 만들어주었다. 영국 축구협회와 유럽축구연맹 UEFA는 체흐의 헤드기어가 다른 선수에게 위험요소가 되지 않다는 판단으로 헤드기어 착용을 허락하였다. 체흐는 "내가 헤드기어를 쓰는 이유는 다시 아픔을 겪게 될 것을 우려해서가 아니다. 바로 팀의 골문을 지킬 수 없을까봐 걱정돼서 착용하는 것이다."라는 명언을 남기기도 했다.

선수 장비 규칙 요약

안전

선수는 자신이나 다른 선수에게 위험한 장비를 사용하거나 착용해서는 안 된다(보석류 포함).

기본 장비

선수의 기본 장비는 다음과 같이 각각 이루어진다:
- 소매가 있는 상의-만일 속옷을 입는다면, 소매의 색상은 상의 소매의 주 색상과 같아야 한다.
- 하의 - 만약 보온 바지 또는 타이즈를 입는다면, 반드시 하의의 주 색상과 같아야만 한다.
- 스타킹 - 테이핑 또는 비슷한 재질의 색상은 스타킹의 주 색상과 같아야 한다.
- 정강이 보호대
- 신발

정강이 보호대

- 스타킹으로 완전히 덮는다.
- 고무, 플라스틱 또는 유사 적절한 재료로 제작된 것을 사용한다.
- 보호의 정도에 무리가 없는 것을 착용한다.

색상

- 두 팀은 양 팀 간 주심 및 부심과 구별되는 색상의 유니폼을 입어야 한다.
- 각 골키퍼는 다른 선수들, 주심, 부심과 구별되는 색상을 입어야 한다.

위반과 처벌

본 규칙을 위반했을 경우

- 경기를 중단시킬 필요 없다.
- 주심은 잘못이 있는 선수에게 장비를 고치기 위해 경기장을 떠나도록 지시한다.
- 선수가 자신의 장비를 이미 고치지 않았다면 중단될 때에 경기장을 떠나야 한다.
- 자신의 장비를 고치기 위해 경기장을 떠나도록 지시를 받은 선수는 주심의 허락 없이 재입장하지 못한다.
- 주심은 그 선수에게 경기장에 재입장하도록 허락하기 전에 선수의 장비가 올바른지 확인한다.
- 선수는 볼이 아웃 오브 플레이 때에만 재입장이 허용된다.

이 규칙을 위반하여 경기장을 떠나도록 요구받은 선수가 주심의 허락 없이 경기장에 재입장할 경우 반드시 경고해야 한다.

플레이 재개

주심이 경고를 주기 위해 플레이를 중단시켰다면

- 주심이 경기를 중단시켰을 때 볼이 있던 지점에서 상대 팀의 간접 프리킥으로 재개한다(규칙 13-프리킥의 위치 참고).

국제축구평의회 결정사항

결정 1

선수는 슬로건 또는 광고가 보이는 속옷을 노출하면 안 된다.

기본 필수 장비에는 정치적, 종교적, 또는 개인적인 문구를 갖고 있지 않아야 한다.

광고나 슬로건을 노출시키기 위해 상의를 벗는 선수는 대회 조직 위원회에 의해 처벌을 받게 된다.

기본 필수 장비에 정치적, 종교적 또는 개인적 슬로건을 담고 있는 선수의 소속 팀은 대회 조직 위원회 또는 FIFA에 의해 처벌 받는다.

속옷을 이용한 슬로건 또는 광고 (결정 1)

기본 필수 장비

기본 필수 장비에는 정치적, 종교적 또는 개인적인 문구를 갖고 있지 않아야 한다.

기본 필수 장비에 정치적, 종교적, 또는 개인적 슬로건, 문구 또는 그림을 담고 있는 선수의 소속팀은 대회 조직 위원회 또는

FIFA에 의해 처벌을 받게 된다.

속옷
- 선수들은 정치적, 종교적, 개인적 슬로건, 주장, 이미지 또는 제조사 로고 이외의 광고를 담은 속옷을 노출 시켜서는 안된다.
- 선수 또는 팀의 선수가 정치적, 종교적, 개인적인 슬로건, 주장, 이미지 또는 제조사 로고 이외의 광고를 담은 속옷을 노출할 경우 대회 주최 측 또는 FIFA로부터 제재 받을 수 있다.

기본 장비

색상

두 팀 골키퍼의 상의가 동일한 색상이고 어느 누구도 갈아입을 상의가 없다면, 주심은 경기가 시작되도록 허용한다.

선수의 신발이 우연히 벗겨진 상황에서 경기 중 선수가 득점을 한 경우, 그 선수는 고의가 없었기 때문에 규칙 위반이 아니고 득점은 인정된다.

골키퍼들은 자신의 기본 장비 범위 내에서 긴 바지(트랙 슈트)를 착용할 수 있다.

기타 장비

장비의 유일한 목적이 물리적으로 자신을 보호하고, 자기 자신 또는 다른 선수에게 위험이 없다는 조건이라면 선수는 기본 장비가 아닌 다른 장비를 사용할 수 있다.

기본 장비가 아닌 모든 의류 또는 용품은 주심에 의해 검사를 받아야 하며 위험하지 않다고 결정되어야 한다.

부드럽고, 경량의 푹신한 물질로 만들어진 머리 보호대, 안면 보호대, 무릎과 팔 보호대와 같은 현대적 보호 장비는 위험하다고 간주되지 않으므로 사용이 허용된다.

머리를 덮는 것을 착용할 때, 그 장비는
- 검은색 또는 상의의 주 색상과 같아야 한다. (같은 팀의 선수는 같은 장비색을 착용한다.)
- 전형적인 선수장비의 모습을 갖춰야 한다.
- 상의와 붙어있으면 안된다.
- 이 장비를 착용한 선수나 그 외의 선수들에게 위험을 주어서는 안된다. (예. 목 주위의 개폐장치)
- 장비표면에 튀어나온 부분이 있으면 안된다.

새로운 기술로 더욱 더 안전한 안경이 생산되고 있음을 고려하여 주심은 안경을 착용한 선수와 착용하지 않은 선수 모두를 위해 관용의 태도를 보여야 한다. 특히 어린 선수들에게 더 필요하다. 만일 경기를 시작할 때에 검사했거나 위험하지 않다고 판단되었던 의류 또는 장비가 위험하게 되거나 경기 동안 위험 요소로 작용한다면, 의류 또는 장비의 사용을 금지해야 한다.

선수들과 팀 임원 사이의 전자 통신기기의 사용은 허가되지 않는다.

관련 협회와 대회의 승인 하에 사용되는 전자 기록 및 추적 시스템(EPTS)은:
- 기계가 선수들이나 심판들에게 해가 되어서는 안된다.
- 경기 중에 기술 지역 내에서 정보와 기록을 기기 혹은 시스템을 이용해서 전송하여 받는 행위는 금지된다.

장신구

모든 장신구는 (목걸이, 반지, 팔찌, 귀걸이, 가죽 밴드, 고무 밴드 등) 엄격히 금지되고 반드시 제거되어야 한다. 보석류를 덮기 위해 테이프를 사용하는 것은 허락되지 않는다.

심판들 역시 장신구 착용이 금지된다(손목시계 또는 경기 시간을 측정하기 위한 유사한 도구는 제외).

징계 처벌

선수들은 경기 시작 전, 교체 선수들은 경기장에 교체되어 들어가기 전에 검사를 받아야 한다. 선수가 경기 중에 허가되지 않은 의류나 장신구를 착용한 것을 발견했다면 주심은:
- 선수가 문제의 물품을 제거하도록 지시한다.
- 선수가 따를 수 없거나 또는 따를 의사가 없다면 다음 중단 시에 경기장을 떠나도록 선수에게 지시해야 한다.
- 선수가 따르기를 의도적으로 거절하거나 물품을 제거하라고 이미 말했으나 다시 착용한 것을 발견할 경우 경고조치해야 한다.

만일 선수에게 경고하기 위하여 경기를 중단시켰다면 경기가 중단 되었을 때 볼이 있던 위치에서 상대팀에게 간접 프리킥으로 경기를 재개한다(규칙 13-프리킥의 위치 참고).

제5장 주심

"내가 할 일은 아이들이 절벽으로 떨어질 것 같으면 재빨리 붙잡아주는 거야. 애들이란 앞뒤 생각 없이 마구 달리는 법이니까 말이야. 그럴 때 어딘가에서 내가 나타나서는 꼬마가 떨어지지 않도록 붙잡아주는 거지. 온종일 그 일만 하는 거야. 말하자면 호밀밭의 파수꾼이 되고 싶다고나 할까."

소설 〈호밀밭의 파수꾼〉의 주인공 만 16세의 홀든 콜필드의 대사 중 일부이다. 그는 위선과 부패로 오염된 부조리한 사회에 대한 환멸을 느끼고 현실세계에서 벗어나려 한다. 그리고는 아직은 그저 순수한 여동생 피비를 비롯한 어린 아이들을 지켜주는 파수꾼이 되고 싶어 한다. 순수하고도 아름다운 그들의 본질을 지켜주려 말이다.

정돈된 머리와 재판관의 법복을 연상시키는 검은 복장, 단호하면서도 때로는 심각한 표정의 주심은 오늘도 필드 위를 달린다. 22명의 선수들은 정강이 보호대에 의지한 채 몸과 몸을 맞닥뜨리며 승리를 위해 볼 하나를 두고 치열하게 경쟁한다. 서포터들의 격양된 응원소리와 함께 승부욕이 점점 과열된 경기 양

상 속에서의 충돌은 오히려 자연스럽다. 경기장 내외적으로 거친 태클과 몸싸움, 비방과 폭력, 또는 집단 난투극까지 벌어진다. 공정한 경쟁을 통해서 승리를 쟁취하고, 그 결과에 대해 승복하는 스포츠 경기의 본질은 온 데 간 데 없다. 그저 "아름다운 게임"이라는 말을 무색하게 만들 뿐이다.

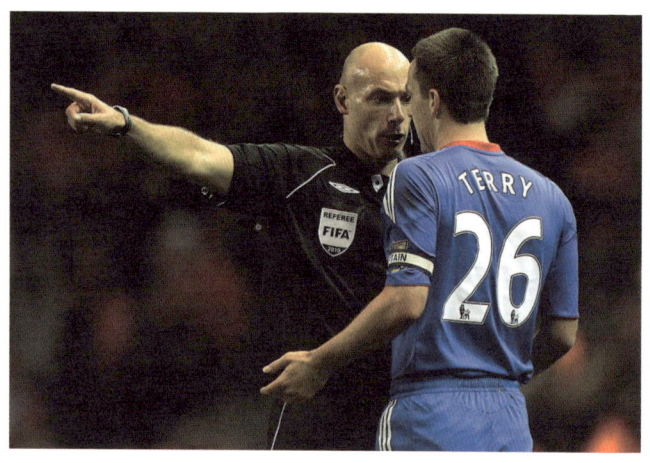

주심은 휘슬과 카드 두 장만으로 경기장 내 모든 것을 통제할 수 있는 권한을 가진다. 그에 따른 책임을 짊어진 그들은 그라운드 위에서 정의를 실현한다. 경기장 내에서 벌어지는 경기규칙에 위배되는 반칙 및 불법행위를 제재하고 경기를 방해하는 요소들을 제거한다. 또한, 부상당한 선수를 보호하고 경기가 90분 동안 매끄럽고 무사하게 진행될 수 있도록 관장한다. 비난이라는 찬바람과 오심이라는 시련에도 굳건히 "아름다운 게임"을 지키기 위해 그라운드의 파수꾼은 오늘도 달린다. 정정당당한 플레이 속에서 승부를 가리는 경기의 본질을 지켜주려 말이다.

1. Umpire와 Referee

1871년 FA컵에서 처음으로 '레프리(Referee)' 단어가 사용되었는데 이전까지는 경기장 밖에서 경기를 관장하는 엄파이어(Umpire)가 존재했다. 당시 엄파이어는 선수들과 같이 뛰는 것이 아닌 정해진 자리에서 판정을 내렸다. 때문에 그들은 시야에서 벗어난 곳에서 벌어지는 반칙 행위를 잡아내는 데에 어려움을 겪었다. 반칙의 수는 점점 늘어났고 반칙의 정도 또한 심해졌으며, 격렬한 경기가 열리는 날에는 사망자까지 발생했다.

날로 격해지는 경기로 인해 새로운 제도의 도입을 요구하는 목소리가 커졌다. 그 결과 레프리가 등장했다. 엄파이어 2명과 레프리 1명이 경기를 진행하게 되었다. 1880년경에 정해진 레프리의 역할은 경기사항과 시간을 기록하고 경기 도중 2명의 엄파이어의 의견이 일치하지 않았을 경우 최종 결정을 내리는 것이었다. 1889년에는 레프리의 판단 하에 경기를 중단할 수 있고 비신사적인 행위에 대해서 선수를 퇴장시키거나 프리킥을 부여하는 권한을 가지게 되었다.

1891년부터 엄파이어는 사라졌고 레프리에게 휘슬과 메모장이 주어졌다. 경기장 밖에 위치했던 이전과는 달리 경기장 안으로 들어와서 경기를 진행하기 시작했다. 그리고 엄파이어는 터치라인으로 이동해서 선심(Linesman)이 되었고 지금의 부심의 역할을 담당하게 되었다.

2. 휘슬

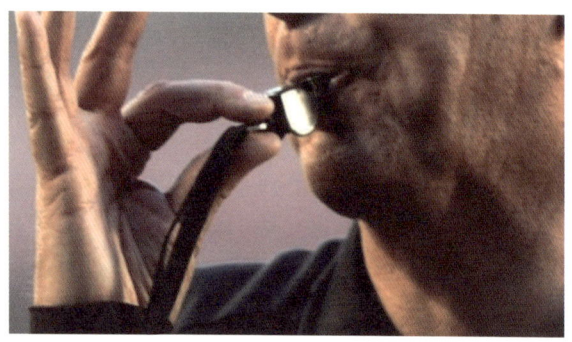

경기는 휘슬소리로 시작하고 휘슬소리로 종료된다. 부심에게 깃발이 있다면 주심에겐 휘슬이 있다. 주심은 경기를 매끄럽게 진행하기 위해 휘슬을 사용한다. 주심은 휘슬을 이용하여 선수들에게 신호를 효과적이고 확실하게 전달할 수 있다. 경기장 내에서 주심의 목소리와 몸짓으로만 신호를 전달하기에는 무리가 있기에 휘슬은 주심에게 있어서 가장 중요한 장비라 할 수 있다. 주심은 보통 손목에 휘슬을 감거나 주머니에 넣어둔 채로 경기에 임한다.

레프리 이전에 엄파이어 2명이 경기를 진행하던 시절에는 막대기와 손수건 그리고 구두가 휘슬의 역할을 했다. 1870년 요셉 허드슨(Joseph Hudson)이 발명한 휘슬은 1878년 노팅엄 포레스트(Nottingham Forest)와 셰필드의 FA컵 경기에서 처음 도입되었다.

3. 수신호

휘슬을 불어야 하는 상황	휘슬을 불지 않아도 되는 상황
전반전 · 후반전 킥 오프	터치라인 아웃
득점 후 경기 재개	골라인 아웃
반칙 상황 (오프사이드 포함)	골킥
경기 중단 및 종료	코너킥
수비벽 형성 후 프리킥	프리킥
페널티킥	

    주심은 부심보다도 더 많은 상황을 조율하고 판정해야 한다. 부심은 깃발을 이용하여 신호를 나타낸다. 주심은 깃발 대신 휘슬을 보유하고 있지만 이것만으로 경기를 진행하기에는 어려움이 따른다. 주심은 휘슬은 반드시 불어야 하는 상황에서만 사용하고 나머지는 양 손을 이용해서 수신호를 한다.

어드밴티지(Advantage)

    경기를 중단하지 않고 계속 이어나가는 경우 주심은 플레이 온 또는 어드밴티지를 선언한 뒤 양 손을 전방을 향해 뻗는다. 곡선 형태를 그리며 손을 뻗은 뒤 선수들이 인지할 수 있도록 손을 바로 내리지 않아야 한다.

직접 프리킥(Direct Free Kick)

주심은 휘슬을 불어 경기를 중단한 후 공격 방향으로 손을 뻗어 가리킨다.

▲ 직접 프리킥(Direct Free Kick)   ▲ 간접 프리킥(Indirect Free Kick)

간접 프리킥(Indirect Free Kick)

간접 프리킥으로 경기를 재개하는 경우, 주심은 손을 수직으로 높이 올려 표시한다. 키커 혹은 다른 선수가 터치하기 이전까지 손을 계속 들어 수신호를 유지해야 한다. 오프사이드 상황도 수비자에게 간접 프리킥이 주어지기 때문에 같은 자세를 취한다.

경고, 퇴장(Caution, Sending-off)

▲ 경고(좌)와 퇴장(우)

주심은 경기가 그대로 진행되지 않도록 구두 또는 휘슬을 이용해서 경기를 중단한다. 반칙 행위를 한 선수를 확인한 뒤 손짓이나 휘슬로 선수를 불러내어 그 선수에게 경고 또는 퇴장을 알리기 위해 머리 위로 올려 카드를 제시한다. 선수가 퇴장을 당하는 경우, 그 선수가 경기장을 빠져나가기 전까지 경기를 재개하지 않는다.

골킥(Goal Kick)

골라인을 넘어가기 전에 마지막으로 볼을 터치한 선수가 공격자의 선수일 경우, 주심은 골킥을 선언한다. 휘슬은 필요한 경우에만 사용하며 손을 뻗어 골에어리어를 표시한다.

코너킥(Corner Kick)

수비수가 마지막으로 터치한 볼이 골라인을 넘어갔을 경우, 주심은 코너킥을 선언한다. 주심은 손을 뻗어 코너 플래그를 가리킨다. 코너킥 위치는 골대의 중앙을 기준으로 좌우에 따라 나뉜다.

페널티킥(Penalty Kick)

페널티 박스 내에서 수비자가 공격자에게 반칙 행위를 한 경우, 주심은 몸을 숙인 뒤 페널티 마크를 손으로 가리키며 휘슬을 불어 경기를 중단한다. 볼이 페널티 마크 위에 정확히 놓여 있는지 확인한 후 페널티킥을 진행한다.

4. 어드밴티지

어드밴티지(Advantage)는 수비 팀에게 주어지는 반칙 선언이 오히려 그들에게 유리하게 작용할 경우, 경기를 중단하지 않고 그대로 속행하는 규정이다. 1903년에 주심이 상황을 고려해서 페널티킥 선언을 보류할 수 있는 권리를 소유하기 시작했고 1938년에는 프리킥까지 확대되었다. 주심은 짧은 순간에 반칙의 정도와 위치, 경기의 분위기 또는 공격 기회로 이어질 수 있는지에 대한 여부 등 여러 가지 상황을 고려해야 한다. 당연히 주심의 어드밴티지 판정에 불만이 생기는 상황이 벌어지기도 한다.

수비자가 경고 혹은 퇴장 조치까지 가능한 정도의 반칙을 공격자에게 가한 상황에서 어드밴티지가 적용된 경우, 주심은 다음 경기 중단 시에 제재해야 한다. 어드밴티지 적용이 필요하지 않은 상황이나 반칙의 정도에 따라 즉각적으로 경기를 중단하고 선수에게 경고 및 퇴장 조치를 해야 한다.

2013-14 잉글랜드 프리미어리그 36R 선덜랜드 AFC vs 카디프 시티

강등권을 벗어나기 위해 양 팀 모두 사력을 다해 경기에 임했다. 그러던 전반 45분경 선덜랜드의 공격수 코너 위컴(Connor Wickham)이 페널티킥을 얻었다. 카디프 시티의 후안 칼라(Juan Cala)가 동료 골키퍼에게 패스한다는 것이 실책으로 이어지면서 코너 위컴이 골키퍼와 마주했다. 후안 칼라는 그를 방해하기 위해 옷을 잡아 당겼지만 코너 위컴은 넘어지지 않고 드리블을 이어나갔다. 주심은 어드밴티지를 적용하여 경기를 그대로 진행했다. 코너 위컴은 골키퍼를 제친 뒤 슈팅을 시도했는데 볼은 수비수에 의해 막혔다. 그 순간 주심은 곧바로 휘슬을 불고 페널티킥을 선언했다. 추가로 옷을 잡아당긴 행위에 대한 판정으로 후안 칼라에게 퇴장 조치를 내렸다.

5. 판정 번복

주심은 단호해야 한다. 그리고 결단력이 있어야 한다. 주심의 경기와 관련한 모든 판정은 항상 최종결정이기 때문이다. 그러나 주심도 사람이다. 사람은 언제나 그렇듯 실수를 한다. 주심은 경기를 재개하지 않았거나 종료시키지 않았을 경우에는 판정을 번복할 수 있다. 자신의 판정이 잘못되었음을 깨닫거나 부심 또는 대기심의 조언에 따라 결정을 번복한 뒤, 다시 최종 판정을 내릴 수 있다.

2012-13 이탈리아 세리에 A 5R SSC 나폴리 vs SS 라치오

전반 3분 라치오가 코너킥 상황을 맞았다. 오른쪽 측면에서 올라온 볼을 라치오의 미하슬로브 클로제(Miroslav Klose)가 헤딩슛으로 연결했고 볼은 그대로 골대 안으로 들어갔다. 주심이 득점을 인정하자 나폴리(Napoli) 선수들은 일제히 주심에게 항의하기 시작했다. 볼이 클로제의 손에 맞고 들어갔다는 것이다.

클로제는 자신에게 달려와서 축하해주는 동료들을 뒤로하고 주심에게 다가가 자신의 핸들링 반칙을 시인했다. 주심은 판정을 번복했고 클로제의 득점은 무효처리 되었다.

6. 2명의 주심

1930년대에 주심을 2명으로 늘려보자는 의견이 나왔다. 경기의 진행 속도를 늦춘다는 이유였다. 아마추어 경기에서 몇 차례 선심 없이 2명의 주심을 놓는 방식을 실험해보았다. 주심의 권위가 반으로 나뉘며 대각선심판법[15]이 제시되면서 선심은 제자리에 위치했고 주심은 다시 혼자가 되었다.

1960년대에 또 다시 주심을 2명 배치하자는 주장이 제기되었다. 주심들의 체력에 대한 부담을 덜고, 주심이 보지 못하는 곳에서의 반칙을 줄이자는 취지였다. 뇌물수수와 관련된 사건들의 발생도 한 몫 했다. 그러나 늘어난 경기에 비해 주심의 수가 부족했고 주심들마저도 반대하면서 기존의 방식으로 돌아갔다.

이후에도 UEFA 집행위원회 위원이었던 게르하르트 아이그너(Gerhard Aigner)가 2명의 주심을 기용하는 것이 비디오 판독 기술의 개입을 최소화할 수 있다는 의견을 냈다. 하프라인을 경계로 양 쪽에 주심을 한 명씩 놓고 경기를 진행하자는 것이었다. 결국 1999년 10월에 이탈리아 리그의 UC 삼프도리아(UC Sampdoria)와 볼로냐(Bologna)의 이탈리아 컵대회 경기에서 처음 시도되었다. 당시 로베르토 로세티(Roberto Rosetti)와 지안

---

[15] 주심은 경기장을 대각선으로 움직이고, 2명의 부심은 터치라인을 절반씩 분담하여 움직이면서 경기를 심판하는 방법

루카 파파레스타(Gianluca paparesta)가 주심으로 나섰다. 경기가 진행된 지 55분 만에 볼로냐의 골키퍼가 관중들이 던진 병과 과일에 맞으면서 경기가 중단되었다. 2001년 IFAB의 재검토 끝에 두 명의 주심을 놓는 방식은 다시 역사 속으로 사라졌다.

주심 규칙 요약

주심의 권위

경기규칙 시행과 관련된 모든 권위를 가지고 있는 주심에 의하여 경기가 관리되도록 매 경기마다 주심이 임명된다.

권한과 임무

주심은

- 경기 규칙을 시행한다.
- 부심 또는 대기심판과 협조하여 경기를 관리한다.
- 사용되는 볼이 규칙 2의 요구조건에 맞는지 확인한다.
- 선수의 장비가 규칙 4의 요구조건에 적합한지 확인한다.
- 경기 기록과 계시원의 역할을 한다.
- 경기 규칙의 위반이 있을 경우 주심의 재량권으로 경기를 중단, 일시 중단, 종료할 수 있다.
- 모든 형태의 외부 방해로 인해 경기를 중지, 일시 중단, 종료할 수 있다.
- 주심의 견해로, 선수가 심한 부상을 입었다면 경기를 중단하고 그 선수를 경기장에서 나가도록 한다. 부상당한 선수

는 경기가 재개된 후에만 경기장에 복귀할 수 있다.
- 주심의 견해로, 선수가 가벼운 부상이라면 볼이 아웃 오브 플레이 될 때까지 경기를 계속하도록 허용한다.
- 상처에서 피가 나는 선수는 경기장을 떠나도록 한다. 그 선수는 출혈이 멈췄는지를 반드시 확인한 주심의 신호를 받아야만 복귀할 수 있다.
- 반칙을 당한 팀이 이득이 있을 때는 경기를 계속하도록 허용하고 예상된 어드밴티지가 그 당시에 실현되지 않는다면 최초의 반칙으로 처벌한다.
- 선수가 한 가지 이상의 반칙을 동시에 범한다면 더 심한 위반을 처벌한다.
- 경고성과 퇴장성 반칙을 저지른 선수에 대하여 징계 조치를 취한다. 주심은 이 조치를 즉시 취할 의무는 없지만 볼이 다음 아웃 오브 플레이 될 때에 반드시 취해야 한다.
- 스스로 책임 있는 태도로 행동하지 않은 팀 임원들에게 조치를 취한 다음 주심의 재량권으로 팀 임원을 경기장이나 그 주변에서 추방할 수 있다.
- 주심이 목격하지 못한 상황은 부심의 충고에 따라 처리한다.
- 허가를 받지 않은 사람의 경기장 입장을 불허한다.
- 경기가 중단된 후 경기의 재개를 알린다.
- 경기 보고서를 해당 기관에 제공한다. 이 보고서는 선수, 팀 임원에게 취해진 징계 조치에 대한 내용과 경기 전과 후에 발생한 기타 사건에 대한 정보를 포함한다.

주심의 결정

플레이와 관련된 득점 여부, 그리고 경기의 결과를 포함한 정보는 주심의 판정으로 최종 결정된다.

주심은 경기를 재개하지 않았거나 경기를 종료하지 않았을 경우에 한하여 결정의 잘못을 깨달았을 시 부심 또는 대기 심판의 조언에 따라 결정을 바꿀 수 있다.

국제축구평의회 결정사항

결정 1

주심(또는 관련되는 부심, 대기심)은 다음 사항에 대하여 책임을 지지 않는다.
- 선수, 임원, 관중이 당한 부상
- 재산상 발생하는 손해
- 경기규칙의 규정에 의거한 결정사항 또는 경기진행 및 운영에 요구되는 정상적인 절차에 따라 결정된 사항이 개인, 클럽, 회사, 협회 또는 기타단체에 끼치는 손실

다음과 같은 결정들을 포함할 수 있다.
- 경기장 또는 그 주변의 조건이나 기후 상황에 따라 경기의 개최를 허용할지 아니면 하지 않을지 여부에 대한 결정
- 어떤 이유 때문에 경기를 포기할 결정
- 경기에 사용되는 경기장 장비 및 볼의 적합성에 대한 결정
- 관중의 방해 또는 관중석 구역의 어떤 문제 때문에 플레이를 중단할지 아닐지 여부에 대한 결정

- 치료를 위해 부상 선수를 경기장 밖으로 나가도록 허용하기 위해 플레이를 중단할지 아닐지 여부에 대한 결정
- 부상 선수를 치료하기 위해 경기장 밖으로 나가도록 하는 결정
- 선수가 특정 복장 또는 장비를 착용하는 것을 허용할지 아닐지 여부에 대한 결정
- (팀 또는 경기장 임원, 안전 책임자, 사진기자, 다른 미디어 관계자를 모두 포함한) 모든 사람들이 경기장 근처에 머무를 수 있도록 하는 결정 (주심이 권한을 갖고 있는 경우)
- 주심이 경기 규칙 또는 경기가 플레이되는 FIFA, 대륙 연맹, 국가 협회, 리그가 규칙, 규정에 의해 주심의 임무에 일치하여 취할 수 있는 기타 결정

결정 2

대기심이 임명된 대회에서 대기심의 역할과 임무는 국제 축구 평의회가 승인한 지침에 일치해야 하고, 그 지침은 경기 규칙서에 포함되어 있다.

결정 3

골라인 테크놀로지(Goal-line Technology)가 사용되면(각기 다른 대회 규정의 조건) 주심은 경기 전 장비의 가능성을 검사해야 하는 의무를 가진다. 작동 여부의 테스트는 FIFA 품질 프로그램 내의 GLT 테스트 매뉴얼(GLT Testing Manual)에 따라 진행한다. 만약 장비가 테스트 매뉴얼에 따라 작동하지 않는다

면 주심은 GLT 시스템을 사용하지 말아야 하며, 해당 기관에 이 일에 대한 보고서를 제출해야 한다.

권한과 임무

만일 주심의 견해로 조명이 불충분하다고 판단하는 경우, 경기를 중단할 권한이 있다.

관중이 던진 물체에 주심이나 부심 또는 선수나 팀 인원이 맞는다면 사건의 심한 정도에 따라 경기를 속행, 중단 또는 포기할 수 있다. 주심은 모든 경우에서 사건을 해당 기관에 보고해야 한다.

하프 타임 휴식기, 경기 종료 후뿐만 아니라 연장전과 승부차기 동안에도 경기는 주심의 권한 하에 있기 때문에 경고 또는 퇴장을 줄 수 있다. 이런 시간 동안에 경기는 주심의 권한 하에 있기 때문이다.

주심이 어떤 이유 때문에 일시적으로 활동이 불가능하다면, 부심의 관리 하에 볼이 다음 아웃 오브 플레이가 될 때까지 계속될 수 있다.

관중이 분 휘슬이 경기를 방해했다고(예, 경기가 중단된 것으로 가정하여 선수가 볼을 손으로 잡는다.) 판단한 경우, 주심은 경기를 중단하고 경기가 중단될 때 볼이 있던 위치에서 드롭볼로 재개한다. 골 에어리어 내에서 중단된 경우, 플레이가 중단된 볼의 위치에서 가장 가까운 골라인과 평행한 골에어리어 선상에서 드롭볼로 재개한다.

경기 중에 다른 볼이나 물체 또는 동물이 경기장에 들어온다면, 주심은 그 대상이 플레이를 방해한 경우에만 경기를 중단시켜야 한다. 플레이는 경기가 중단 되었을 때 볼이 있었던 위치에서 드롭볼로 재개한다. 플레이가 골에어리어 내에서 중단된 경우에는, 플레이가 중단된 볼의 위치에서 가장 가까운 골라인과 평행한 골에어리어 선상에서 주심이 드롭볼로 경기를 재개한다.

경기 중 다른 볼, 다른 물체 또는 동물이 플레이를 방해하지 않고 경기장에 들어온다면 주심은 최대한 빠른 기회에 그 볼을 경기장에서 제거해야 한다.

어드밴티지

주심은 위반 또는 반칙이 발생할 때마다 어드밴티지를 적용할 수 있다.

주심은 어드밴티지를 적용할지 또는 경기를 중단할지를 결정할 때에 다음의 상황을 고려해야 한다.
- 위반의 심한 정도: 위반이 퇴장성이라면, 만일 득점하기 위한 연속된 기회가 있지 않다면, 주심은 플레이를 중단해야 하고 선수를 퇴장시켜야 한다.
- 위반이 범해진 위치: 상대편의 골에 더 가까울수록 더 효과적일 수 있다.
- 상대편의 골에 대한 즉각적, 위험한 공격의 기회.
- 경기의 분위기.

최초의 위반을 처벌하기 위한 판정은 몇 초 내에 이루어져야 한다.

위반이 경고성이라면 다음 중단 시에 제시되어야 한다. 하지만 분명한 어드밴티지가 존재하지 않는다면, 주심은 플레이를 중단하고 선수를 즉시 경고 조치하는 것이 추천된다. 만일 경고가 다음 중단 시에 제시되지 않는다면 그 이후에는 제시할 수 없다.

부상 선수

주심은 부상 선수를 처리할 때에 다음의 절차를 따라야 한다.
- 주심의 견해로 선수가 단지 가벼운 부상이라면, 플레이가 볼이 아웃 오브 플레이될 때까지 플레이를 계속하도록 허용한다.
- 주심의 견해로 선수가 심각한 부상이라면 플레이를 중단한다.
- 부상 선수에게 질문을 한 후, 주심은 한 명 또는 최대 두 명의 의료진에게 부상을 진단하고 선수의 안전과 경기장 밖으로 신속한 이송을 위해 경기장에 들어오도록 허가할 수 있다.
- 들것 요원은 주심의 신호 후에 들것을 갖고 경기장에 입장해야 한다.
- 주심은 부상 선수가 안전하게 경기장 밖으로 떠나게 해야 한다.
- 선수가 경기장에서 치료를 받는 것은 허용되지 않는다.
- 상처에서 피가 나는 선수는 반드시 경기장을 떠나야 한다.

그 선수는 출혈이 멈추었다고 주심이 인정할 때까지 복귀할 수 없다. 선수가 피가 묻어 있는 의류를 입는 것은 허용되지 않는다.
- 주심이 의료진에게 경기장에 들어오도록 허가하자마자, 그 선수는 들것에 실려 나오거나 제 발로 경기장을 떠나야 한다. 선수가 따르지 않는다면 그 선수는 반 스포츠적 행위로 경고를 받아야 한다.
- 부상 선수는 경기가 재개된 후에만 경기장으로 복귀할 수 있다.
- 볼이 인 플레이일 때, 부상 선수는 터치라인에서 경기장에 재입장해야 한다. 볼이 아웃오브 플레이일 때, 부상 선수는 어떤 경계선에서든 경기장에 재입장할 수 있다.
- 볼의 인 플레이 또는 아웃 오브 플레이 여부와 관계없이 주심만이 부상 선수의 재입장을 허락할 권한이 있다.
- 부심 또는 대기심이 선수가 복귀 준비됐음을 확인했다면 주심은 부상 선수의 경기장 입장을 허락할 수 있다.
- 만약 플레이가 다른 이유로 중단되거나 선수의 부상이 경기 규칙 위반의 결과가 아닌 상황에서 플레이가 골에어리어 내에서 중단된 경우가 아니라면, 중단된 위치에서 주심은 드롭볼로 재개한다. 골에어리어 내에서 중단된 경우, 주심은 플레이가 중단되었을 때 볼에서 가장 가까운 골라인과 평행한 골에어리어 선상에서 드롭볼로 재개한다.
- 주심은 부상으로 인해 손실된 모든 시간을 전, 후반의 종료 시에 플레이되게 추가해야 한다.
- 주심이 부상을 입고 치료를 위해 경기장을 떠나야 되는 선

수에게 카드 조치하기로 결정했다면, 주심은 선수가 경기장을 떠나기 전에 카드를 제시해야 한다.

이 규정에 대한 예외는 오직 다음의 경우에만 이루어진다.
- 골키퍼가 부상을 당할 때
- 골키퍼와 필드 선수가 충돌하여 즉각적인 치료가 필요할 때
- 동일 팀 선수가 서로 충돌하여 즉각적인 치료가 필요할 때
- 심각한 부상이 발생하였을 때(예―혀가 말림(기도 폐쇄), 뇌진탕, 다리 골절 등)

동시에 발생한 한 가지 이상의 위반

- 같은 팀의 두 명의 선수에 의해 범해진 위반
  - 선수들이 동시에 한 가지 이상의 위반을 범할 때, 주심은 가장 심한 위반을 처벌해야 한다.
  - 플레이는 가장 심하게 범해진 위반에 따라 재개되어야 한다.
- 서로 다른 팀의 선수들에 의해 범해진 위반
  - 주심은 경기를 중단시키고 플레이가 골에어리어 내에서 중단된 경우가 아니라면, 중단된 위치에서 드롭볼로 재개한다. 골에어리어 내에서 중단된 경우, 주심은 플레이가 중단되었을 때의 볼에서 가장 가까운 골라인과 평행한 골에어리어 선상에서 드롭볼로 재개한다.

제6장 부심

 2007-08 시즌 스페인 프리메라리가 38라운드. 레알 마드리드 (Real Madrid)와 레반테 UD(Levante UD)의 최종 라운드 경기가 열렸다. 이 경기 전까지만 해도 레반테 선수들은 주급을 2년여 동안 받지 못했고 집단 파업을 일으킨 상황이었다. 당시 레알

마드리드의 선수였던 라울 곤잘레스(Raul Gonzalez)가 이 사실을 알게 되었고, 바르셀로나(FC Barcelona) 선수들과 주변 지인 선수들에게 연락을 해서 자선경기를 열었다. 이 소식을 전해들은 레반테 선수들은 라울의 행동에 감동하여 결국 마지막 라운드를 뛰기로 결심했다. 20위를 기록하며 강등이 확정된 상태였지만 레반테 선수들은 최선을 다해서 경기에 임했다. 경기 결과는 레알 마드리드의 5대2 승리였지만 홈, 원정 팬들 할 것 없이 누가 골을 넣든 박수로 화답했다. 화합의 장이 펼쳐진 38라운드 경기는 주심의 경기 종료 휘슬소리와 함께 끝이 났다.

90분의 경기의 끝을 알린 그 주심의 휘슬은 또 다른 끝을 뜻했다. 이 날은 부심의 마지막 경기였다. 라리가와 함께한 부심의 심판 인생은 주심의 휘슬로 끝이 났지만 경기장의 그 누구도 그의 심판 인생의 끝을 알지 못했다. 그 순간 라울 곤잘레스는 부심에게 다가와서 꼭 껴안아주면서 "Buen Trabajo!"라고 이야기했다. 자신의 노고를 알아준 라울에게 감동한 부심은 눈물을 흘렸고 라울의 그 한마디가 알려지면서 많은 사람들에게도 감동을 주었다.

그 말은 바로 "수고하셨습니다."였다.

부심은 "Assitants Referee", 용어 그대로 주심을 보조하는 사람이다. 경기 내에서 최종권자인 주심을 돕는 자신은 1인자가 아닌 2인자이다. 경기 중에 1인자의 권위를 넘봤다가는 1인자는 2인자를 부적절한 간섭 및 부적절한 행동으로 간주해버릴지도 모른다.[16] 그저 묵묵히 찰나의 순간을 포착하기 위해서 터치라

---

16) 규칙 7 부심-조력: 부당한 간섭이나 부적절한 행동의 경우, 주심은 그의 임무에서 부심을 해임시키고, 해당 기관에 보고서를 제출한다.

인을 따라 움직인다.

부심은 주심을 보조한다는 의미가 무색할 정도로 경기에서 중요한 역할들을 담당한다. 그러나 터치라인 선상에서 깃발을 들고 경기 내내 옆걸음을 하는 부심을 향해 경기장의 그 누구도 관심을 두지 않는다. 안타깝지만 해설자들도 처음 경기가 시작될 때 주심과 부심의 이름을 언급한 이후에는 경기 중에 2명의 부심의 이름을 부르는 경우는 드물다. "하워드 웹(Howard Webb)[17]주심이 프리킥을 선언합니다.", "부심이 오프사이드 기를 들었네요." 이렇듯 주심은 OOO주심으로 이름이라도 불리지만 대부분 부심은 그저 부심으로 불린다. 밝은 색상의 깃발을 들지 않는 이상 부심이라는 호칭마저도 누구 하나 불러주지 않는다. 같은 처지에 놓여 서로를 위로해줄 파트너는 저 멀리 반대편에 있을 뿐이다. 귓가에는 관중들의 야유만이 들려온다. 그라운드 위에서 가장 고독한 자는 골키퍼도 주심도 감독도 아닌, 부심이 아닐까.

1. 역사

1996년 이전까지 부심은 선심으로 불렸다. 예전에는 주심들이 처음 1년 동안은 선심으로 활동했다. 주심들은 선심의 임무를 수행하기 위해 시합 전에 선을 따라서 달리기 연습을 했다. 자연스레 부심이 맡은 역할은 전문성 부분에서 다소 떨어질 수밖에 없었다. 그 결과 1986년에 일이 터졌다. 멕시코 월드컵 8

---

17) 잉글랜드 프리미어리그 주심이었으며, 2010년과 2014년 월드컵에서도 주심을 맡았다. 2014년 8월 6일 은퇴

강전 잉글랜드와 아르헨티나의 경기에서 디에고 마라도나(Diego Maradona)의 '신의 손' 골과 같은 사건들 이후에 부심은 더욱 중요해졌다. 1996년에 여성 심판들의 요구도 있었지만 이전보다 많아진 부심의 중요한 역할들을 인정하기 위함이었다. 선심은 터치라인 밖으로 나간 곳을 가리키고 스로인 상황을 살피는 것이 주된 임무였다.

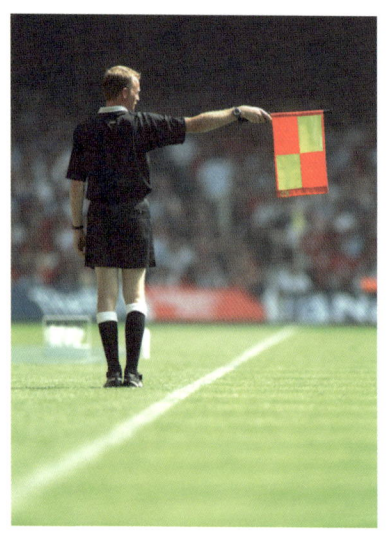

1996년 이후 선심에서 변화된 부심은 일반적으로 스로인과 오프사이드를 판단하고 주심이 보지 못하는 반칙 상황들을 주시하며 선수 교체를 돕게 되었다. 2000년부터는 추가된 규칙에 의해 부심은 골키퍼가 페널티 박스를 넘어섰는지, 골라인으로

볼이 완벽하게 넘어갔는지 확인해야 한다. 일부 주심들은 부심 역할이 주심 역할보다 더 어렵다고 말한다. 실제로 부심이 주심보다 더 많은 실수를 범한다.

그만큼 부심의 역할에 대한 중요성이 커지고 있음에도 판정의 최종권한은 주심에게 있다. 아무리 깃발을 들고 깃발에 부착된 벨을 눌러 주심에게 신호를 보내더라도 주심의 입에서만 소리를 내는 호루라기에 많은 시선이 집중된다.

2. 깃발 신호

경기장 내에서 어떠한 상황이 발생했을 때 주심은 휘슬을 불어서 경기를 중단하고 상황을 알린다. 부심은 주심에게 신호를 보내기 위해서 휘슬 대신 깃발을 사용한다. 각 상황마다 다른 깃발 표시를 알고 있으면 경기를 보면서 어떠한 상황이 발생했는지를 좀 더 빠르게 알 수 있다.

스로인 (Throw-in)

부심은 터치라인으로 볼이 나가면 공격 방향으로 45도 정도 깃발을 들어서 신호한다. 주심이 미처 보지 못했다면 수직으로 들어서 신호한다. 경기 재개와 방향이 확실하게 결정된다면 깃발을 내린다.

오프사이드 (Offside)

▲ 오프사이드

부심이 오프사이드를 판단하면 곧바로 깃발을 오른손으로 하늘을 향해 수직으로 든다. 이는 주심이 잘 확인하기 위함이며, 주심이 깃발을 보지 못했다면 수비 팀이 분명하게 볼을 소유하거나 수비 팀의 골킥 또는 스로인이 부여될 때까지 깃발을 계속 들고 있어야 한다. 주심이 부심의 신호를 인지하면 깃발을 내려 반칙이 발생한 지점을 표시한다. 이때, 깃발을 내리는 각도를 통해 오프사이드가 발생한 지점을 표시한다.

골킥(Goal Kick)

볼이 공격 팀 선수가 마지막 터치된 후에 골라인으로 나갔을 때, 주심이 골킥 상황을 인지하고 골킥 신호를 한다면 부심은 수평으로 확인 깃발 신호를 제공한다. 주심이 확인하기 어려운 지점, 즉 부심이 더 판단하기 쉬운 상황에서도 골에어리어를 향해서 수평으로 깃발을 들어 표시한다.

공격하는 선수가 측면에서 크로스를 시도했는데 볼이 골라인을 완전히 넘었다가 다시 경기장으로 들어왔다면 주심이 인지할 때까지 깃발을 수직으로 들어 신호하고, 주심이 신호를 인지하고 휘슬을 불면 골에어리어(Goal Area)를 향해 수평으로 깃발을 들어 표시한다.

코너킥(Corner Kick)

수비자의 최종 터치 이후 볼이 골라인을 넘어갔을 때 부심은 코너 지점에서 주심이 인지할 수 있도록 수직으로 깃발을 먼저 든다. 그 다음 깃발을 코너플래그(Corner Flag)를 향해 45도 아래로 표시한다. 시도한 코너킥이 골라인을 완전히 넘었다가 다시 경기장으로 들어왔다면 부심은 주심이 볼 수 있도록 깃발을 수직으로 들고 신호한다. 주심이 이를 인지하면 코너를 향해 깃발을 45도 아래로 표시한다.

상황에 따라서 볼이 코너 아크(Corner Arc) 내에 정확하게 놓였는지 확인하고 수비자들이 코너 지점에서 9.15m의 거리를 유지하도록 한다.

페널티킥(Penalty Kick)

주심이 페널티킥을 선언하면 부심은 페널티박스 가장자리와 골라인이 만나는 지점으로 이동한다. 주심이 보지 못하는 상황에서 페널티킥 상황을 발견하면 반칙 상황과 같이 깃발을 수직으로 들고 주심이 인지할 때까지 기다린 후 주심에게 상황을 알린다. 부심은 골라인에 볼이 정확히 넘어갔는지의 여부와 골키퍼의 위반을 지켜본다.

　볼이 골라인을 완전히 넘어가면 부심은 중앙선 부근으로 뛰어 나온다. 반대로 득점이 되지 않는다면 신속히 다음 경기 상황을 지켜볼 수 있는 지점으로 이동한다. 이동하는 순간에도 선수들에게 눈을 뗄 수 없다.

득점 상황

볼이 완전히 골라인을 통과하여 주심이 골이 들어갔음을 알리는 신호와 함께 경기를 중단하면 부심은 주심과 시선접촉을 한 뒤, 깃발의 방향을 아래로 하고 빠르게 하프라인 쪽으로 뛰어간 후에 득점 선수의 번호를 기록한다.

반칙 상황

부심이 위치한 곳과 가까운 지점에서 공격자 혹은 수비자에 의해 반칙 상황이 발생하면 부심은 먼저 주심이 인지할 수 있도록 깃발을 수직으로 들어 올린다. 주심이 이를 인지하면 부심은 공격 방향을 향해 깃발을 들어 표시한다.

선수 교체

부심은 깃발을 머리 위로 들어 선수 교체 신호를 주심에게 보낸다. 주심이 부심의 교체 신호를 인지하지 못하고 있다면 반대편의 부심도 똑같이 깃발을 머리 위로 들어 선수 교체 신호를 보내야 한다. 주심이 신호를 인지하면 깃발을 내린다.

부심 규칙 요약

임무

부심은 2명이 임명되며, 부심의 임무는 주심의 판정에 복종하고 다음의 사항을 지적하는 것이다.
- 볼 전체가 경기장을 넘어 갔을 때
- 어느 팀이 코너킥, 골킥 또는 스로인을 할 권리가 있는지
- 선수가 오프사이드 위치에 있을 때 처벌을 받아야 하는 경우
- 선수 교체가 요청될 때
- 불법 행위 또는 기타 사건이 주심의 시야 밖에서 발생할 때
- 주심보다 부심이 반칙이 더 잘 보이는 위치에 있을 때 (이는 페널티 에어리어 내에서 발생한 반칙을 포함한다.)
- 페널티킥에서, 볼이 킥이 되기 전에 골키퍼가 골라인을 벗어나 움직이는지 여부 그리고 볼이 골라인을 넘었는지 여부

조력

부심들은 경기 규칙에 부합하여 경기를 관리하는 주심을 조력한다. 특히, 부심들은 9.15m 거리 조절을 돕기 위해 경기장 안으로 들어갈 수 있다.

부당한 간섭이나 부적절한 행동의 경우, 주심은 그의 임무에서 부심을 해임할 것이고 해당 기관에 보고서를 제출한다.

임무와 책임

부심은 경기 규칙에 따라 경기를 관장하는 주심을 돕는다. 부심들은 주심의 요청과 지시에 의해 경기 운영과 관련된 다른 모든 사안에 대해 주심을 조력한다. 이것은 다음과 같은 사안을 흔히 포함한다.
- 경기장, 사용되는 볼 그리고 선수의 장비를 검사하기
- 장비 또는 출혈의 문제가 해결되었는지를 결정하기
- 선수 교체 절차를 관찰
- 시간, 득점과 불법 행위의 기록을 유지하기

제스처

일반적으로 부심은 명백한 수신호를 하지 않아야 한다. 하지만 일부 경우에 분별력 있는 수신호는 주심에게 소중한 도움을 줄 수 있다. 수신호는 분명한 의미를 가지고 있어야 한다. 그 의미는 경기 전 토론에서 논의되어야 하고 동의되어야 한다.

달리기 기술

일반적으로 부심은 달리는 동안 경기장을 향해야 한다. 사이드스텝 움직임은 짧은 거리를 위해 사용되어야 한다. 이것은 오프사이드를 판정할 때에 특히 중요하고 부심에게 더 나은 시야를 제공한다.

시그널 빕

부심들은 시그널 빕(Signal Beep)[18]이 주심의 관심을 얻기

위해서 필요할 때에만 사용되는 추가적인 신호임을 기억해야 한다.

시그널 빕이 유용한 때의 상황은 다음과 같다.
- 오프사이드
- 반칙 (주심의 시야 밖)
- 스로인 코너킥 또는 골킥 (긴박한 판정)
- 득점 상황 (긴박한 판정)

---

18) 부심의 깃발에 장착된 버튼을 누르면 주심이 소유한 호출기에 신호가 전해진다. 주심이 보지 못하는 상황을 부심이 재빨리 주심에게 알리기 위해 FIFA에서 고안한 첨단 장비.

제7장 경기 시간

고대 그리스에서는 시간을 두 가지 단어로 표현했다. 헬라어로 크로노스와 카이로스. 이 두 단어 모두 시간을 의미한다. 크로노스는 과거로부터 현재까지 일련의 연속된 시간으로 모든 사람에게 동등하게 주어진, 즉 객관적인 시간을 말한다. 공평하게 주어지는 24시간의 크로노스와 달리 카이로스는 주어진 시간 가운데 각각 다른 의미로 적용되어 구체적 사건에 특별한 가치가 부여 가능한 주관적인 시간을 말한다. 카이로스는 단 한순간이라도 특정한 사건 속에서 변화를 체험하게 되는 시간으로, 개인이 체험한 시간에 가치가 부가된다. 사람마다 각기 다른 카이로스를 경험하지만, 타인의 카이로스를 접하더라도 그 시간을 공감할 수 있다. 주관적인 시간이지만 객관적으로 공감을 이룰 수 있는 것이다. 이렇게 인간은 흘러가는 크로노스 속에서 카이로스라는 의미 있는 시간을 경험하며 살아간다.

 그라운드 위 22명의 선수들에게 부여된 90분을 크로노스로 본다면, 축구 경기는 그 속에 존재하는 카이로스의 연속이라고 할 수 있다. 90분이라는 똑같은 시간이 주어지면 선수들은 승리를 향해 달린다. 90분이라는 모두에게 동등한 시간이 주어진다. 그러나 선수 개개인마다, 그리고 매 시간마다 느껴지는 주관적인 경험과 의미는 다르게 다가온다. 한 경기의 승리가 팀의 리그 우승이 결정되는 상황에서 어떤 선수는 처음 리그 우승을 경험을 앞둔 순간이고, 동시에 다른 선수는 남은 경기 시간이 지나면 득점왕이라는 영예를 얻게 되는 순간일 수 있다. 또한, 경기 시간 10분을 남긴 상황에서 앞서 나가는 팀과 따라 잡아야 할 팀이 느끼는 경험과 그 시간의 의미도 개개인에게 다르게 다가온다. 경기장을 찾은 관중들과 TV를 보는 관중들은 이러한 선수들의 주관적인 시간에 공감하게 된다. 선수들이 태클에 걸린 모습을 보고 아파하는 표정을 짓기도 하고, 해트트릭을 기록한 선수가 거만한 세리머니를 펼치는 순간에는 상대 서포터들을 향해 자신이 선수가 된 듯 거만한 표정을 보이기도 한다. 스포츠 경기는 주어진 시간 속에서 매초 단위로 여러 가지 상황이 펼쳐진다. 그 시간에 뇌에서 시작되는 슬픔, 놀람, 공포, 분노, 혐오, 행복, 경멸 등 다양한 감정들을 느낄 수 있는 것이 사람들이 스포츠에 열광하는 또 다른 이유이며 축구에 열광하는 원인이 아닐까.

1. 역사

축구 경기의 정규 시간은 특별한 경우를 제외하고는 전, 후반 45분씩 총 90분으로 규정되어 있다. 이는 1877년부터 이어졌다. 이전까지는 양 팀의 상호 합의 하에 시간을 정하거나 경기가 열리는 공원이 폐장하는 시간까지 경기했다. 정해진 시간이 지나더라도 양 팀이 즐거우면 더 즐기기도 했다. 1871-72년에 열린 FA 챌린지 컵에서는 쉬는 시간 없이 90분 동안 경기를 하기도 했다.

경기 시간이 90분으로 정해진 특별한 이유는 전해지지 않는다. 전문가들은 사람의 뇌가 최고의 효율을 올릴 수 있는 시간이 45분 내외라고도 이야기한다. 따라서 선수들이 그 시간동안 경기에 가장 집중할 수 있고 이로써 좋은 경기력을 보여줄 수 있다는 분석이다.

2. 추가 시간

 "야구에서는 9회말 2아웃 투 스트라이크 쓰리 볼부터!"라는 표현이 있다면 축구에서는 "90분 추가 시간부터!" 라는 표현을 쓸 수 있지 않을까. 럭비나 농구의 경우에는 인 플레이 상황이 아니면 심판은 시간을 정지한다. 반면에 축구는 라인 밖으로 볼이 나가더라도 시간이 멈추지 않는다. 흘러가는 시간을 지고 있는 팀에게는 추가 시간이라는 보상을 한다.
 추가 시간은 전반전 45분과 후반전 45분 이후에 발생하는 시간을 말한다. 영어로는 "Injury time, Extra time, Stoppage time,

Loss time" 등으로 불린다. 1897년부터 IFAB에서 교체 과정이나 부상선수, 경고 및 퇴장 조치로 인해 지연된 시간을 감안하여 추가시간을 부여하도록 했다. 주심은 규정에 따라 정규 시간 이외에 재시작, 부상, 싸움, 관중난입 등 여러 상황에서 허비된 시간을 멈춤 기능이 있는 시계를 이용하여 체크한다. 주심이 차고 있는 시계 중 멈춤 기능이 가능한 시계를 차는 이유는 추가 시간 측정을 위해서다. 주심의 시계가 고장이 나거나 멈춤 기능이 작동되지 않을 경우에 대비해서 부심 두 명도 시계를 차고 경기에 임한다. 주심은 전, 후반, 그리고 연장 전, 후반이 끝나기 30초 전쯤 대기심판에게 추가 시간을 전달한다. 대기심판은 주심으로부터 전달 받은 추가 시간을 전광판을 높이 들어 알린다. 예전에는 전광판의 시계가 멈춘 뒤 추가 시간이 몇 분 주어지는지에 대해서 주심 이외에는 아무도 알 수 없었다. 1994년 미국 월드컵부터 객관성 유지와 관중 서비스 차원에서 후반 종료 직전 대기심이 숫자판을 들어 알려주었다. 1998년 프랑스 월드컵부터는 관전 편의를 위해서 전광판에도 추가 시간을 게시하기 시작했다.

재시작

재시작은 스로인, 코너킥, 골킥 등의 볼이 밖으로 나가는 상황에서 발생하는 모든 시간을 말한다. 특별히 선수가 시간을 지체하지 않는 한 추가 시간에 포함되지 않는다. 재시작 시간은 규정된 시간에 속하지 않기 때문이다. 앞서 나가고 있는 팀의 선수는 경기를 지연하기 위해 의도적으로 볼을 오래 갖는다. 주심은 의도적인 행동이라고 판단될 때, 선수를 구두 경고 혹은 옐로카드로 조치할 수 있다. 주심은 스로인 상황에서 시간을 의도적으로 지연시킨 선수를 경고조치 한 뒤에도, 그 선수가 행위를 지속할 시엔 상대팀 볼을 선언할 수 있다.

골키퍼의 경우에는 18야드 박스 내에서 볼을 잡은 뒤엔 6초 내로 골킥을 해야 한다. 6초가 지나서도 골킥을 시도하지 않게 되면 주심은 골키퍼에게 경고 조치를 내려야 한다. 골키퍼가 지속적으로 위반을 범하는 경우, 주심이 그 지점에서 상대팀에 간접 프리킥을 부여한다.

2011년 UEFA 챔피언스리그 바르셀로나와 아스날(Arsenal)의 경기에서 당시 아스날의 공격수 로빈 반 페르시(Robin Van Persie)는 전반전에 바르셀로나의 수비수 다니 알베스(Daniel Alves)의 얼굴을 밀쳐 경고를 받았다. 그리고 후반 10분에 오프사이드 판정을 받은 이후 볼을 고의적으로 차서 시간을 지연시켰다. 주심은 곧바로 옐로카드를 꺼내 들었고 반 페르시는 경고 누적으로 퇴장 당했다. 반 페르시의 어리석은 행동으로 수적 열세를 극복하지 못한 아스날은 바르셀로나에게 2골을 내리 허용하면서 패배했다.

부상

세미프로 축구 선수로 활동하다 격투기의 세계에 입문한 브래드 피켓(Brad Pickett)은 "싸울 때보다 축구할 때 더 많은 부상을 당했다"고 한다. 축구는 신체를 이용한 스포츠다. 선수 간 신체적인 접촉은 90분 내내 이뤄진다. 어쩔 수 없이 선수의 부상은 불가피하다. 경기 중 혼수상태에 빠지기도 하고 잘못될 경우 죽음으로 이르는 경우도 있다.

▲ 브래드 피켓 "싸울 때보다 축구할 때 더 많은 부상을 당했다."

친선 경기가 아닌 일반적인 경기에서는 3명의 선수가 교체 가능하다. 특별히 규정되지는 않았지만 페어플레이 이념에 따라 선수가 부상을 당하게 되면 의료진이 투입되어 치료하기 위해서 일단 볼을 밖으로 걷어낸다. 치료 시간 동안 경기는 진행되지 않는다. 치료가 완료되면 보통 볼을 상대팀에게 넘기거나 후방으로 보내 천천히 경기를 재개한다. 지연되는 시간 동안 시계는 멈추지 않으며 지연된 시간을 고려하여 추가 시간에 반영하게 된다.

2010-11 잉글랜드 프리미어리그 33R **아스날** vs **리버풀**

후반 11분경 리버풀의 레전드 제이미 캐러거(Jamie Carragher)가 헤딩을 시도하는 도중에 동료 수비수 존 플래너건(Jon Flanagan)의 뒤통수에 강하게 부딪히면서 그대로 의식을 잃고 쓰러졌다. 즉시 의료진이 투입되어 응급조치를 취했고, 들것에 실려 나왔다. 모든 관중들의 빠른 회복을 비는 박수소리가 경기장 가득 울려 퍼졌다. 주심은 캐러거의 응급조치로 지연된 시간을 고려하여 추가 시간을 산정하였고, 대기심은 전광판을 통해 추가 시간 8분을 나타냈다. 96분이 지나는 시간까지 양 팀 모두 득점이 없었다. 그 순간 페널티 박스로 침투하던 아스날의 세스크 파브레가스(Cesc Fabregas)가 페널티킥을 얻어냈고, 공격수 반 페르시가 침착하게 득점으로 연결한 뒤 유니폼을 벗고 골 세리머니를 하였다. 아스날의 팬들은 환호했고 그대로 승점 3점을 가져가는 듯 했다. 그러나 마지막 총 공격에 나선 리버풀은 98분 40초에 페널티 박스 바로 앞에서 프리킥을 얻었다. 루이스 수아레즈(Luis Suarez)가 시도한 프리킥은 아스날의 수비벽에 맞고 나온 뒤 페널티 박스 안으로 떨어지는 볼을 쫓던 리버풀의 루카스 레이바(Lucas Leiva)에게 아스날의 수비수 엠마누엘 에보우에(Emmanuel Eboue)가 파울을 범했다. 페널티킥이 선언되었고 리버풀의 공격수 덕 카이트(Dirk Kuyt)가 성공시키는 순간 경기 종료가 선언되었다. 결국 캐러거의 부상으로 인해 주어진 8분이라는 추가 시간이 리버풀에게 값진 무승부를 안겨줬다.

싸움

 선수가 부상당한 상황과 비슷하다. 경기가 과열되면서 선수들이 흥분하여 선수들 간 혹은 팀 간의 싸움으로 이어지는 상황도 빈번하게 발생한다. 싸움이 일어나게 되면 주심은 일단 입에는 휘슬을, 손에는 카드를 준비한다. 상황이 심각할 경우 선수는 곧바로 레드카드를 받고 퇴장으로 이어진다. 선수 간의 싸움에서 팀 간의 싸움으로, 혹은 코치진 간의 싸움으로 발전하는 경우도 많다. 선수는 어떠한 상황이어도 그라운드 내에서의 싸움은 피해야 한다. 주심은 싸움으로 지연된 시간 역시 추가 시간에 반영한다.

2011년 AFC[19) 챔피언스리그 4강 1차전 **수원삼성 블루윙즈 vs 알 사드**

 후반 37분경에 수원의 염기훈이 양 팀의 부상당한 선수의 치료를 위해 볼을 그라운드 밖으로 걷어냈다. 일반적으로 상대 진영으로 볼을 넘겨준 뒤에 경기를 이어나간다. 페어플레이에 기초한 암묵적인 합의로 일반적인 관행처럼 이루어진다. 그런데 알 사드(Al Sadd)는 그렇지 않았다. 한 선수가 수원 진영으로 볼을 넘긴 순간, 알 사드의 마마두 니앙(Mamadou Niang)이 그 볼을 받아서 그대로 몰고 수원의 골문에 골을 넣었다. 수원 선수들은 수비 태세를 갖추지 않은 상태였고, 그대로 득점을 허용했다. 비신사적인 행동에 대해 선수들과 팬들 모두 항의를 쏟아냈고, 결국 한 수원 팬이 그라운드에 난입하고 말았다. 그 상황에서 압둘 카데르 케이타(Abdur-Kader Keita)는 수원 팬을 폭행하

---

19) 아시아 축구연맹 (Asian Football Confederation)

였고 이후 그라운드의 양 팀 모든 선수들과 코치진이 뒤엉켜 집단 난투극이 벌어졌다. "피의 그라운드"가 된 채로 상황이 종료되고 주심이 양 팀 선수들에게 퇴장을 선언하면서 상황이 종료되었다. 추가 시간은 10분이 주어졌고 경기는 알 사드의 승리로 끝이 났다.

▲ 그라운드에서 뒤엉킨 양 팀의 선수들과 코치진

관중난입

관중난입은 심심치 않게 경기에서 벌어지는 상황이다. 스포츠 뉴스의 한 컷 혹은 다음날 스포츠 신문에 한 면을 차지하고 싶은 관중이나 자신이 좋아하는 선수를 한번 안아보고자 위험을 무릅쓰고 경기장에 난입한다. 미워하는 선수를 때리기 위해 난입하는 관중도 있다. 주심은 관중이 그라운드 위로 난입 시 즉각 경기를 중단한다. 위엄 있는 모습으로 경기장의 안전을 담당하며 구두를 신고 서있던 요원들은 난입한 관중을 잡기 위해 그라운드로 뛰어든다. 난입한 관중을 향해 미소 지으며 박수와 응원을 보내는 사이에 주심은 추가 시간을 체크한다.

▲ 경기장에 난입한 낙하산

잉글랜드 5부리그 솔즈버리 시티(Salisbury City FC)와 체스터 (Chester)의 경기 중 경기장에 관중이 난입하였다. 목적을 가지고 경기장에 난입한 것도 아니었다. 경기를 지켜보던 관중들은 일제히 낙하산을 타고 불시착한 난입관중에게 환호했다. 불청객은 주심의 경고를 받고 낙하산을 질질 끌며 그라운드에서 나갔다.

추가 시간은 전적으로 주심의 재량에 의해 주어진다. 따라서 주심이 결정한 추가 시간에 대해 항상 논란이 발생한다. 경기가 끝난 뒤에도 추가 시간에 대한 논란이 계속되는 경우도 있다.

추가 시간이 어느 상황에서 책정되어야 하는 규정은 명시되어 있지만 그 상황에 따라 주어지는 시간이 정확히 얼마나 되어야 하는가에 대한 규정은 없다.

또한, 규정 시간 외에 허비된 시간이 그대로 추가 시간에 반영되지 않는다. 선수의 부상으로 20분이 지체되어도 20분 그대로 추가 시간에 적용되지 않는다. 선수들은 이러한 부분을 적극적으로 활용한다. 특히 중동 국가나 클럽의 선수들이 잘 이용한다. 팀이 지고 있는 경우엔 아픈 것도 모르고 뛰던 선수들은 앞서 나가는 상황이 되면 하나 둘씩 잔디 침대에 몸을 맡기곤 한다. 스치는 바람에 낙엽 떨어지듯 고통스러운 표정으로 잔디 위를 구르고 있으면 의료진들이 달려오면서 시간을 더 지체할 궁리를 한다. 주심이 휘슬과 함께 경기장 밖으로 나갈 것을 요구하면 이불 속에서 기어 나오듯 천천히 나간다. 치료를 위해 밖으로 나온 선수는 언제 그랬냐는 듯 옷에 묻은 잔디를 훌훌 털고 주심의 신호를 받기 위해 손을 흔든다.

주어지는 추가 시간에 따라서 어느 팀에게는 희망의 시간이 되고 어느 팀에게는 절망의 시간이 된다. 45분이 지난 뒤 찾아오는 15분의 휴식시간, 90분이 끝난 후 연장전 시작 전에 찾아오는 휴식은 선수들의 집중력이 흐트러질 수밖에 없는 시간이다. "시작하고 5분, 끝나기 5분 전을 조심하라!"는 축구계의 격언도 존재한다. 체력적으로 정신적으로 힘든 추가 시간에 승부가 갈리는 경우는 다분하다. 추가 시간에 역전에 역전이 거듭되며 극적인 승부의 경기를 일컫는 "극장경기"가 연출된다.

메이저리그 뉴욕 양키스의 전설적인 포수 요기 베라가 했던 말처럼 경기는 끝나기 전까진 끝난 게 아니다.

2013-14 K리그 클래식 40R **포항 스틸러스** vs **울산 현대**

　무승부만 기록해도 우승컵을 들어올리는 '철퇴축구' 울산 현대와 승점 2점 차이로 선두를 올려다보는 포항 스틸러스의 챔피언 결정전이었다. 심지어 울산문수축구경기장에서 열린 만큼 많은 전문가들도 울산의 우승을 예측했다. 경기는 득점 없이 전개되었고 카메라를 통해 울산 서포터즈들의 미소와 승리의 몸짓들을 볼 수 있었다. 추가 시간은 4분이 주어졌다. 울산의 김승규 골키퍼가 시간을 지연하자 경기장엔 포항 서포터즈들의 분노가 담긴 물병들이 날아들었다. 주심은 추가 시간 4분 동안에 지연되었던 시간들을 고려하여 추가 시간을 더 부여했다. 그리고 정확히 후반 50분, 마지막 프리킥 찬스에서 끝까지 집중력을 발휘한 포항이 골문을 두드렸고 포항의 수비수 김원일의 슛이 울산에 비수를 꽂았다. 또 다른 기적은 일어나지 않았고, 포항 팬들의 환희의 눈물과 울산 팬들의 허탈함의 눈물이 교차되었다.

추가 시간 중 페널티킥

페널티킥이 실시 또는 재실시되어야 한다면 전반전과 후반전의 시간은 페널티킥이 완료될 때까지 연장된다. 추가시간이 끝나가는 시점에 한 팀이 코너킥을 얻은 상황에서 주심이 경기를 종료하는 경우가 종종 있다. 프리킥은 물론 스로인도 똑같이 적용되는데 페널티킥만은 예외를 둔다. 추가시간이 다 경과하기 전에 주심에 의해 선언된 페널티킥은 추가시간이 지나더라도 경기는 끝나지 않는다. 키커가 페널티킥을 성공하면 득점을 인정하는 신호와 함께 경기는 종료되며 골키퍼가 막아내면 그 순간 경기는 종료된다.

2010년 Olleh KT U리그 왕중왕전 4강전 **경희대 vs 호남대**

경희대가 후반 45분까지 1대 0으로 리드하고 있었다. 주어진 추가 시간도 끝나갈 무렵 경희대의 반칙으로 호남대에게 페널티킥 기회가 주어졌다. 추가 시간도 모두 끝난 시점이었지만 주심은 페널티킥을 선언하는 동시에, 페널티킥을 끝으로 후반전이 종료될 것임을 알렸다. 페널티킥이 성공하면 골로 인정하고 바로 경기는 종료되는 상황이었다. 그런데 그 상황에서 호남대의 페널티킥 키커로 나선 선수가 바로 슈팅을 시도하지 않고 옆에 있는 동료에게 패스를 시도했다. 그 순간 주심은 휘슬을 불고 경기를 끝냈다. 곧바로 슈팅을 하지 않고 패스를 시도하는 바람에 페널티킥 이외의 상황이 되었기 때문이다.

3. 중단 경기

대부분의 경기는 기상악화, 천재지변, 관중난동 등의 상황이 벌어지면 경기가 중단되고 추후에 재경기를 실시한다. 주심은 경기장 환경 및 주변 상황을 고려하여 경기를 지속할 수 없다고 판단하면 경기를 중단해야 한다.

2011-12 네덜란드 KNVB컵 16강에서는 아약스(Ajax)와 AZ 알크마르(AZ Alkmaar)경기에서 관중난입으로 경기가 중단되었다. 게다가 알크마르의 골키퍼 에스테반 알바라도(Esteban Alvarado)가 난입한 관중을 폭행한 것이다. 경기장 안전요원과 선수들이 달려들어 상황을 수습했고 주심은 골키퍼에게 퇴장을 선언했다. 이에 알크마르 선수들은 주심에게 항의했고 알크마르 감독은 선수들을 불러들여 경기를 거부했다. 아약스가 1점을 선취한 가운데 경기는 중단됐고 아약스 감독이 경기장 안전 미숙을 인정하면서 가까운 시일 내에 재경기를 치르게 되었다.

2013-14 UEFA 챔피언스리그 터키의 갈라타사라이 SK(Galatarsaray SK)와 이탈리아의 유벤투스(Juventus) 간의 조별리그 6라운드 경기는 폭설로 취소되었다. 경기 도중 엄청난 눈이 쏟아지면서 심판들은 전반 33분 선수와 심판들의 시야확보가 어렵다는 판단 하에 경기가 폭설로 중단했다. UEFA 대회 규정에 따라 폭우나 폭설 등으로 경기가 중단될 경우 다음날 재경기를 치러야 한다. 18시간 뒤에도 여전히 눈

은 그치지 않았지만 경기는 진행되었고, 갈라타사라이가 승리하며 16강에 진출했다.

4. 60분 캠페인

▲ 실제 경기 시간을 늘리기 위한 AFC의 '60분' 캠페인

축구팬들은 "중동축구"하면 "침대축구"를 떠올린다. 중동 국가나 클럽들이 경기 중에 작은 몸싸움이나 경합 장면에서 고의적으로 넘어지고 잔디에 누워버리는 행동을 일컬어 침대축구라 칭한다. 주로 자신들이 점수를 앞서 나가고 있는 상황에서 이런 식의 게임운영은 경기를 지연시키게 되고 상대팀은 답답한 상황에 놓인다. 주심은 드러눕는 선수를 내버려 두고 경기를 진행하거나 억지로 내보낼 수는 없다. 스포츠맨십이 결여된 행동이며 경기의 질을 저하시키는 행위임에 당사자들은 많은 비난을 받는다. 그럼에도 많은 선수들의 치졸한 행위들은 여전히 계속되고 있다.

	실제 경기 시간(APT)
이탈리아 세리에 A	65.15분
잉글랜드 프리미어리그	62.39분
독일 분데스리가	61.48분
스페인 프리메라리가	61.22분
국제축구연맹	59.27분
아시아축구연맹	52.02분

이에 AFC는 제 1회 AFC U-22 챔피언십 대회를 시작으로 "60 Minutes, Don't Delay, Play!" 캠페인을 진행한다. 60분 캠페인은 실제 경기 시간(Actual playing time)을 60분 이상으로 늘리자는 의도로 '경기를 지연시키지 말자'는 메시지를 담고 있다. 세트피스, 골 세리머니, 볼이 아웃되는 상황과 의도적으로 부상을 가장하는 행위에서 지연되는 시간을 줄이고 실제 경기 시간을 늘려 관중들에게 볼거리를 조금 더 선사하자는 취지이다.

경기 시작 전에 60분 캠페인의 로고가 그려진 걸개가 입장하며, 선수들은 캠페인 로고가 왼팔에 새겨진 유니폼을 입고 경기한다. 캠페인의 효과는 경기에서 즉각 나타났다. U-22 챔피언십 조별리그의 24경기의 평균 실제 경기 시간은 54분 36초로 나타났다. 목표인 60분에는 도달하지 못했지만 중국과 이라크의 경기는 67분 37초, 사우디아라비아와 일본의 경기는 64분 8초를 기록했다. 캠페인을 시행한 첫 대회임을 감안하면 상당히 인상적인 변화였다. 이 캠페인은 호주에서 열리는 2015년 아시안컵까지 진행될 예정이다.

경기 시간 규칙 요약

경기 시간

경기는 주심과 양 팀 사이에 서로 다르게 동의되지 않는다면 동등하게 45분 전, 후반으로 진행된다. 경기 시간을 변경하기 위한 동의는 반드시 경기 시작 전에 이루어져야 하며 대회 규정에 따라야 한다(예-불충분한 조명 때문에 전, 후반을 각각 40분으로 줄임).

하프 타임 휴식

- 선수는 하프 타임 휴식에 대한 권리를 갖고 있다.
- 하프 타임 휴식은 15분을 초과하지 않아야 한다.
- 대회 규정은 하프 타임 휴식시간을 반드시 규정하여야 한다.
- 하프 타임 휴식의 기간은 주심의 승인에 의해서만 변경될 수 있다.

허비된 시간의 공제

다음으로 인해 허비된 모든 시간은 각 전, 후반의 경기시간에 계산된다.
- 선수 교체
- 선수의 부상 정도 확인
- 치료를 위해 부상 선수를 경기장에서 내보내기
- 시간 낭비

- 기타 이유

허비된 시간의 계산은 주심의 재량권이다.

페널티 킥

페널티킥이 실시 또는 다시 실시되어야 한다면 각 전, 후반의 시간은 페널티킥이 완료될 때까지 연장된다.

중단된 경기

대회규정에 따로 명시되어있지 않다면, 중단된 경기는 재경기를 실시한다.

허비된 시간에 대한 계산

플레이에서 대부분의 중단은 매우 자연스러운 것이다(예-스로인, 골킥). 시간 계산은 이런 지연이 지나칠 때에만 이루어진다.

대기심은 주심에 의해 결정된 최소의 추가 시간을 각 경기 시간의 마지막 분이 끝날 때에 표시한다.

추가 시간의 알림은 경기에서 남아 있는 시간의 정확한 양을 나타내지 않는다. 시간은 만일 주심이 적절하다고 간주한다면 늘어날 수 있지만 절대 줄어들지 않는다.

주심의 전반전 동안의 시간 측정의 실수를 후반전의 시간에 늘리거나 또는 줄여서 보상하지 않아야 한다.

제8장 경기 개시와 재개

 2014년 브라질 월드컵 16강전. 조별예선에서 "무적함대" 스페인을 격침한 네덜란드와 북중미의 강호 멕시코가 만났다. 펄럭이는 깃발 사이로 터져 나오는 서포터들의 응원 소리가 경기장 가득 울려 퍼지고 있다. 브라질 포르탈레자의 32도가 넘는 뜨거운 햇살 아래 주심을 앞세운 양 팀 선수들이 긴장된 표정을 감추지 못한 채 나란히 줄을 지어 경기장으로 입장했다. 양 팀의 국가가 차례로 연주되고 선수들은 어깨동무를 한 채로 팬들과 하나가 되어 따라 부르기 시작했다. 스무 명의 선수들은 서로 페어플레이를 다짐하며 악수를 나눈 뒤 몸을 풀기 위해 필드 위로 일사분란하게 흩어졌다. 심판들은 나란히 서서 각 팀의 주장 선수들을 맞이했다. 주심은 바지 주머니 속 동전을 꺼내어 공중 위로 던져 올렸고 손바닥 위로 떨어진 동전은 양 팀의 진영과 공격권을 결정지었다. 양 팀 주장들과 심판들은 악수를 나누고 서로 파이팅을 다짐한 뒤에 각자 제자리를 찾아갔다. 관중석에서는 분주히 화장실을 다녀온 팬들이 자신들의 자리를 찾고 있었다. 하프 라인을 경계로 대형을 갖춘 그라운드 위에서 주심의 힘찬 휘슬 소리가 들려왔다. 키커의 발을 떠난 볼의 움직임과 함께 45분 동안 멈추지 않을 시침이 움직임과 동시에 경기는 시작되었다.

멕시코의 우세로 이어지던 경기 흐름은 전반 31분경, 주심의 신호와 함께 경기가 중단되었다. 브라질 월드컵에 새롭게 도입된 쿨링 브레이크(Cooling Break)제도로 양 팀과 심판진은 3분간의 휴식 시간을 가지게 되었다. 수분보충과 몸의 열을 식히는 3분간의 휴식이 끝나고 주심은 경기를 그대로 재개했다. 0:0으로 전반전이 끝이 났다. 15분의 휴식 후 양 팀은 진영을 바꾼 뒤 후반전을 맞이했다. 그리고 후반 2분, 멕시코의 지오바니 도스 산토스(Giovani Dos Santos)의 멋진 중거리 슛이 골네트를 갈랐다. 기예르모 오초아(Guillermo Ochoa) 골키퍼의 선방과 함께 멕시코는 계속해서 경기를 지배했다. 양 팀은 전반전과 마찬

가지로 후반 31분에 3분간의 휴식 시간을 가졌다. 경기는 다시 재개되었고, 양 팀의 치열한 공방전이 이어졌다. 그러나 쿨링 브레이크 이전과는 다른 양상으로 경기는 흘러갔다. 그러던 후반 43분과 49분에 웨슬리 스네이더(Wesley Sneijder)와 클라스 얀 훈텔라르(Klass Jan Huntelaar)가 골을 넣으며 네덜란드가 8강에 진출했다. 네덜란드의 루이스 판 할(Louis Van Gaal) 감독은 경기 이후 인터뷰에서 "쿨링 브레이크를 기다렸다. '플랜 B'로 전환하면서 많은 기회를 만들어냈고 승리할 수 있었다."고 밝혔다.

축구는 연속성에 기초한다. 야구처럼 공수전환도 존재하지 않고 농구처럼 경기 중간에 작전타임 또한 없다. 라인 밖으로 볼이 나가더라도 멈추지 않고 전후반 90분 동안 쉬는 시간 없이 연속해서 진행된다. 주심은 경기의 진행을 방해하는 요소를 통제하며 상대의 역습 상황을 의도적으로 끊어내는 선수를 강력하게 제재한다. 반칙의 정도에 따라 경기 흐름을 그대로 유지하기 위해 어드밴티지 룰을 적용하며, 부상선수는 경기진행을 위해서 터치라인 밖으로 나가서 치료를 받도록 조치한다.

계속해서 불거지는 오심 논란에도 불구하고, FIFA가 비디오 판독을 도입하는 것에 대해 부정적인 이유 중에는 연속성이 일부분을 차지한다. 블래터 전 FIFA 회장은 비디오 판독을 위해 경기가 중단될 수 있다고 주장한다. 야구의 홈런 상황에 대한 비디오 판독 시스템과 테니스의 호크 아이 시스템 도입과는 다른 행보이다.

대회 이전부터 쿨링 브레이크 제도는 경기의 흐름을 끊을 수 있다는 우려가 있었다. 경기의 흐름이 중요한 축구 경기에서 연속성을 저해한다는 이유였다. 그러나 FIFA는 선수보호를 최우선의 가치로 삼았고 브라질 노동법원의 권고에 따라 제도를 시행했다. 하지만 경기의 흐름을 끊을 수 있다는 우려는 현실이 되었고 전적으로는 아니지만, 멕시코에게는 불리하게 작용했다. 2018년 카타르 월드컵 개최가 겨울로 미뤄지면서 쿨링 브레이크가 언제 또 시행될지는 모르지만 연속성에 기초하는 축구에서 3분의 휴식시간 혹은 3분의 작전타임이 최선책인지는 의문이다.

1. **동전 던지기**

경기가 시작하기 전 심판 4명과 양 팀의 주장들이 모여 공격권과 진영을 결정한다. 주심은 앞면에는 피파(FIFA)로고와 뒷면에는 페어플레이가 새겨진 동전을 던진다. 선택한 면이 나온 팀에게 우선권이 주어진다. 한 팀이 공격권을 선택하면 상대팀은 공격방향을 선택하는 형식이다.

FIFA가 정한 월드컵 순위 결정규정에 따라 승점, 골득실, 다득점, 그리고 상대전적까지 같을 경우 동전 던지기로 최종 순위가 정해진다. 2000년 2월 미국에서 개최된 골드컵에서 대한민국은 일본과 같이 2002년 월드컵 개최국 자격으로 참여했다. 조별예선 결과 캐나다, 코스타리카와 대한민국은 각각 2무로 동률을 이뤘다. 다득점에 앞선 코스타리카가 조 1위, 조 2위까지 8강에 오를 수 있는 상황에서 대한민국과 캐나다는 동전 던지기로 본선 진출국을 결정했다. 대한민국은 허정무 감독과 주장인 홍명보가 참여했지만 아쉽게도 탈락했다.

2. 드롭볼

규칙에 명시되지 않은 다른 상황에서 경기가 중단된 경우에 경기를 재개하기 위한 방법이다. 주심은 상황이 벌어진 지점에서 드롭볼로 경기를 재개하는데, 골 에어리어 내에서 중단된 경우에는 볼이 있던 위치에서 가장 가까운 골라인과 평행한 골에

어리어 선상에서 재개한다. 볼이 지면에 닿는 순간부터 경기는 재개된다. 볼이 지면에 닿기 전에 볼을 건드리거나 지면에 닿은 후 선수에 의해서가 아닌 다른 요인에 의해서 경기장 밖으로 나가는 경우에는 다시 드롭볼을 실시한다. 1924년부터 1937년까지는 볼이 지면에 닿기 전에 건드리면 간접 프리킥, 손으로 건들 경우엔 상대에게 직접 프리킥이 주어졌다. 드롭볼 경합을 벌이는 선수의 수가 정해져 있지는 않다. 양 팀 선수가 모두 경합해야하는 것도 아니다. 2012년에는 규정이 개정되면서 드롭볼이 상대의 골문으로 바로 들어가면 직접 프리킥이 선언되며, 키커의 팀 골대로 들어가면 상대팀에 코너킥이 주어진다.

2012-13 UEFA 챔피언스리그 조별예선 **샤흐타르 도네츠크** vs **노르셸란**

2012년 11월 20일, 샤흐타르 도네츠크(Shakhtar Donetsk)와 노르셸란(FC Nordsjælland)의 경기 중 노르셸란의 한 선수가 쓰러졌다. 한 선수의 의도적인 반칙이 아닌 그저 양 팀 선수가 충

돌한 상황이었다. 쓰러진 선수를 발견한 주심이 경기를 중단했고, 주심은 드롭볼을 선언하였다. 샤흐타르의 윌리안(Willian)은 그대로 상대 골키퍼에게 볼을 높게 차서 연결했다. 그 순간 동료 공격수 루이즈 아드리아누(Luiz Adriano)가 볼을 받아 드리블한 뒤, 골키퍼를 제치고 골을 넣었다. 보통 공격권을 갖고 있던 팀이나 부상을 당한 선수의 팀에 볼을 내주는 것이 관례다. 규정상으로는 문제가 없기 때문에 그대로 득점으로 인정되었지만 아드리아누의 행동은 국제적으로 비난 받기에 충분했다.

3. 쿨링 브레이크

2014년 월드컵의 개최지인 브라질은 남아메리카 중앙부에 위치한다. 남반구는 월드컵이 개최되는 6월과 7월이 겨울에 해당한다. 그러나 적도 부근에 위치한 지역은 6월 평균기온이 30도에 육박할 정도이다. 40도까지 치솟는 폭염이 오기도 한다.

게다가 열대우림 지역의 특성상 습도가 높아서 선수들이 경기를 하는데 힘든 날씨다.

브라질 노동법원은 FIFA에 32도 이상의 기온에서 축구 경기가 진행될 경우 선수 보호를 위해 전·후반 각각 3분씩 선수들에게 수분을 보충하는 시간을 부여하도록 명령했다. 경기 중에 휴식 시간이 부여되는 것으로, 경기의 흐름이 끊긴다는 우려가 많았지만 선수 보호가 우선이라는 판단 아래 2014 브라질 월드컵에서도 시행했다. FIFA 코디네이터, 매치 커미셔너와 주심은 경기 시작 90분 전에 WBGT(체감 온도 지수)와 기온, 습도와 구름이 하늘을 덮은 정도 등 다양한 조건을 고려하여 쿨링 브레이크 시간을 부여할지 결정한다. 쿨링 브레이크 시간을 통해 선수들은 물론 심판들도 얼음찜질, 급수 등을 통해서 수분 보충을 하며 더위를 식힌다. 3분이 지나면 경기는 그대로 재개된다.

쿨링 브레이크는 2008년 베이징 올림픽 결승전 아르헨티나와 나이지리아의 경기에서 무더위로 인해 심판의 재량으로 수분을 공급하는 '워터 타임', '워터 브레이크'가 시도된 적이 있다.

브라질 월드컵에서는 네덜란드와 멕시코의 16강전에서 처음 시도되었다. 현지 기온이 38도에 달했고 경기 전에 계획하고 시행된 첫 공식 쿨링 브레이크로 기록되었다. 조별예선 G조의 미국과 포르투갈 경기에서도 현지 기온으로 잠시 경기가 중단되었다. 그러나 기준보다 낮은 30도에서 시행되었고 사전 협의가 아닌 주심의 재량으로 시행되어 공식 쿨링 브레이크로 인정되지는 않았다.

경기 개시와 재개 요약

킥오프의 정의

킥오프는 플레이를 시작 또는 재개하는 방법이다.
- 경기 시작 때
- 득점이 된 후
- 후반전 시작 때
- 연장전을 할 경우, 연장전의 전, 후반의 시작 시

킥오프에서 직접 득점이 될 수 있다.

절차

경기 개시의 킥 오프 또는 연장전의 킥 오프 이전
- 동전으로 토스해서 이긴 팀이 전반전에 공격권을 결정한다.
- 상대팀은 경기를 시작하기 위한 킥오프를 실시한다.
- 토스를 이긴 팀은 후반전을 시작하기 위한 킥오프를 한다.
- 후반전에 양 팀은 진영을 바꿔 경기한다.

킥오프

- 한 팀이 득점을 하면, 킥오프는 상대팀에 의해 실시된다.
- 모든 선수들은 자신의 진영에 위치해야 한다.
- 킥오프를 실시하는 팀의 상대팀은 볼이 인 플레이가 될 때까지 볼에서 최소 9.15m 떨어져 있어야 한다.

- 볼은 센터 마크에 정지되어 있어야 한다.
- 주심은 신호를 한다.
- 볼이 킥이 되어 앞쪽으로 이동하면 인 플레이이다.
- 키커는 볼을 다른 선수가 터치하기 이전에는 볼을 재차 터치할 수 없다.

위반과 처벌

킥오프를 실시한 선수가 볼을 다른 선수가 터치하기 이전에 터치했을 경우

- 위반이 발생한 지점에서 상대 팀에게 직접 프리킥을 부여한다(규칙 13-프리킥의 위치참조).

킥오프 절차의 다른 위반의 경우

- 킥오프를 다시 실시한다.

드롭볼의 정의

드롭볼은 볼이 인 플레이인 동안 주심이 경기규칙에 언급되지 않은 이유로 인해 일시적으로 플레이를 중단시킨 경우에 경기를 재개하는 방법이다.

절차

주심은 플레이가 골에어리어 내에서 중단된 경우가 아니라면, 중단된 위치에서 드롭볼로 재개한다. 골에어리어 내에서 중

단된 경우, 주심은 플레이가 중단되었을 때의 볼에서 가장 가까운 골라인과 평행한 골에어리어 선상에서 드롭볼로 재개한다.

볼이 지면에 닿을 때 경기는 재개된다.

위반과 처벌

다음의 경우에는 드롭볼을 다시 한다.
- 만일 볼이 지면에 닿기 전에 선수가 볼을 터치한 경우
- 만일 볼이 지면에 닿은 후 선수가 터치하지 않고 경기장을 벗어난 경우

만약 골이 들어간다면

- 드롭볼이 직접 상대팀의 골문으로 들어간 경우 골킥이 주어진다.
- 드롭볼이 직접 자기팀의 골문으로 들어간 경우 상대팀에게 코너킥이 주어진다.

드롭볼

어떤 선수든지(골키퍼를 포함) 볼을 향한 도전을 할 수 있다. 드롭볼을 경합하는데 필요한 선수의 최소 또는 최대 숫자는 없다. 주심은 드롭볼을 경합할 선수를 결정할 수 없다.

제9장
볼의 인 플레이와 아웃 오브 플레이

제9장 볼의 인 플레이와 아웃 오브 플레이

"워털루 전투[20]의 승리는 이튼스쿨의 교정에서 시작되었다."

---

20) 1815년 6월 엘바섬에서 돌아온 나폴레옹 1세가 이끈 프랑스군이 영국, 프로이센 연합군과 벨기에 남동부 워털루(Waterloo)에서 벌인 전투로 프랑스군이 패배했다.

당시 영국군을 이끌었던 웰링턴 장군은 이런 말을 남겼다.

19세기에 들어서 영국에서는 남성성이라는 가치가 퍼지기 시작했다. 엘리트층에 국한된 신사다움을 가질 수 없었던 중간계급은 남자다움이라는 새로운 가치를 좇기 시작한 것이다. 그리고 남성성 확산의 중심에는 바로 스포츠가 있었다. 사람들은 스포츠를 통해 패배와 승리로부터 배우고 개인보다는 단체를 위해 자신이 희생하는 정신을 배울 수 있었다. 사립학교를 중심으로 스포츠 애호주의(Athleticism)가 널리 퍼졌고, 이는 영국인들의 남성성 확립과 더 나아가 대영제국 건설에 큰 밑거름이 되었다. 웰링턴 장군의 말이 이해가 가는 대목이다.

영국 사립학교에서는 크리켓, 럭비, 축구와 같은 단체운동이 유행하기 시작했고 1850년 이후에는 학교 간의 대항전으로 이어졌다. 그러나 그저 볼을 따라 몰려다니는 그들에게 통용되는 규칙은 존재하지 않았다. 핸드볼 반칙에 대한 명확한 정의마저 없었던 때 규칙으로 인해 경기 중에 학교끼리 문제가 발생하곤 했다.

자연스레 규칙통합의 필요성이 대두되었고 마침내 사립학교의 교사 앙리 데 윈턴(Henry de Winton)과 존 찰스 트링(John Charles Thring)은 "케임브릿지 규칙"을 만들어냈다. 이를 바탕으로, 이후 영국축구협회의 초대 사무관이었던 에베네저 코브 몰리(Ebenezer Cobb Morley)가 현재 통용되는 "Laws of the game"을 제정하기에 이르렀다. 그렇게 영국에서 시작된 규칙은 점점 퍼져나갔고 국제적으로 통용되는 규칙의 체계를 바탕으로 축구는 전 세계가 열광하는 스포츠로 자리매김하였다.

함께 즐기는 동시에 승부를 겨루어 승자와 패자를 가리는 스포츠에 규칙은 필수불가결한 존재이다. 규칙의 존재는 스포츠가 무질서함이 만연한 원시적인 형태의 놀이로 남아있지 않도록 해주었다. 각 스포츠마다 명시된 규칙은 체계를 잡아주었고 불필요한 요소들이 배제된 채로 많은 사람들이 스포츠를 즐길 수 있도록 해주었다. 그리고 그 중심에는 "선"이 존재한다.

푸른 잔디에 그어진 12cm 너비의 백색 선은 경기장의 영역들을 구분해준다. 경기장을 가로 지르는 선은 양 팀의 진영을 구분해주며, 규격에 의해 일정하게 그어져 이룬 직사각형은 페널티 박스를 형성해준다. 게다가 터치라인과 골라인은 경기장의 가로를 형성하는 동시에 볼의 인과 아웃을 결정한다. 터치라인은 스로인을, 골라인은 코너킥과 골킥 여부를 결정하는 판정 기준의 척도를 제공하는 동시에, 가장 중요한 득점 여부를 결정짓는다.

2014년 4월 6일에 열린 프리미어리그 33라운드 아스톤 빌라(Aston Villa)와 풀럼(Fulham)의 경기에서는 단 1mm의 차이가 득점의 여부를 갈랐다. 양 팀 득점으로 1:1 무승부를 이어가던 중 후반 37분 풀럼의 미드필더 루이스 홀트비(Lewis Holtby)가 골키퍼를 따돌린 후 슈팅을 시도했다. 볼이 골라인을 넘어가려는 순간 빌라의 수비수 매튜 로턴(Matthew Lowton)이 몸을 날려 볼을 걷어냈다. 풀럼 선수들은 일제히 손을 들고 주심과 부심을 쳐다봤으나 주심은 득점을 인정하지 않았다. 이어서 중계 화면에 잡힌 골라인 판독 결과에서는 볼이 12cm 너비의 선에 1mm 가량 걸쳐 있었다. 당시 경기 결과(풀럼이 아스톤 빌라에 3:1로 승리)에 영향을 주지는 않았지만 단 1mm의 차이가 경기를 지켜보던 모든 사람들의 엉덩이를 들썩이게 만들었다.

축구는 서로 상대방의 골문으로 볼을 많이 넣으면 승리하는 경기가 축구가 아닌가. 더불어 "득점의 희소성"(다음 10항에서 이야기하고 있다)까지 지니고 있다. 담장 너머를 포함한 부채꼴 형태의 넓은 들판도 바스켓도 아닌, 좁은 너비의 선상에서 더 극적인 순간이 연출되곤 한다. 이 선을 기준으로 승리와 패배를 넘어 강등과 승격, 준우승과 우승, 그 모든 것이 결정된다. 12cm를 넘기려는 자들과 12cm를 지키려는 자들과의 90분간의 싸움은 지금 이 순간에도 누군가를 열광시키고 있다.

1. 터치라인, 골라인

터치라인과 골라인은 12cm(5야드)의 두께로 일정하게 경기장 내에 그려진다. 터치라인은 볼이 라인 밖으로 나갔을 때 스로인으로 이어지며, 부상 치료를 위해 나간 선수나 교체 선수가 필드로 들어올 때 터치라인을 넘어서 들어온다. 골라인은 코너킥과 골킥, 그리고 골을 결정짓는다. 경기장 내의 모든 라인은 볼이 두 라인을 나가게 되면 아웃 오브 플레이 상태가 된다. 골라인은 두 개의 골포스트 사이에 그려진 라인으로 볼이 넘어가면 득점으로 인정된다. 그 이외의 골라인으로 넘어가면 마지막 볼을 터치한 팀에 따라 코너킥이나 골킥이 선언된다.

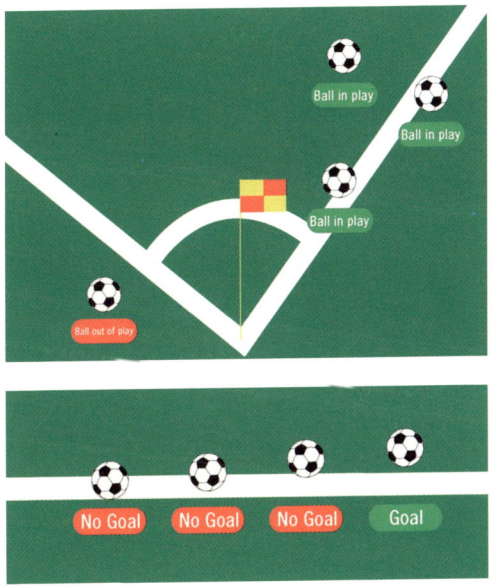

경기장의 터치라인과 골라인을 경계로 볼의 인과 아웃, 혹은 득점여부가 결정된다. 여기서 12cm 너비의 라인을 완벽하게

넘는지의 여부가 굉장히 중요하다. 볼이 라인을 완전히 넘어서지 않는다면 아웃은 선언되지 않고 득점은 인정되지 않는다. 볼이 땅에 닿는 여부와 상관없이 라인을 완전히 넘어가는 순간 아웃은 선언된다. 라인을 넘어서도 땅에 닿지 않으면 아웃이 선언되지 않는 농구와는 다른 점이라 할 수 있다.

선수는 라인을 넘어가도 무관하다. 골키퍼가 골라인을 넘어서 볼을 막아내는 경우 볼이 라인을 넘어서지만 않으면 득점이 아니다. 따라서 볼이 터치라인을 넘지 않은 상태라면 선수는 터치라인을 넘어서 플레이를 이어갈 수 있다.

2. 볼이 심판에 맞은 경우

90분 내내 필드 위에서는 22명의 선수들이 뛰어다닌다. 포지션 중에 평균적으로 활동량이 가장 많은 미드필더가 많게는 12km의 활동량을 소화한다. 그 와중에 심판은 경기당 평균 14~15km를 뛰어다닌다. 주심은 계속해서 볼을 따라다니면서 모든 상황을 지켜보고 판정을 내려야 한다. 이러한 과정에서 선수들과 같은 공간에서 뛰다보면 선수가 찬 볼이 주심을 맞고 굴절되거나 선수가 갑작스럽게 움직이던 방향을 바꾸면서 충돌하는 경우가 있다. 이러한 상황에서 상대에게 볼이 넘어간 뒤 그 볼이 득점으로 연결되거나 불리한 상황에 직면하면 선수들은 주심에게 당장 달려와서 항의한다. 그러나 어느 상황에서도 주심은 경기를 중단하지 않는다. 주심 혹은 부심이 볼에 맞았다고 하더라도 그들은 경기의 일부이기 때문에 경기를 중단하지 않는 것이다.

볼의 인 플레이와 아웃 오브 플레이 규칙 요약

볼의 아웃 오브 플레이

볼이 다음의 경우일 때 아웃 오브 플레이이다:
- 볼 전체가 지면 또는 공중으로 터치라인 또는 골라인을 완전히 넘어 갔을 때
- 플레이가 주심에 의해 중단되었을 때

볼의 인 플레이

다음의 경우를 포함하여, 볼은 다른 모든 경우에 인 플레이다.

- 볼이 골포스트, 크로스바 또는 코너 플래그 포스트에 맞고 튀어 나와 경기장 내에 남아 있을 때
- 볼이 경기장 내에 있는 주심 또는 부심을 맞고 경기장내로 되돌아왔을 때

경기장 내의 볼이 선수가 아닌 다른 사람을 터치

만일 볼이 인 플레이일 때, 볼이 주심 또는 일시적으로 경기장에 있는 주심이나 부심을 터치한다 하더라도 그들은 경기의 일부이기 때문에 플레이는 계속된다.

제10장
득점 방법

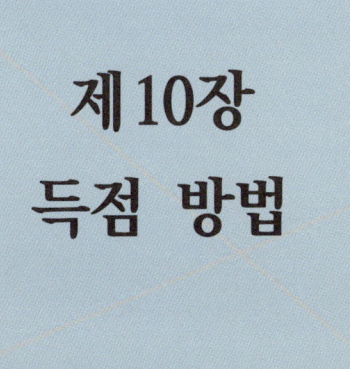

제10장 득점 방법

 2014년 브라질 월드컵 결승전 후반전 43분 월드컵 개인 최다 득점 기록을 세운 미로슬라프 클로제가 경기장을 빠져 나왔다. 교체되어 들어온 마리오 괴체(Mario Götze)는 클로제가 교체 과정에서 자신에게 머리를 맞대고 건넨 "네가 끝낼 수 있다."라는 말을 되새기며 필드 위로 향했다. 아르헨티나와 독일의 치열한 공방전은 연장전으로 이어졌다. 그러던 연장 후반 8분 경 독일의 안드레 쉬를레(André Schürrle)가 왼쪽 측면에서 올린 크로스를 괴체가 가슴으로 받은 뒤 넘어지면서 슛을 시도했다. 관중들은 술렁였고 골네트는 출렁였다. 경기장은 이내 환호로 가득했고 독일 팬들은 물론 앙겔라 메르켈(Angela Merkel) 독일 총리 역시 자리를 박차고 일어나서 박수를 보냈다. 어리벙벙한 표정의 괴체는 동료들에게 둘러 싸였고 벤치에 앉아있던 선수들, 코치와 요아힘 뢰브(Joachim löw) 감독은 서로 껴안으며 기쁨을 나눴다. 아르헨티나 선수들은 머리를 감싸 쥐었고 얼굴에는 패배의 그늘이 드리웠다. 아르헨티나 팬들 역시 찬물을 끼얹은 듯 침묵했다. 21세의 나이를 무색하게 만든 그의 멋진 골은 독일에게 우승컵을 안겨주었고 지구촌 축제 월드컵은 그렇게 막을 내렸다.

득점은 구기 종목에서 양 팀의 승패를 결정하는 요소이다. 선수들은 정해진 규격의 경기장과 정해진 시간 내에서 상대팀보다 더 많은 점수를 내야 한다. 득점을 위해 노력하고 실점을 막기 위해 애써야 하는 것은 모든 구기 종목 선수들이 가진 숙명이라 할 수 있다.

축구 역시 다르지 않다. 선수들은 골을 위해 패스를 하고 슛을 하며, 또 이를 막기 위해 태클을 하고 몸싸움을 한다. "축구 자체는 그야말로 원시적이다. 골을 막고 골을 넣고, 그게 전부니까!" 독일 크라머 감독의 말처럼 90분 혹은 120분간 필드 위에서 행해지는 모든 것들은 골을 위함이다. 다른 구기종목과 같은 숙명을 가지고 있는 것이다. 그러나 축구에서의 득점은 타 종목과 비교했을 때 조금은 다른 특성을 지닌다.

다른 구기 종목 경기에서 득점이 예사로운 일임을 감안하면 축구에서의 골은 희소하다고 할 수 있다. 양 팀 선수들의 골을 위한 수백 번, 수천 번의 노력은 90분 내내 이어진다. 골을 위한 행위가 경기의 전부임에도 불구하고 그 정점에는 쉽게 달하지 못한다. 2010년 바이에른 뮌헨과 인터 밀란의 UEFA 챔피언스리그 결승전에서는 총 2,842개의 행위가 기록되었다. 경기는 2:0으로 인터 밀란이 승리했다. 전체적으로 봤을 때 양 팀 22명의 선수들의 무려 1,421번의 행위 끝에 1골을 기록한 셈이다. 종목별마다 차이는 있겠지만 다른 종목에서는 1점을 위해 이 정도의 노력은 필요하지 않다. 혹자들은 축구 경기에서 골이 자주 들어가지 않는 것이 단점이라고 주장하지만, 오히려 드물게 일어나는 득점 상황이 90분 내내 지켜보는 이들에게 긴장감을 선사한다. 관중들은 이때다 싶어 자리를 박차고 일어나기를 반복하지만 볼은 계속해서 골대를 아쉽게 빗겨 나가거나 골키퍼 품에 안기고 만다. 골이 언제 들어갈지 모를 긴장감 속에 한시도 눈을 뗄 수 없다.

기다림의 미학이라 했던가. 마리오 괴체의 발끝을 떠나 골네트를 가른 볼은 모두에게 이루 말할 수 없는 카타르시스를 선사했다. 120분 동안 915번 패스와 10번의 슛을 시도한 끝에 다다른 정점은 전 세계를 열광하게 만들었다. 골을 넣고 막는 것이 가장 어렵고도 희소한 그것이 축구의 전부이며 축구만의 매력이 아닐까.

1. 골라인

경기 규정에 따르면 볼이 골라인을 완전히 넘어야 득점으로 인정된다. 심판이 경기 중에 육안으로 구분하기 힘든 판정 중 대표적인 예라 할 수 있다. 득점과 직결되는 부분이다 보니 이 부분에서 오심이 발생하는 경우엔 다른 경우보다 논란이 더 커진다. 가장 큰 월드컵에서도 이러한 상황이 벌어진다. 잉글랜드 국민들을 분노케 한 지난 남아공 월드컵의 사례는 결국 골라인 판독 시스템의 도입 찬반 논란에 종지부를 찍었다.

2010년 남아공 월드컵 16강전 **잉글랜드** vs **독일**

희대의 오심이 발생했다. 자연스레 1966년의 월드컵을 떠올리게 했다. 당시 잉글랜드는 결승전 상대였던 독일(당시 서독)과 연장전까지 가는 치열한 접전을 펼쳤다. 자국에서 월드컵 트로피를 들어 올릴 수 있는 절호의 기회였다. 그러던 중 연장 전반 11분 잉글랜드의 제프 허스트(Geoff Hurst)가 시도한 슛이 크로스바를 맞고 골라인 부근에 떨어진 뒤 튕겨 나왔다. 흑백 TV가 주를 이루던 그 시절에 골라인 판독 시스템이 있었을 리가 만무했고 주심과 부심은 머리를 맞대더니 결국 골로 인정했다. 서독 팬들은 좌절했고 잉글랜드 수비수 잭 찰턴(Jack Charlton)은 44년 뒤 독일을 상대할 후배들이 빼도 박도 못할 말을 남기고 우승컵을 들어올렸다. "주심과 부심이 골이라고 하면 골이다." 후대에 중계화면을 근거로 득점 여부를 판단해본 결과 볼은 골라인을 완전히 넘지 않았다.

44년 이후 열린 이 경기에서는 잉글랜드 팬들이 좌절을 맛보았다. 전반전에만 독일에게 두 골을 먼저 내주며 패배의 먹구름이 몰려오는 듯 했다. 그러던 중 37분 스티븐 제라드(Steven Gerrard)의 크로스를 받아 수비수 매튜 업슨(Matthew Upson)이

만회골을 성공했다. 해가 뜨는가 싶던 잉글랜드 진영에는 2분 후 벼락이 내리쳤다. 프랭크 램파드(Frank Lampard)의 발을 떠난 볼이 크로스바를 맞고 라인 안쪽으로 떨어진 뒤 튕겨져 나왔다. 잉글랜드 선수들과 팬들은 일제히 환호했지만 주심은 골로 인정하지 않았다. 리플레이 화면을 살펴본 결과 명백한 골이었으나 판정은 번복될 수 없었다. 경기 분위기를 이끌어가던 잉글랜드는 그야말로 맥이 빠졌고 2골을 추가 실점하면서 완패하고 말았다. 독일 선수 중 누군가는 이렇게 인터뷰를 남기지 않았을까. "주심과 부심이 노골이라고 하면 노골이다."

2. 골라인 테크놀로지

점수 1점 차이로 승부가 결정되는 일이 허다한 구기종목이 있을까. 단 한 골이 승패로 직결된다. 물론 1점 차이가 아니어도 램파드의 사례와 같이 다른 상황을 만들어 내기도 한다. 필드 위의 선수들은 골을 넣기 위해 존재하고 골을 막기 위해 존재한다. 득점을 판정하는 것은 주심과 부심이다. 그리고 주심과 부심도 사람이다. 매순간 정확한 판정을 할 수는 없다. 승부를 결정하는 득점에 대한 판정에서 오심 논란이 터져 나오는 것은 어찌 보면 불가피한 상황이다. 비난의 대상이 되어 욕을 먹는 것도 싫은 상황에서 징계를 받기도 한다. 이러한 심판들을 구제하기 위해서 FIFA가 나섰다. 골을 판독하는 골라인 테크놀로지(Goal-line Technology)를 도입하기 시작했고, 득점과 관련한 오심 논란에서 벗어날 수 있게 되었다. 대표적인 3가지 시스템을 간단히 정리해보았다.

골레프 시스템

골레프 시스템(GoalRef System)은 저주파 자기장을 이용한 골라인 판독 시스템이다. 음향기술 연구소인 프라운호퍼 IIS(Fraunhofer IIS)와 덴마크의 원천기술 보유기업이 공동으로 개발했다. 골레프 시스템은 두 개의 저주파 자기장으로 득점여부를 가려낸다. 첫 번째 자기장은 골대 안쪽에 설치한 전자장 안테나를 통해 골라인 안쪽에 형성되며 두 번째 자기장은 수동 전자회로를 내장한 축구공이 만든다. 축구공이 골대에 접근하면 자기장이 형성되는 시스템이다. 볼 전체가 골라인을 넘게 되면 골대의 안테나가 즉각 주심의 손목시계에 "GOAL"이라는 메시지를 전송된다. 주심이 시계를 보지 못했을 때를 대비하여 진동 기능도 갖추고 있다. 득점 판정에 있어서 걸리는 시간은 0.1초, 주심에게 메시지가 전달되는 시간도 0.5초에 불과하다. 문자를 암호화해서 전송되는 도중에 탈취나 변조될 가능성을 사전에 봉쇄했다. 전체적인 시스템의 설치비용도 저렴하다. 이미 지난 2012 FIFA 클럽 월드컵[21]에서 요코하마 경기장(Yokohama Stadium)에 설치되어 시험 운행되었다.

호크아이 시스템

호크아이 시스템(Hawk-Eye System)은 고속 비디오카메라를 이용하여 득점 여부를 판정한다. 카메라 12대가 경기장을 중심으로 둘러싸며 하프라인을 중심으로 각각 6개의 카메라가 두 골대를 향해 있다. 일반 TV 카메라의 20배에 달하는 초당 500프레임의 촬영 능력을 갖춘 카메라로 촬영한 시각 이미지와 타이밍 데이터를 삼각 측량한다. 경기장 내에 볼이 어디에 있는지 파악하고 위치정보를 계산한다. 영상 분석 기술이지만 정확도와 판정 속도는 결코 골레프 시스템에 뒤지지 않는다. 데이터 처리 및 판정에 걸리는 시간은 1초 이내, 오차범위는 3.6mm로 판정에 영향을 미치지 않는 수준이다. 카메라를 이용한 시스템이라서 판정 상황을 영상으로 제작하여 시현할 수도 있다. 그러나 호크아이 시스템은 볼의 25% 이상이 카메라에 보여야만 시스템이 제대로 작동한다. 선수나 심판 혹은 외부적인 것에 의해서 카메라로부터 볼이 가려지게 되면 판정을 못하는 경우가 발생할 수 있다.

---

21) 국제 축구 연맹 주관으로 2000년 1월에 브라질에서 개최되어 1년마다 열리는 축구대회. 6개 대륙의 클럽간 컵 대회 우승 팀이 참가한다.

골 컨트롤 4-D

국제축구연맹 FIFA는 이번 2014 브라질 월드컵에서 골라인 판독기를 도입하기로 결정했다. 브라질에서 열린 2013 컨페더레이션스컵[22]에서 시범적으로 사용되었던 "골 컨트롤 4-D(Goal Control 4-D)"를 선정했다. 대회동안 들어간 68골 모두 정확하게 판가름했다. 안정성을 인정받았고 모로코에서 열린 2013 클럽월드컵에서도 사용되었다. 골 컨트롤 4-D는 독일 업체 Goalcontrol이 설계했으며 경기장에 초고속 카메라 14대를 설치해서 볼의 위치를 파악하여 득점 여부를 판별한다. 골라인을 완전히 넘어가면 심판에게 손목시계의 진동으로 득점을 알린다.

2014년 브라질 월드컵 조별예선 **프랑스 vs 온두라스**

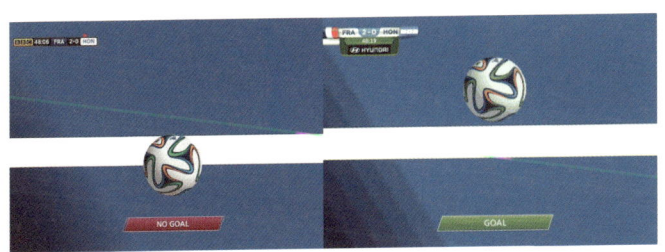

▲ 골포스트에 맞고 나온 순간 ▲ 골키퍼의 손에 맞고 들어간 순간

---

22) 월드컵 개최국과 우승국, 남미에서 열리는 코파아메리카, 아시아의 아시안컵, 아프리카 네이션스컵, 유럽축구선수권대회, 북중미골드컵, 오세아니아 네이션스컵의 우승국 총 8개국이 참가하는 대회. 1992년에 처음 열렸으며, 2005년부터 4년 주기로 변경되었다.

1:0으로 앞서 나가던 프랑스가 후반 2분에 다시 한 번 득점 기회를 맞이했다. 프랑스의 미드필더 요한 카바예(Yohan Cabaye)가 상대팀의 볼을 차단한 뒤, 페널티 박스로 침투하는 동료 공격수 카림 벤제마(Karim Benzema)를 바라보고 크로스를 시도했다. 벤제마는 날아오는 볼을 왼발로 그대로 반대쪽 골포스트를 향해 슛으로 연결했다. 볼은 골포스트를 맞고 골라인 선을 따라 온두라스의 노엘 바야다레스(Noel Valladares) 골키퍼가 위치한 반대쪽 포스트로 날아왔다. 갑작스럽게 날아온 볼에 당황한 그는 볼을 곧바로 잡지 못했고 넘어진 채로 골라인으로 넘어가는 볼을 잡았다. 노엘 바야다레스는 골이 아닌 듯 아무렇지 않게 일어났지만, 주심은 득점을 인정했다. 브라질 월드컵에 도입된 골라인 판독기가 제 역할을 한 것이다. 이내 두 번의 애매한 상황에 대한 골라인 판독 영상이 바야다레스의 손에 맞고 굴러 들어간 볼이 골라인을 완전히 넘어갔음을 증명해 주었다.

3. 연장전

　경기 시간 90분이 지나서도 승부가 나지 않았을 경우 연장전에 돌입한다. 연장 전반전과 후반전 각각 15분이 주어지며, 30분 동안에도 승부가 나지 않을 경우 양 팀은 승부차기로 돌입한다. 이 방식은 승자를 반드시 가려야 하는 컵 대회 경기에 주로 적용된다. 승점이 존재하는 리그 경기나 조별 예선의 경우는 무승부가 존재하기 때문에 연장전을 진행할 필요가 없다.

　일반적으로 선수들은 체력이 많이 소진된 상태로 연장전에 돌입하게 된다. 모든 선수가 지친 상태에서 경기를 하다보니 전체적인 템포가 느려지고 조금은 지루해지기도 한다. 이러한 문제점을 보완하기 위해서 FIFA는 몇 가지 연장전 방식을 도입하여 시험해보았다. 대표적인 예로 골든골과 실버골 제도가 있다.

골든골

2002년 한일 월드컵 16강전 대한민국과 이탈리아의 경기, 연장 후반전 27분에 측면에서의 이영표 크로스에 이어 이탈리아 빗장 수비를 뚫고 안정환이 헤딩골을 넣었다. 주심은 골이 들어간 순간 휘슬을 불었다. 경기는 그대로 끝이 났고 이탈리아 선수들은 주저앉았다.

'서든데스(Sudden Death)'에서 착안한 골든골(Golden Goal) 제도는 1993년부터 적용되었다. 골든골 제도는 양 팀이 전, 후반 90분을 무승부로 끝내면 연장 전, 후반전 각각 15분씩을 진행한다. 연장전 30분 동안 한 팀이 득점에 성공하면 경기는 그 즉시 끝이 난다.

애당초 골든골 제도를 통해서 공격적인 상황이 더 만들어지고 승부차기가 줄어드는 효과를 기대했다. 그러나 기대와는 달리 오히려 골든골을 상대팀에게 허용하는 것을 겁낸 많은 팀들은 더욱 더 수비적으로 경기했고, 연장전에서 득점 없이 승부차기로 이어지는 경우가 허다했다. 2003년 독일과 스웨덴이 맞붙었던 여자월드컵 결승전에서는 연장 전반전 98분에 독일의 퀸저(Künzer)의 골든골로 우승팀이 가려지기도 했다. 메이저 대회에서의 마지막 골든골은 2003년 아랍 에미리트에서 열린 피파 유소년 챔피언쉽 8강전에서 나왔다. 미국을 상대로 한 아르헨티나의 페르난도 카베나기(Fernando Cavenaghi)의 104분경의 페널티킥이 마지막 골든골이었다.

실버골

골든골에서 조금 개정된 규정이다. 유럽축구연맹은 2003년 5월 열린 UEFA컵 결승부터 실버골(Silver Goal) 제도를 도입했다. 골든골 제도가 상대팀이 만회할 기회 없이 경기가 갑자기 마무리됨으로써 심판과 코칭스태프에게 심리적인 압박감을 준다는 이유였다. 게다가 패배한 팀의 열성팬들이 선수들의 안전을 위협하는 사고까지 발생했다. 결국 골든골 제도의 단점을 보완한 실버골 제도를 도입하게 되었다.

실버골은 연장 전반전 15분 만에 경기가 끝이 날 수 있다. 전반전에 어느 한 쪽이 득점에 성공하여 승부의 균형이 깨진 상황이라면 후반전을 진행하지 않고 경기가 종료되는 것이다. 그렇지 않고 계속해서 무승부 상황이 이어진다면 연장 후반전은 똑

같이 진행된다. 후반전에서도 승부가 갈리지 않는다면 승부차기로 이어진다.

유럽축구연맹은 2003년 5월에 열린 UEFA컵 결승전을 시작으로 UEFA 챔피언스리그와 유로 2004에서도 실버골 제도를 적용했다. 마지막 실버골은 그리스와 체코의 4강전에서 트리아아노스 델라스(Traianos Dellas)의 연장 전반 추가시간인 106분경에 터진 결승골이다.

2004년 유럽축구선수권대회를 끝으로 골든골, 실버골 제도는 모두 사라졌고 FIFA는 연장 전, 후반 각각 15분씩을 모두 마치고 승부가 나지 않았을 시에 승부차기로 이어지는 방식을 도입했다. 현재까지도 이어지고 있는 방식이다.

4. 특이한 규정

"이 규정을 생각해낸 사람은 정신병원에 가야 할 것이다." 경기가 끝난 후 그레나다(Grenada)의 감독 제임스 클락슨(James Clarkson)은 인터뷰를 통해 규정에 대한 불만을 밝혔다. 87분경 바르바도스(Barbados)의 수비수 실리(Sealy)는 자신의 골대에 자책골을 넣었다. 상대팀이었던 그레나다도 자신들의 골문에 자책골을 넣으려고 노력했다. 바르바도스의 선수들은 필사적으로 양 쪽 골대를 막았고 승부는 연장전으로 이어졌다. 결국 바르바도스는 연장전에서 골든골을 넣었고 다음 라운드에 진출했다. 자신들의 골문에 볼을 넣는 이런 아이러니한 상황은 특별한 규정으로부터 시작했다.

영화 〈캐리비안의 해적〉으로 익히 알려진 남아메리카 부근의 카리브 해에서는 1989년부터 매년 쉘 캐러비언컵(Shell Caribbean Cup)이 열리고 있다. CONCACAF[23])에서 카리브해 부근에 있는 캐리비안 축구 연합에 속한 나라들 간의 토너먼트 대회이다.

1994년에 트리니다드 토바고에서 열린 쉘 캐러비언컵에서는 무승부를 방지하기 위한 특이한 규정이 존재했다. 연장전에서 먼저 득점하는 팀이 승리하는 방식이며, 최종 스코어는 2:0으로 기록된다는 규정이다. 바르바도스는 골득실로 인해 조별리그 최종전의 상대 그레나다를 반드시 두 골 차 이상으로 이겨야 다음 라운드로 진출할 수 있는 상황이었다.

타이브레이커

타이브레이커(Tie-Breaker)는 테니스에서 주로 사용하는 제도로 승부를 결정짓는 방식 중 하나이다. 퀴즈 대회에서 동점일 경우 승자를 결정짓는 문제라고 보면 된다. 축구에서는 타이 브레이커 상황을 조별리그 진출 팀을 결정하거나 컵 대회에서 승부를 결정짓지 못했을 경우에 적용한다. 축구에서는 1982년부터 연장전에서도 승부를 내지 못하면 양 팀 간의 승부차기를 통해 승자와 패자를 결정하고 있다. 승부차기만의 극적 긴장감과 흥미로운 요소가 있음에도 간간히 승부를 결정하는 다른 방식의 도입이 제기되고 있다.

1989년 부에노스아이레스에서 열린 아르헨티노스 주니어스(Argentinos Juniors)와 레이싱 클럽(Racing Club)과의 경기에서

---

23) 북중미 축구연맹

무승부로 경기가 끝났고 규정에 따라 승부차기로 승패를 결정지어야 했다. 첫 번째, 두 번째, 그리고 10번 째 키커까지 양 팀 모두 페널티킥을 성공했다. 20번째 키커가 페널티킥을 성공하자 많은 팬들은 경기장을 떠났고 30번째 키커가 페널티킥을 성공하자 경기장에는 하품을 하는 관중 몇 명만이 관중석을 채우고 있었다. 마침내 44번째 페널티킥으로 승패가 가려졌고 페널티킥 세계 신기록으로 기록되었다고 한다.

설누스 말린

동점으로 경기가 끝나갈 무렵 승부차기 순서를 적는 것이 아닌 코너 부근에서 코너킥을 만들라는 지시를 내리는 감독과 코치들을 상상해보자. 승부차기에 익숙한 우리들이라면 낑낑대며 코너 부근으로 볼을 몰고 가는 선수들을 상상만 해도 어이없는 헛웃음을 칠 것이다. 이러한 헛웃음을 칠 상황을 실제로 구현해보자는 주장들이 이어지고 있다.

미국의 축구 해설가 설누스 말린(Searnus Malin)도 타이브레이커 상황에서 코너킥 횟수가 많은 팀이 승리하는 방식을 도입하자고 제안했다. 이론적으로 비교적 더 좋은 경기 내용을 보여 준 팀이 많은 코너킥을 가져간다는 주장이다. 일리 있는 주장이지만 코너킥의 횟수가 경기의 전체적인 흐름이나 최종 스코어와 비례하지 않는 경기도 자주 나온다. 잔머리를 굴리는 코치들은 동점 상황의 경기가 끝나갈 무렵에 골을 넣을 것을 지시하기보단 코너 부근으로 볼을 몰고 가서 코너킥을 만들라는 지시를 하게 될 것이다. 상위 리그에서도 이 제도를 도입하지 않고 있으며 아직 국제 축구 평의회(Football Association Board)의 승인도 받지 못했다. 경기 규칙 10항인 득점 방법의 규정이 수정되지 않는 한 이러한 광경을 보긴 힘들 것이다.

탐 긴스버그

2014년 브라질 월드컵 결승전을 앞두고 미국의 탐 긴스버그(Tom Ginsburg)는 새로운 방식의 도입을 주장했다. 긴스버그는 지나치게 운이 작용하는 승부차기 대신 연장 후반에 3분마다 양 팀 1명씩 필드를 나가는 방식을 주장하고 있다. 123분에는 양 팀 10명, 126분에는 양 팀 9명씩이 필드 위에 남아 있고, 143분에는 양 팀 2명씩 경기를 하는 방식이다. 2시간 30분가량을 뛰는 선수는 양 팀에서 누가 될 것이며 5:5 혹은 3:3 상황에 따른 감독들의 전략전술도 흥미로운 요소가 될 것이라는 주장이다.

득점 방법 규칙 요약

득점

 득점 전에 경기 규칙을 위반하지 않고 볼 전체가 골포스트 사이와 크로스바 아래의 골라인을 완전히 넘어 갔을 때 득점이 된다.

승리 팀

 경기 동안 더 많은 득점을 한 팀이 승리 팀이다. 양 팀이 같은 수의 득점 또는 무득점이라면 경기는 무승부이다.

대회 규정

 대회 규정상 무승부의 경기 또는 홈, 어웨이 경기에서 승리 팀이 있어야만 하는 경우 오직 국제 축구 평의회에서 승인을 한 방법으로 결정하도록 한다.
- 어웨이 골
- 연장전
- 승부차기

GLT 시스템

 GLT 시스템은 주심의 결정을 돕기 위해 득점 여부에 대하여 확인할 목적으로 사용될 것이다. GLT의 사용은 각각의 대회 규정에 명시되어야 한다.

노골

볼이 완전히 골라인을 넘어가기 전에 주심이 득점 신호를 한 상황에서 주심이 그 즉시 자신의 실수를 깨달았다면 경기는 드롭볼로 재개할 수 있다. 플레이가 골에어리어 내에서 중단된 경우가 아니라면 중단된 위치에서 드롭볼로 재개한다. 골에어리어 내에서 중단된 경우 주심은 플레이가 중단되었을 때 볼에서 가장 가까운 골라인과 평행한 골에어리어 선상에서 드롭볼로 재개한다.

골라인 테크놀로지 (GLT)

GLT의 원칙

- GLT는 골라인에서 골의 득점 여부를 결정하기 위해서만 적용한다.
- GLT 시스템은 반드시 GLT를 위한 FIFA 품질 프로그램에 따라야 한다.
- 골의 득점 여부의 표시는 즉각적이고 일초 이내에 자동으로 확인되어야 한다.
- 골의 득점 여부 표시는 경기 심판에게만 전달되어야 한다 (심판의 시계를 통해 진동과 함께 시각적 신호로 전달).

GLT의 요구사항 및 품목

GLT가 경기에서 사용되면, 대회 조직위원회는 반드시 GLT 테스트 매뉴얼에 대한 FIFA 품질 프로그램에 명시된 요구사항을 충족하는지 확인해야 한다.

이 매뉴얼은 반드시 국제 축구 평의회에 의해 승인되어야 한다. 독립적인 테스트 기관은 반드시 테스트 매뉴얼에 따라 다른 기술 제공 업체 시스템의 정확성과 기능을 확인해야 한다.

제11장
오프사이드

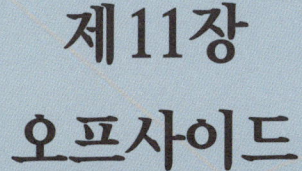

제11장 오프사이드

 축구에 열광하는 남성들이라면 한 번쯤 "축구 좋아하는 여자"와의 만남을 꿈꿀 것이다. 커플 유니폼을 입은 채로 경기장을 찾고 맥주를 마시며 같이 경기를 즐기는 달콤한 상상을 하곤 한다. "축구는 남성의 전유물이다."는 구시대적 발언에 불과하지만, 사실 아직까지는 축구 커뮤니티의 구성원은 대부분 남성이 차지하고 있다. 간혹 축구를 더 알고 싶어 하는 그녀들의 질문이 올라오면 친절히 답변을 달아주는 남성들이 많다. 그러나 잘생긴 선수부터 간단한 규칙까지 그녀들에게 자세히 설명을 하다가도 그들을 멈칫하게 만드는 것이 있으니, 바로 "오프사이드가 뭐에요?"다. 간단히 설명을 해보려고 해도 오프사이드에서 비롯되는 모든 상황을 설명하기란 보통 일이 아니다. 축구에 능통하다고 자부하는 남성들도 오프사이드를 정확하게 알고 있는 경우는 드물다. 오죽하면 "오프사이드 규정을 이해하는 여자라면 그 여자와 결혼해라."라는 말까지 있을 정도니. 〈축구란 무엇인가〉의 크리스토프 바우젠바인(Christoph Bausenwein)은 "축구장에서 어떤 일이 일어나는지 이해하기 위해서는 딱 세 가지만 분명히 알면 충분하다. 경기 이념, 세트피스의 기능, 그리고 오프사이드 규칙의 역할이다."라고 이야기한다. 복잡하면서도 까다롭고, 알 것 같으면서도 애매모호한 오프사이드는 그만큼 축구에 있어서 중요하다고 할 수 있다.

오프사이드가 없었다면 축구 경기는 어떻게 되었을까? 아마도 경쟁 속의 재미가 아닌 그저 단조롭고도 무질서한 경쟁의 연속이었을 것이다. 골문 앞에서만 서성이는 선수들과 그들을 막기 위한 수비수들과의 경합만이 유일한 볼거리가 되었을지도 모른다.

이렇듯 오프사이드는 축구를 좀 더 축구답게, 그리고 재미있게 만들었음에 분명하다. 골대 앞에만 선수들이 몰리는 무질서함은 사라졌고 각 팀의 전술도 다양해졌다. 농구나 핸드볼에서는 볼 수 없는 중원에서의 싸움, 그리고 공간을 이용하기 시작했다. 골문으로 연결하는 단순한 방법이 아닌 수십 번의 과정을 통한 골을 가능하게 만들어 준 것이다. 오프사이드를 이끌어내기 위해 수비수들은 오프사이드 트랩을 시도하고, 공격수들은 그것을 뚫어내기 위해 쉴 새 없이 움직이며, 미드필더는 그 사이에서 경쟁한다. 게다가 경기 흐름은 수비축구를 지양하고 공격축구를 지향하며 거듭된 개정 규정 덕분에 경기는 점점 더 흥미로워지고 있다. 혹자는 단순한 축구와는 어울리지 않게 복잡하다거나 오프사이드의 반복으로 인해 경기의 흐름이 끊기며 연속성을 저해한다고 불평할지도 모른다. 또한 "보이지 않는 선"에서 비롯되는 오심논란을 없애기 위해 오프사이드 제도를 없애자고 주장할지도 모르지만, 그것은 그저 오프사이드에 대한 소소한 투정에 불과하지 않나 생각해본다.

1. 역사

▲ La Soule 혹은 Choule로 불리던 매스 풋볼

오프사이드의 기원은 중세 영국 혹은 프랑스 마을의 한 축제였던 매스 풋볼(Mass football)로 거슬러 올라간다. 매스 풋볼은 마을에서 열리는 축제로 4km 거리의 골대를 두고 볼 하나를 위해 천여 명의 사람들이 이리저리 달리는 게임이었다. 매스 풋볼은 어느 쪽이든 득점을 하는 순간 경기가 종료되는 방식이었다. 한 골로 경기의 승패가 갈리는 만큼 득점자는 그 날의 영웅이 되는 셈이었다. 그 시절에도 자신이 경기의 주인공이 되기를 원하는 이른 바 '영웅본능'을 지닌 사람들은 존재했다. 승리를 위한 독점에 목마른 이들은 골대 앞에 기다리고 있다가 골대 쪽으로 오는 볼을 그저 골대에 넣기 바빴다. 그러나 결과적으로는 축제의 주인공이 되기보다 축제를 끝내버리는 어리석은 짓에 불과했다. 매스풋볼은 마을의 축제로 여겨지는 만큼 사람들은

오랜 시간동안 함께 즐기고 싶어 했다. 4km의 길이와 폭은 제한이 없는 경기장에서 진행한 이유도 이러한 목적이었다. 결국 사람들은 골대 앞에 있는 몇몇 사람들의 행위를 금지하기 시작했다. 막는 선수들보다 골을 넣으려는 선수들이 앞에 있을 경우 반칙으로 규정한 것이다. 이후 영국의 학교들에서는 오프사이드와 같은 행위를 반 스포츠적이며 무례한 행위의 하나로 간주했다. 오프사이드의 명확한 규정은 없었지만 오프사이드는 경기 진행을 방해하고 재미를 떨어뜨리는 행위로 여겨졌다.

▲ 오프사이드가 없었다면?

오늘날의 오프사이드는 1863년에 영국축구협회 출범과 동시에 만들어진 규정으로부터 시작되었다. 1866년에 오프사이드는 볼을 받을 공격자와 상대 골라인 사이에 상대 선수 3명 이상이 존재해야 패스가 가능하다고 규정했다. 많은 팀들이 수비수 2명, 미드필더 3명, 공격수 5명인 2-3-5 전술을 사용했고, 한 경기당 40차례 오프사이드 판정이 내려지는 일도 드물지 않았다.

1848년의 케임브리지대학(Cambridge) 규정과 1857년 셰필드 규정 아래 오프사이드 규칙은 영향을 받기 시작했는데, 이는 골문 앞에 있는 선수에게 패스하여 골을 넣는 단조로운 방식을 탈피하고 골문 앞에 우르르 몰려 있는 축구를 배격하기 위함이었다. 1873년부터 볼을 차는 순간에 공격자의 위치에 따라 적용하기 시작했고, 1866년부터 골킥에 이어 1882년에 코너킥도 오프사이드 적용이 제외되었다.

셰필드 규정은 1870년대에 들어서 공격자와 상대 골라인 사이의 최종 수비수를 2명으로 개정했다. 이에 반해 당시 영국축구협회는 셰필드 규정과 달리 최종 수비수의 수를 2명이 아닌 3명을 유지하면서 한동안 혼란을 초래하기도 했다. 이러한 문제점에서 벗어나기 위해서 1925년, 국제축구평의회(IFAB)에서 패스를 받을 때 볼과 골대 사이에 있어야 하는 상대 선수를 3명에서 2명으로 줄이게 되었다. 오프사이드 규정의 완화로 좀 더 경기의 속도가 빨라지고 흥미를 더할 수 있었다.

1990년 이탈리아 월드컵의 영향으로 공격적인 축구를 장려하기 위한 새로운 규정이 추가되었다. "두 번째 최종 수비수와 동일 선상에 위치한 선수는 오프사이드가 아니다."는 수비지향적인 전술이 주를 이루던 축구판에 새로운 바람을 불어넣었다. 1995년에는 "공격자가 오프사이드 위치에 있는 것만으로는 반칙이 아니며 적극적으로 플레이에 관여해서 이득을 취하는 경우에만 오프사이드를 적용한다."는 규정이 추가되었다.

그리고 2005년, "오프사이드 위치에 있는 공격자가 볼을 플레이 하거나 터치해야 오프사이드 반칙을 인정한다."는 간섭행위에 대한 규정이 개정되었다. 공격자가 오프사이드 위치에 있어도 공격 참여 의지가 없다고 판단하면 주심은 경기를 그대로 진행한다. 이 순간에 온사이드에 위치해 있던 다른 선수가 침투해서 볼을 받아 공격을 이어 나가도 문제가 없는 것이다. 그동안 기존 규정에 익숙해져 있었던 수비수들은 수비에 어려움을 겪었다.

공격축구를 위한 개정은 계속되었는데 2013년에는 "공격자의 패스를 수비수가 의도적으로 굴절하거나 건드렸을 경우에는 오프사이드 위치에 있는 선수가 볼을 받아도 오프사이드가 아니다." 또한 상대 선수를 방해하는 행위가 이전까지는 "상대방을 속이거나 혼란시키는 모든 행위"에 해당했는데 "시야를 명백하게 방해하거나 상대에게 도전하는 행위"로 개정되었다.

2. 오프사이드

골라인이나 터치라인과 같이 흰색 선을 경계로 판단할 수 없다. 이 "보이지 않는 선"은 90분 동안 쉴 새 없이 움직이기까지 한다. 심판들이 판정하기엔 상당한 어려움이 뒤따른다. 오프사이드 상황은 곧바로 득점으로 이어질 수 있기 때문에 항상 오심 논란이 거세다. 빈번하게 일어나는 오프사이드 상황에서 다양한 상황이 벌어질 수 있는 만큼 그에 따른 규정 또한 복잡하다. 현재 FIFA 규정에 따르면 오프사이드를 "선수가 볼과 최종 두 번째 상대 선수보다 상대 팀의 골라인에 더 가까이 있는 경우"라고 규정하고 있다. 가장 일반적인 경우라 할 수 있다.

그림을 보면 볼을 가진 선수가 전방에 있는 동료 선수에게 패스를 시도하고 있다. 선수가 패스를 한 시점에 상대 진영으로 침투하는 선수는 최종 두 번째 수비수보다 앞선 위치에 있다. 오프사이드 라인은 선수의 손을 제외한 몸이 기준이 된다. 따라서 이 상황은 오프사이드며 가장 전형적인 오프사이드 상황이라고 할 수 있다.

공이 오프사이드 기준인 경우

규정에 따르면 오프사이드의 기준은 최종 두 번째 수비수와 공이 된다. 간혹 상대팀의 오프사이드 라인을 뚫고 두 명의 선수가 상대 진영에 침투하여 골키퍼와 2:1로 마주하는 상황이 발생한다. 최종 수비수인 골키퍼만이 존재하는 이러한 경우에는 오프사이드 기준은 공이 된다. 볼을 몰고 가는 선수가 동료 선수에게 패스를 시도하는 시점에 패스를 받는 선수는 공보다 뒤에 있거나 동일선상에 위치해야 한다.

유로 2008 조별 예선 A조 **포르투갈** vs **체코**

체코 선수의 반칙으로 포르투갈은 하프라인 이전의 위치에서 프리킥을 얻었다. 빠르게 시도한 프리킥은 체코 수비라인을 절묘하게 무너뜨린 크리스티아누 호날두(Cristiano Ronaldo)에게 연결되었다. 동시에 히카르도 콰레스마(Ricardo Quaresma) 역시 상대 진영으로 빠르게 침투했고 체코의 페트르 체흐 골키퍼와 2:1 상황에 마주했다. 호날두는 욕심을 부리지 않고 뒤따라 들어오는 콰레스마에게 볼을 연결했고, 콰레스마는 8강행을 결정짓는 골을 성공했다. 호날두가 콰레스마에게 연결하는 시점에 콰레스마가 공보다 앞서 있었다면 오프사이드가 적용된다. 체코 수비수는 없고 최종 수비수인 골키퍼만이 지키는 이 상황에서 오프사이드의 기준은 공이 된다.

골키퍼는 최종 수비수

규정에는 "선수가 볼 그리고 최종 두 명의 상대 선수 모두보다 상대 팀의 골라인에 더 가까이 있는 경우"라고 명시되어 있다. 여기서 말하는 최종 두 명의 상대 선수는 일반적인 상황에서는 최종 수비수와 골키퍼가 해당된다. 그러나 골키퍼가 골문을 비우고 수비를 나오는 상황에서 다른 수비수가 빈 골문을 커버하는 상황이 발생하는 경우에는 그 선수가 최종 수비수로 간주된다. 최종 수비수가 꼭 필드 플레이어만이 아닌 골키퍼도 해당함을 의미한다.

2010년 남아프리카 공화국 월드컵 조별예선 **남아프리카 공화국** vs 멕시코

멕시코의 주장 헤라르도 토라도(Gerardo Torrado)가 시도한 코너킥을 경합하던 동료 기예르모 프랑코(Guillermo Franco)가 헤딩을 통해 볼의 방향을 바꿔놓았다. 프랑코의 머리를 떠난 볼은 골키퍼와 골대에 서 있는 최종 수비수 사이에 위치한 공격수 카를로스 벨라(Carlos Vela)에게 연결이 되었다. 벨라는 그대로 골로 연결했지만 부심이 오프사이드 기를 들었고 득점은 인정되지 않았다. 멕시코 선수들은 주심에게 달려가 항의했지만 골은 인정되지 않았고 경기 이후에도 논란이 되었으나 부심과 주심의 판정은 정확했다.

일반적으로는 최종 수비수가 보통 골키퍼가 되기 마련인데 이 경우에는 골라인 앞에 서 있는 남아공 선수가 최종 수비수이다. 따라서 골키퍼가 최종 2번째 수비수로 간주된다. 벨라는 최종 2번째 수비수인 골키퍼보다 앞선 위치에 있었으므로 오프사이드가 맞다.

오프사이드가 아닌 경우

상대 선수 모두가 자기 진영의 경기장에 있다면

경기 중에 흔히 볼 수 있는 상황은 아니다. 하프라인을 넘지 않은 자기 진영 내에서는 상대 수비수의 위치나 수와 관계없이 오프사이드를 적용받지 않는다. 수비수를 포함한 상대 선수들이 공격에 가담하기 위해 하프라인을 넘은 경우 오프사이드 라인은 하프라인이 된다.

2011-12 UEFA 챔피언스리그 4강 2차전 **바르셀로나** vs **첼시**

 90분이 지나고 추가시간이 1분 정도 지난 시점 첼시 진영을 수비하던 에쉴리 콜(Ashley Cole)이 볼을 전방으로 높이 걷어냈다. 카메라 앵글을 벗어날 만큼 높이 솟은 볼은 공격수 페르난도 토레스(Fernando Torres)에게 연결되었고 그는 하프라인부터 볼을 몰고 바르셀로나 골키퍼 빅토르 발데스(Victor Valdes)까지

제쳐내며 득점에 성공했다. 결승 진출을 위해 한 골이 더 필요했던 바르셀로나는 토레스에게 골을 내주며 결승진출의 좌절을 맛보았다.

당시 상황을 보면 페널티 에어리어 지역에서 볼을 멀리 걷어내었을 때 바르셀로나의 수비진보다 토레스가 전방에 위치해 있다. 모든 바르셀로나 선수가 첼시의 진영에 있으면서 하프라인이 오프사이드 라인이 되었다. 만약 토레스가 하프라인을 넘은 상황에서 볼을 받았다면 오프사이드 상황이지만 하프라인을 넘지 않은 위치에서 바르셀로나의 수비진보다 앞서 있었고, 이는 명백한 온사이드 상황이었다.

최종 두 명의 상대 선수와 동일 선상에 있다면

이탈리아에서 열린 1990년 월드컵은 수비 지향적인 경기가 주를 이루면서 경기당 2.2득점인 역대 최저득점을 기록했다. 서독을 시작으로 널리 퍼진 3-5-2 전술을 대부분의 국가가 사용하면서 골이 적게 터졌고, 대회가 끝난 이후 많은 비판을 받았다. 이에 보다 공격적인 경기 전개로 득점이 많이 나는 것을 장려하기 위해서 두 번째 최종 수비수와 동일 선상에 있는 선수가 볼을 받는 것을 허용하도록 했다. 오프사이드 규정이 완화되면서 의도대로 공격수들은 동일선상을 이용해 공격 진영으로 침투하는 시도를 늘려 나갔다. 이 때문에 부심들은 오프사이드 판정에 더 애를 먹었다. 육안으로는 판단하기 힘든 상황이 자주 벌어졌고 오늘날 오심 논란은 끊이지 않게 되었다.

2010-11 UEFA 챔피언스리그 16강 **바이에른 뮌헨** vs **인터 밀란** 2차전

 인터 밀란은 경기 시작한 지 3분 만에 득점에 성공했다. 1차전 홈경기에서 1:0으로 패배한 인터 밀란에게는 중요한 골이었다. 고란 판데프(Goran Pandev)가 적절한 시점에 패스를 넣었고 공격수 사무엘 에투(Samuel Eto'o)가 뮌헨의 중앙 수비수

두 명 사이로 침투한 뒤 그대로 뮌헨의 골키퍼 토마스 크래프트(Thomas Craft)의 가랑이 사이로 볼을 밀어 넣었다. 뮌헨 수비수들은 일제히 양 손을 들면서 부심에게 항의했다. 그러나 리플레이 장면에서 확인된 것은 뮌헨의 수비수 브레노 보르지스(Breno Borges)의 발과 에투의 몸과 다리는 동일선상이었고 에투의 팔만 앞서 나가 있었다. 팔은 오프사이드에 적용되지 않는 신체 부위이므로 에투의 위치는 오프사이드가 아니었다.

골킥, 코너킥, 스로인, 드롭볼

골킥, 코너킥, 스로인, 그리고 드롭볼 상황에서는 오프사이드가 적용되지 않는다. 볼이 터치라인이나 골라인, 즉 라인 밖으로 볼이 나간 아웃-오브-플레이 상태이다. 골킥에 오프사이드를 적용한다면 골킥 상황이 되었을 때, 상대 수비수들이 전방으로 올라오는 상황이 발생할 수 있다. 코너킥의 경우 골라인 선상에서 이뤄지기 때문에 코너킥 자체로는 오프사이드와 무관하다. 스로인도 골킥과 마찬가지로 수비수들이 수비 라인을 전진시키는 상황이 발생할 수 있다. 또 드롭볼은 앞선 세 가지 상황과는 다르게 필드 위에서 볼을 재개한다. 그러나 선수의 부상 등으로 경기가 중단된 상황을 수습하는 것은 볼을 일단 라인 밖으로 보내고 난 다음에 이뤄진다. 때문에 드롭볼 역시 아웃-오브-플레이 상태이며 오프사이드를 적용하지 않는다. 상황 이전에 공격권을 가졌던 팀에게 볼을 넘겨주고 나서 경기를 진행하기 때문에 자주 볼 수 있는 장면은 아니다.

유로 2008 16강 **러시아** vs **네덜란드**

거스 히딩크(Guus Hiddink)감독이 이끄는 러시아가 네덜란드와 16강에서 만났다. 1:1 동점으로 연장 승부를 이어가던 양팀의 균형은 연장 후반 7분에 러시아로 기울었다. 드미트리 토르빈스키(Dmitri Torbinsky)가 결승골을 기록했고, 그 후 4분 뒤 안드레이 아르샤빈(Andrey Arshavin)이 추가골을 성공했다. 네덜란드 수비진보다 앞서 위치한 안드레이 아르샤빈이 먼 거리에서 스로인을 그대로 연결 받았다. 아르샤빈의 위치는 최종 2번째 수비수보다 앞선 위치였지만 스로인은 오프사이드를 적용 받지 않기 때문에 경기는 그대로 진행되었다. 순간 방심한 수비진을 뒤로 하고 그는 에드윈 반 데 사르(Edwin Van der Sar) 골키퍼의 다리 사이로 골을 넣었다.

터치라인, 골라인을 벗어난 상황

선수는 주심의 허락 없이 터치라인이나 골라인 밖으로 나갈 수 없다. 선수는 경기 중 어떠한 이득을 얻기 위해 의도적으로 라인을 벗어나는 행위에 대해서 경고 조치까지 받을 수 있다. 어떤 이유든 선수가 경기 중에 라인을 벗어나더라도 경기가 중단되기 전까지는 주심은 선수를 라인 내에 존재하는 것으로 간주한다. 이는 선수의 수 규정의 연장선이기도 하다. 선수가 경기장의 터치라인 혹은 골라인을 우연히 넘었을 경우 선수가 규칙을 위반한 것으로 보지 않고 경기의 일부로 고려한다는 규정이다.

정리해보자면 선수가 라인 밖으로 나가는 상황도 경기의 일부로 선수가 라인 내에 존재하는 것으로 판단한다. 이득을 위해 고의로 라인을 벗어날 경우에는 경고조치를 받게 된다.

유로 2008 C조 조별예선 **네덜란드** vs **이탈리아**

 조별예선 C조의 빅 매치, 양 팀의 대결은 네덜란드의 3:0 대승으로 끝났다. 빗장수비로 불리는 이탈리아는 3골을 내주었는데 그 중 첫 번째 골은 경기가 끝난 이후에도 논란이 되었다. 전반 25분, 네덜란드의 라파엘 반 더 바르트(Rafael Van Der

Vaart)가 프리킥을 시도했다. 볼은 골문 가까이로 날아들었고 골키퍼 지안루이지 부폰(Gianluigi Buffon)이 펀칭을 하는 순간 동료 수비수와 충돌했다. 충돌한 수비수가 골라인 밖으로 밀려나 충격에 일어나지 못한 그대로 경기는 진행되었다. 그 사이 흘러나온 볼을 네덜란드의 웨슬리 스네이더가 그대로 슛을 시도했고 루드 반 니스텔루이(Ruud Van Nistelrooy)가 침착하게 골로 연결했다. 양 팀 선수들 모두 그 순간 부심을 쳐다봤지만 오프사이드는 선언되지 않았고 주심은 득점을 인정했다.

주심과 부심은 라인 밖으로 나간 선수를 경기의 일부로 인정하는 동시에 최종 수비수로, 부폰 골키퍼를 최종 2번째 수비수로 판단하였다. 부폰 골키퍼가 최종 2번째 수비수가 되면서 오프사이드 라인은 부폰 골키퍼의 위치가 되는 셈이다.

골이 선수 혹은 골대에 맞고 굴절된 경우

패스나 슛을 시도했을 때 선수 혹은 골대에 맞고 볼의 방향이 굴절되는 경우가 있다. 부심은 오프사이드인지 판단하기 어려운 상황을 맞이한다. 이 경우 오프사이드의 기준은 볼이 맞고 굴절되는 그 시점이 아닌 선수가 패스나 슛을 한 시점을 기준으로 한다. 즉, 슛을 하는 순간 동료 선수가 최종 두 번째 수비수보다 앞서 있다가 골대에 맞고 나온 볼을 골로 연결했다면 오프사이드 위치로서 골은 인정되지 않는다.

2010년 남아공월드컵 3-4위전 **독일** vs **우루과이**

결승 진출에 실패한 독일과 우루과이의 3-4위전 경기가 열렸다. 전반 18분 경 독일의 바스티안 슈바인슈타이거(Bastian Schweinsteiger)가 먼 거리에서 슛을 시도했다. 우루과이의 무슬레라 골키퍼는 강하게 날아오는 볼을 넘어지면서 막아냈다. 그 순간 페널티 박스 안으로 침투한 독일의 토마스 뮐러(Thomas Müller)가 흘러나온 볼을 그대로 골로 마무리했다. 뮐러는 슈바인슈타이거의 발에서 볼이 떠나는 시점에 수비수들보다 한참 이전에 있었고 맞고 나오는 볼에 대비해서 침투를 했고 오프사이드와는 무관한 위치였다. 사진 아래쪽에 오프사이드 위치에 있는 독일의 마르셀 얀센(Marcell Jansen)은 득점에 직접적으로 관여하지 않았고 우루과이 수비수들을 방해하는 행위도 없었다. 부심은 최종 두 번째 수비수와 일직선상에 적절하게 위치했고, 슛을 한 시점을 기준으로 정확하게 판정했다.

2006년 독일월드컵 D조 조별예선 **한국 vs 스위스**

오랜 시간이 흘렀음에도 불구하고 온라인상에서는 아직까지도 뜨거운 감자이다. 당시에는 서명운동까지 펼쳐질 정도였으며 블래터 전 FIFA 회장의 나라가 스위스라서 편을 들어줬다는 의혹도 제기됐었다. 대한민국 국민 모두를 분노케 한 당시 상황을 살펴보자.

결론부터 말하자면 논란이 된 결정적인 장면은 온사이드였다. 스위스 선수가 패스한 볼이 이호의 발에 맞고 굴절되었고 볼이 그대로 알렉산더 프레이(Alexander Frei)에게 연결되었다. 부심은 오프사이드를 표하기 위해 깃발을 들었다. 수비를 하던 대한민국 선수들 모두 올라간 부심의 신호를 보고 일제히 멈췄고, 그 상황에서 볼을 받은 프레이 선수는 그 볼을 골로 연결했다. 엘리손도 주심은 경기를 중단시키지 않았고 프레이의 골을 인정했다. 한국 선수들은 일제히 부심과 주심에게 달려가 항의를 했으나 돌아오는 건 옐로카드뿐이었다.

당시에는 볼이 굴절된 상황에 대한 논란이 일었지만, 이후에 온라인상에서는 논란의 장면 이전 상황을 지적하는 네티즌들이 늘어났다. 스위스 선수가 볼을 받는 과정에서 부심은 오프사이드를 선언했어야 했다. 2명의 선수가 볼을 받는 시점에 한국의 수비진보다 앞선 곳에 위치해 있었다. 카메라 각도로 인해 정확히 판단할 수 없지만, 경기 장면에서는 공격수가 수비 라인보다 앞쪽에서 다시 볼을 받기 위해 나오는 것을 확인할 수 있다. 이 장면은 분명히 오프사이드 상황이었다.

볼에 대한 참여 의지

오프사이드에 위치한 선수가 볼을 직접 터치하거나 플레이에 직접 관여, 상대 선수 방해, 위치에서 이득을 얻는 경우에 오프사이드 선언이 된다. 이전까지는 상대편을 속이거나 혼란시키는 행위도 상대 선수를 방해하는 행위였다. 2006년 독일 월드컵 이전만 하더라도 볼의 소유에 관계없이 공격수가 오프사이드 위치에 있다면 무조건 오프사이드가 적용되었다.

2013년에 규정이 완화되면서 "시야를 명백하게 방해하거나 볼을 목적으로 상대에게 도전하는 행위"만이 방해에 해당한다. 또한 이득을 얻는 경우도 오프사이드에 위치해 있는 선수가 동료 선수로부터 볼을 받는 과정에서 상대 선수가 수비를 위해서 걷어낸 볼이 그대로 연결되었을 경우 오프사이드를 적용하지 않는다. 전년도에 비해서 훨씬 더 오프사이드 규정이 완화되면서 골이 더욱 많이 터질 수 있는 여지가 주어졌다. 그러나 주심이 경기 중에 순간적으로 판단하기에는 다소 무리가 따르며 규정이 모호해짐에 따라 판정에 대한 논란은 줄어들지 않을 것으로 보인다.

2013-14 잉글랜드 프리미어리그 21R
뉴캐슬 유나이티드 vs 맨체스터 시티

전반 34분 경 코너킥 상황에서 흘러나온 볼을 뉴캐슬의 세이크 티오테(Cheick Tioté)가 그대로 슛으로 연결했다. 볼은 맨체스터 시티 선수들과 뉴캐슬의 요한 구프랑(Yoan Gouffran)을

통과하여 우측 골네트에 그대로 들어갔다. 티오테가 슛을 시도하는 시점에 3명의 뉴캐슬 선수가 오프사이드 위치였고 구프랑은 조 하트(Joe Hart) 골키퍼 옆에 위치해 있었다. 맨체스터 시티의 선수들은 양 손을 들며 부심을 쳐다봤으나 부심은 깃발을 들지 않았다. 뉴캐슬의 홈팬들과 선수들이 기뻐하는 사이 주심은 문제가 있다는 듯 부심에게 걸어갔다. 주심이 부심에게 이야기를 나누는 장면이 카메라에 잡혔고 이내 부심은 깃발을 들어 오프사이드를 표시했다.

뉴캐슬 선수들과 감독 및 코치진은 강력하게 항의했으나 판정은 번복되지 않았다. 논란은 경기 이후에도 계속 되었다. 조 하트 골키퍼는 근처에 있던 구프랑 때문에 몸을 날려 막지 못했다고 주장했다. 영국의 언론은 구프랑의 위치가 골키퍼를 방해했다는 의견이 주를 이루었으나 주심이 구프랑의 몸에 볼이 맞은 것으로 판단했다는 주장도 있었다.

▲ 조 하트의 시야를 가린 것은 구프랑이 아닌 맨시티의 선수들이었다.

그러나 이 장면에서 구프랑은 조 하트의 시야를 명백히 방해하거나 볼을 목적으로 도전하는 움직임을 보이진 않았다. 조 하트의 시야는 오히려 맨체스터 시티 동료들에게 가려져 있었고 볼이 날아오는 순간 구프랑은 볼을 피하는 움직임을 보였다. 도전하는 행위로 보기엔 다소 어려움이 따른다.

규정의 회색지대에 위치한 상황이었고 판정하기는 정말 애매한 상황이었다. 뉴캐슬의 입장에서는 아쉽지만 판정은 전적으로 주심의 몫이며 완벽하지 않은 규정 내에서 주심은 적절한 판정을 내렸다. 티오테도 경기 이후 "심판의 판정을 지지한다. 심판은 그라운드에서 유일하게 결정을 내릴 수 있는 사람이다. 당시 상황은 너무 빠르게 지나갔다. 결과적으로 득점이 인정되지 않았고 우리는 이를 받아들여야 했다."라고 밝히면서 주심의 판정을 존중했다.

오프사이드 규칙 요약

오프사이드의 위치

오프사이드 위치에 있는 것만으로 위반은 아니다.

다음의 경우라면 선수는 오프사이드 위치이다

- 선수가 볼과 최종 두 번째 상대 선수보다 상대 팀의 골라인에 더 가까이 있는 경우

다음의 경우라면 선수는 오프사이드 위치가 아니다

- 선수가 자기진영에 있는 경우
- 최종 두 번째 상대 선수와 동일 선상에 있는 경우
- 최종 두 명의 상대 선수와 동일 선상에 있는 경우

위반

주심의 견해로, 자기 팀의 한 선수에 의해 볼이 터치 또는 플레이된 순간에 오프사이드 위치에 있는 그 선수가 다음의 행동을 하여 적극적인 플레이에 관련될 때에만 처벌을 받는다:

- 플레이에 관여하거나
- 상대 선수를 방해하거나
- 오프사이드 위치에 있으면서 이득을 얻을 때

위반이 아닌 경우

선수가 다음의 상황에서 볼을 직접 받는다면 오프사이드 위반이 아니다.
- 골킥
- 스로인
- 코너킥

위반과 처벌

오프사이드 위반의 경우 주심은 위반이 발생한 지점에서 간접 프리킥을 상대 팀에게 부여한다(규칙 13-프리킥의 위치 참고).

정의

규칙 11-오프사이드에 관련된 요소들의 정의는 다음과 같다.
- "상대편 골라인에 더 가까이 있을 때"의 뜻은 머리, 몸, 발의 어느 부분이 볼과 최종의 두 번째 상대편보다 더 가까이 있다는 것을 의미한다. 팔은 포함되지 않는다.
- "플레이에 간섭한다는 것"은 팀 동료에 의해 패스 또는 터치되었던 볼을 플레이 또는 터치하는 것을 의미한다.
- "상대 선수를 방해한다"는 것은 상대편의 시야를 명백하게 방해하거나 볼을 목적으로 상대에게 도전함으로써 상대 선수를 방해하는 것을 의미한다.
- "그 위치에서 이득을 얻는다는 것"은 다음 상황에서 플레이하는 것을 의미한다.

(i) 선수가 오프사이드 위치에서 골포스트나 크로스바를 맞고 튀어나온 볼이나 굴절된 볼을 플레이 하는 것
(ii) 선수가 오프사이드 위치에서 상대편에 의해 의도적으로 막혀 튀어나온 볼이나 굴절된 볼, 그리고 상대 선수에 의해 흘러나온 볼을 플레이 하는 것

오프사이드 위치에 있는 선수가 상대로부터 볼을 받았을 때, 그 플레이가 의도된 플레이라면 (의도적인 세이브 제외) 이득을 얻었다라고 간주하지 않는다.

위반

오프사이드 위반이 발생할 때, 주심은 볼이 자신의 팀 동료 선수 중 한 명에 의해 자신에게 마지막으로 플레이될 때에 위반 선수의 위치에서 간접 프리킥을 부여한다.

어떤 이유로든 주심의 허락 없이 경기장을 벗어나는 수비수는 다음 플레이 중단 때까지 오프사이드 위반을 위해 자신의 골라인 또는 터치라인 선상에 존재하는 것으로 간주되어야 한다. 만일 그 선수가 의도적으로 경기장을 떠난다면 그 선수는 다음 아웃 오브 플레이 때에 경고를 받아야 한다.

오프사이드 위치에 있는 선수가 주심에게 그가 활동적인 플레이에 관여하고 있지 않음을 나타내기 위해 경기장 밖으로 걸어 나가는 것은 그 자체로 위반이 아니다. 하지만, 만일 주심이 그 선수가 전술적인 이유로 경기장을 떠났었고 경기장에 다시 들어옴으로써 불공정한 이득을 얻었다고 생각되면, 그 선수는

반 스포츠적 행위로 경고를 받아야 된다. 그 선수는 경기장에 다시 들어오기 위해서 주심의 허락을 요청할 필요가 있다.

볼이 골문에 들어가는 순간에 공격수가 골포스트 사이와 골 네트 내에서 정지 상태로 있었다면 득점은 인정되어야 한다. 하지만 만일 공격수가 상대 선수를 현혹하였다면 득점은 인정되지 않고, 그 선수는 반 스포츠적 행위로 경고를 받아야 한다. 또한, 플레이가 골에어리어 내에서 중단된 경우가 아니라면 중단된 위치에서 드롭볼로 재개한다. 골에어리어 내에서 중단된 경우라면, 주심은 플레이가 중단되었을 때 볼에서 가장 가까운 골라인과 평행한 골에어리어 선상에서 드롭볼로 재개한다.

제12장
반칙과 불법행위

제12장 반칙과 불법행위

전 세계 인구의 절반인 30억 명이 2006년 독일 월드컵의 결승전을 보기 위해 TV 앞에 모여들었다. 선수들은 기대에 부응

을 하듯 결승전다운 치열한 공방전을 펼쳤고 프랑스의 지네딘 지단과 이탈리아의 마르코 마테라치(Marco Materazzi)가 각각 한 골씩 득점하며 경기는 연장전까지 이어졌다. 승부차기 끝에 이탈리아가 우승컵을 들어 올렸고 프랑스 선수들은 고개를 떨군 채로 120분 혈투의 끝을 맞이했다.

프랑스의 한 선수는 다른 선수들과는 또 다른 끝을 맞이했다. 2004년 은퇴를 선언했지만 대표팀의 부름을 받고 합류한 프랑스의 영웅 지네딘 지단. 그는 선수로서의 마지막 경기를 맞이했다. 마지막 월드컵인 만큼 팬들은 영웅을 지지하고 응원했으며 주목했다. 지단은 팬들에게 경기력으로 보답하며 프랑스 대표팀을 결승전까지 이끄는 저력을 보였다.

그런 그가 주심에게 레드카드를 받고 퇴장을 당했다. 리플레이 영상에 담긴 지단은 머리로 마테라치의 가슴을 받아 버리고 있는 모습이었다. 도저히 믿기지 않는 광경에 충격에 휩싸였고 영웅은 쓸쓸히 축구인생의 출구로 퇴장했다.

당시 경기의 주심이었던 스위스의 오라시오 엘리손도(Horacio Elizondo)는 지단이 마테라치의 가슴팍을 들이받는 장면을 직접 보지는 못했다. 그는 경기를 속행했고 대기심과 부심의 신호를 받은 뒤에야 경기를 중단했다. 대기심은 감시 모니터를 통해 상황을 확인하여 부심에게 전달했고 부심은 주심에게 전달하였다. 이내 엘리손도 주심은 곧바로 지단에게 레드카드를 꺼내들었고 지단은 월드컵 우승컵을 지나 경기장을 빠져나갔다. 끝내 우승컵은 이탈리아에게 돌아갔고 "지단 박치기"는 모든 신문의 헤드라인을 장식했다.

경기가 끝난 이후에 이탈리아의 수비수였던 마테라치가 지단의 가족에 대해 모욕적인 발언을 했다는 사실이 밝혀졌다. "지단의 박치기" 행위에 대해 의견이 갈리기 시작했다. 일각에서는 "지단의 행동은 용서할 수 없는 일", "지단을 본보기로 삼은 어린이들에게 어떻게 설명할 것인가." 등 부정적인 시각을 나타냈다. 프랑스 전 체육부 장관마저도 "용서할 수 없는 폭력이었다."고 비난했다.

반대로 빌미를 제공한 마테라치의 행동을 비난하면서 지단을 동정하는 여론도 만만치 않았다. 前 프랑스 대통령 자크 시라크(Jacques René Chirac)는 "나는 프랑스를 대표해 존경을 표시한다."고 지단을 두둔했고 지단의 숙소에 나타난 수천 명의 팬들은 지단을 연호했다. 여론조사에서도 다수의 여론이 그를 지지했다.

결승전 당시 비난의 화살은 모두 지단을 향했지만, 경기 이후에는 지단과 마테라치 모두 표적이 되었다. 카메라는 지단의 박치기는 담아냈으나 마테라치가 지단에게 했던 말까지 담아낼 순 없었다. 마테라치의 발언 역시 퇴장 사유가 될 수 있었음에도 말이다.

규정에는 '회색지대'가 존재한다. 회색지대는 규정이 적용되지 못하거나 적용받지 않는 부분을 의미한다. 1명의 주심과 2명의 부심이 필드 위에서 일어나는 모든 행위를 관장하는 것은 사실상 불가능하다. 이를 보완하기 위해 5·6심제와 비디오 판독 제도, 그리고 사후 징계 제도가 도입되었다. 그럼에도 불구하고 회색지대로 인한 문제는 계속해서 발생하고 있다.

규정에는 '빈틈' 또한 존재한다. 경기를 위해서 존재하는 규정이지만, 규정 자체로서 그 목적을 실현할 수는 없으며 그 규정을 경기에 적용하는데 있어서도 문제가 발생한다. 때문에 심판이 존재하며, 그들에게 절대적인 권한을 부여한다. 또한 그들은 규정으로 판단할 수 없는, 이를테면 잘못을 떠나 옳은 행위인지에 대한 부분은 주어진 재량으로 판단하고 판정을 내린다. 그러나 이 부분에서도 문제는 발생한다. 심판도 완벽하지 않은 인간이기 때문이다.

　이러한 규정의 빈틈과 회색지대는 규정의 개정이나 심판 및 장비의 추가 배치로는 해결할 수 없는 문제다. 심판의 역량으로도 해결될 수 없는 부분이다. 이는 주심과 부심뿐만이 아니라, 규정 내에 존재하는 선수, 감독, 관중들을 포함한 모두가 노력해야 할 부분이다. 반드시 그 근간에는 '스포츠 정신'이 자리해야 한다. 스포츠 정신은 스포츠인들이 지녀야 하는 바람직한 정신으로, 공정하게 경기에 임하며 비정상적인 이득을 위해 불의한 행위를 하지 않는 것이다. 또한 항상 상대편을 향해 예의를 지키는 것은 물론 승패를 떠나 결과에 승복하는 정신을 말한다.

　경기규칙에 따른 공정한 경기태도를 요구하는 'Fairplay', 서로를 존중하고 배려하자는 'Respect', 모든 종류의 차별을 없애자는 'Say No To Racism'. 책의 서두에도 언급했던 스포츠 정신에 부합하는 가치 및 이념의 캠페인이다. FIFA를 비롯한 각 연맹과 협회는 스포츠 이러한 캠페인을 좀 더 다양한 방식으로 전개하고 널리 알리는 노력이 필요하다. 또한 코치진, 감독과 선수들, 특히 유소년들에게 스포츠 정신을 주지시키는 지속적인 교육이 이뤄져야 한다.

1. **골키퍼 보호구역**

　상대 선수와 골키퍼의 볼 경합 상황에서 주심이 상대 선수의 반칙을 선언하는 상황이 자주 발생한다. 많은 사람들은 골키퍼가 상대 선수와 신체적 접촉이 발생하면 상대 선수의 반칙 상황으로 인지하게 되었고 페널티 박스 내의 골 에어리어를 "골키퍼 보호구역"으로 알게 되었다. 그러나 규정에는 골키퍼 보호구역이라는 표현이 존재하지 않는다. 상대 선수가 골키퍼와 경합하는 과정에서 신체적 접촉이 발생하더라도 주심이 정당한 볼 경합 과정으로 판정할 수 있다. 규정상에도 나와 있듯이 골키퍼의 움직임을 불공정하게 제한하거나 방해하는 행위가 아니면 반칙 상황으로 볼 수 없다.

2. 카드

1966년 잉글랜드 월드컵의 심판위원장이었던 켄 애스턴(Ken Aston)은 심판들에게 무기를 선사했다. 잉글랜드와 아르헨티나의 경기 도중 독일의 루돌프 크레이트레인(Rudolf Kreitlein) 주심은 잉글랜드의 찰튼 형제[24]에게 애매한 판정을 내리면서 논란을 야기했다. 기자들은 찰튼 형제 중 어느 선수가 경고를 받았는지 명확하게 알지 못한 채로 기사를 써내려갔다.

켄 애스턴은 이러한 혼란을 피하기 위해 대책이 필요하다고 판단했다. 그는 켄싱턴가[25]를 지나가던 중 삼색신호등을 보고 아이디어를 얻었다. 그는 경고를 의미하는 노란불과 정지를 의미하는 빨간불은 전 세계적으로도 언어의 장벽을 넘어 적용될 수 있다고 판단했다. 비로소 초록잔디 위에 옐로카드와 레드카드가 등장하게 되었다.

애스턴이 영감을 얻게 된 삼색신호등 중 노란불과 빨간불만이 축구에서 사용된 것은 아니다. 초록불은 2003년 헬싱키 컵(Helsinki Cup)에서 주심은 페어플레이를 바라면서 초록카드를 꺼냈고, 프랑스에서는 주심이 선수의 부상의 긴급함을 알리기 위해 사용했으며, 미국에서는 제멋대로 행동하는 관중들에게 초록카드를 들이밀었다.

---

24) 바비 찰튼(Bobby Charlton), 잭 찰튼(Jack Charlton)
25) 영국 런던에 위치한 길 명칭

　1968년 멕시코에서 열린 올림픽에서 옐로카드와 레드카드를 사용하는 처음 카드 제도를 시범 도입했고, 1970년 멕시코 월드컵부터 모든 국제경기에 옐로카드와 레드카드가 등장했다. 카드의 사용으로 혼란이 줄어들 것으로 애초의 예상과는 달리 또 다른 문제들이 발생했다. 주심은 선수가 레드카드를 받으면 경기장을 왜 나가야하는지에 대해 일일이 설명해야 했다. 6명의 선수에게 옐로카드를 주는 상황에서, 주심이 카드를 6조각으로 찢기도 했다. 1999년 브로라 레인저스(Brora Rangers)의 골키퍼 던칸 맥밀리안(Duncan McMilian)은 레드카드를 3번이나 받았고, 2006년 독일월드컵에서 크로아티아의 요시프 시무니치(Josip Šimunić) 역시 옐로카드를 3번 받고 퇴장을 당했다.

미셸 플라티니(Michel François Platini) 유럽축구연맹 회장은 화이트 카드 도입을 주장하기도 했다. 그는 주심의 판정에 불만을 가지고 항의하는 선수들이 많아진 현 상황에 우려를 표했고 이에 대한 대책으로 화이트 카드를 제안했다. 화이트 카드는 심판의 판정에 항의하는 선수들에게 부여되며 10분 동안 퇴장을 당하는 것이다. 주심에게 거친 항의를 이용하여 보상 판정을 받으려 하는 선수들 행동들을 제재하고 경기의 질을 떨어트리는 것을 방지하기 위해서다.

3. 핸드볼(Handball)

축구는 발로 하는 스포츠이다. 다른 대부분의 구기종목과는 달리 손의 사용에 제재를 가한다. 손을 사용할 수 있는 골키퍼마저도 그 공간을 페널티박스로 제한하고 있다.

핸드볼 반칙을 결정하는 것은 "고의성"이다. 선수가 의도적으로 볼을 손으로 건드렸는지가 중요한 것이다. 얼굴을 향해 날아오는 볼을 무의식적으로 막아내는 상황에서 볼이 손에 맞았다고 해서 핸드볼 반칙을 선언할 수는 없다. 즉, 볼이 선수를 향해 날아와서 맞았거나 수비수가 수비하는 과정에서 불가피하게 볼을 손으로 건드릴 경우 핸드볼 반칙을 무조건 위반 행위로 보지 않는다. 의도적인 행동인지 아닌지 주심의 재량으로 결정한 뒤에 판정을 내린다.

가장 많은 논란이 나오는 부분은 손이나 팔을 몸에 붙인 채로 볼이 맞았을 때 핸드볼 반칙인가에 대한 여부이다. 동네 축구에서는 핸드볼 반칙과 관련한 가장 큰 논쟁거리이다.

사실 주심이 핸드볼 반칙을 판정하는 부분에서 손이나 팔이 몸통에 붙어있는 것은 중요하지 않다. 규정대로라면 손의 위치가 핸드볼 반칙에 반드시 관여되는 것은 아니다. 몸에 붙어있더라도 선수가 의도적으로 볼을 손으로 건드렸다면 핸드볼 반칙이다.

페널티 박스 내에서 핸드볼 반칙을 하는 경우에는 주심은 보다 엄격하게 판정을 내린다. 아무래도 득점과 직결될 수 있는 위치인 만큼 고의성을 떠나서 볼의 진행방향이 바뀌거나 득점을 직접적으로 방해한다면 주심은 핸드볼 반칙을 선언한다.

주심이 판단하는 고의성은 경고 혹은 퇴장 조치까지도 이어질 수 있다. 의도적으로 손으로 득점을 시도한다면 선수는 경고 조치를 받는다. 상대방의 명백한 득점 기회를 저지한다면 그 즉시 퇴장 조치를 받는다.

루이스 수아레즈

2010 남아공 월드컵 8강전, 우루과이와 가나의 경기에서 마라도나 신의 손에 이은 신의 손이 등장했다. 우루과이의 루이스 수아레즈는 가나를 상대로 1:1로 팽팽히 맞서던 연장 후반전 추가시간에 또 하나의 역사를 만들었다.

가나의 도미니크 아디이아(Dominic Adiyiah)가 골문 앞에서 시도한 헤딩슛이 골문으로 들어가는 것을 수아레즈는 눈을 질끈 감은 채로 손으로 쳐냈다.

주심은 득점에 대한 수아레즈의 의도적인 핸드볼 반칙으로 판정하고 곧바로 레드카드를 꺼내 들었다. 아이러니하게도 직후 선언된 가나의 페널티킥을 막아낸 우루과이는 승부차기에서 승리하여 4강에 진출했다.

▲ 골키퍼가 막아내지 못한 공을 수아레즈는 막아냈다.

폴 스콜스

UEFA 슈퍼컵(UEFA Super Cup)[26] 결승전 맨체스터 유나이티드와 제니트 상트 페테르부르크(Zenit Saint Petersburg)의 경기가 2008년 8월 30일에 열렸다. 제니트가 후반전 막판까지 2:1로 앞서고 있었다. 맨체스터 유나이티드는 동점 상황을 만들기 위해 무서운 공세를 펼쳤으나 골은 들어가지 않았다. 그러던 후반

---

26) 매년 UEFA 챔피언스리그 우승 팀과 UEFA 유로파리그 우승 팀끼리 겨루는 대회의 명칭

44분, 측면에서 올라온 크로스를 폴 스콜스(Paul Scholes)가 손을 뻗어 볼을 쳤고 골문으로 빨려 들어갔다.

▲ 모두를 당황케 한 스콜스의 슛(?)

'고의성'을 가지고 손으로 득점을 시도한 스콜스에게 주심은 반 스포츠적 행위로 간주하여 곧바로 옐로카드를 꺼냈고, 경고 누적으로 그는 퇴장 당했다.

옥슬레이드 체임벌린

2013-14 프리미어리그 31라운드 첼시와의 경기에서 아스날 선수들은 벵거 감독의 1,000번째 경기를 맞아 그 어느 때보다 승리를 열망했다. 그러나 아스날은 5분 만에 실점, 2분 후 또 다시 실점하면서 먹구름이 드리우더니 전반 17분에는 최악의 상황의 정점을 찍었다. 페널티 박스에서 첼시의 에당 아자르(Eden Hazard)가 시도한 슛은 분명 골대를 벗어나고 있었다. 이 때 아스날의 옥슬레이드 체임벌린(Oxlade Chamberlain)이 왼손을 뻗으며 볼을 막아냈고, 주심은 이를 보지 못한 채 코너킥을 선언했다. 첼시 선수들의 항의가 잇따랐고, 주심은 판정을 보류한 채 부심과 의논한 뒤 고의성이 있다고 판단했다. 주심은 곧바로 레드카드를 꺼내들었다. 체임벌린이 아닌 옆에서 수비만 하던 키에런 깁스(Kieran Gibbs)에게 말이다.

4. 홀딩

손과 팔이나 몸통을 이용해서 상대 선수를 붙잡는 행위를 말한다. 특히 코너킥과 프리킥 같은 세트피스 상황에서 선수들은 좋은 위치를 선점하거나 상대 선수를 방해하기 위해서 페널티 박스 내에서 셔츠를 잡아당긴다. 키커가 볼을 차기 이전에 주심이 양 팀의 선수를 불러내어 주의를 주거나 경고를 주는 장면을 자주 볼 수 있다.

2009-10 잉글랜드 프리미어리그 31R **맨체스터 유나이티드** vs **리버풀**

전반 10분 경, 당시 리버풀의 수비수였던 하비에르 마스체라노(Javier Mascherano)의 반칙으로 페널티킥이 선언되었다. 그는

페널티 박스에 도달하는 맨체스터 유나이티드의 안토니오 발렌시아(Antonio Valencia)의 유니폼을 잡아 당겼다. 발렌시아는 페널티 박스 라인을 넘는 순간 넘어졌다. 리버풀 선수들은 페널티 박스 밖이라고 주장했다. 그러나 마스체라노가 페널티 에어리어 밖에서 붙잡기 시작하여 안에서도 계속 잡았기 때문에 규정대로라면 주심은 올바른 판정을 내린 것이다.

5. 골 셀레브레이션

골 셀레브레이션(Goal Celebration)은 득점에 성공한 선수에 의한, 선수를 위한 행위이다. 한국에서는 '골 세리머니'로 주로 불리고 있다. 선수들은 최고조에 달하는 기쁨을 표현하고 팬들은 이에 열광한다. 그야말로 무아지경인 상태에서 선수의 골 셀레브레이션이 벌어지다보니 간혹 예측하지 못한 상황이 발생하기도 한다. 주심은 이런 상황에서 도가 지나친 골 셀레브레이션에 대해 중재해야 한다.

기쁨에 겨워 관중석 울타리에 넣은 손이 빠지지 않아서 울타리를 절단하기도 하고 어떤 선수는 유니폼을 벗어 던지려다가 어깨가 빠지기도 한다. 선수들의 부상뿐만 아니라 셀레브레이션이 길어지면서 경기가 지연되기도 한다. 또한 골 세리머니가 정치적이거나 인종차별을 표현하는 행위로 이어지는 경우에는 FIFA가 나선다. FIFA는 상대 선수들이나 관중들을 자극하는 행위와 경기의 진행을 방해하는 행위에 대해서 제재를 가하고, 논란의 여지가 될 셀레브레이션은 추가 징계를 내리기로 했다.

정치적, 인종차별적 행위

그리스 AEK 아테네의 기오르고스 카티디스(Giorgos Katidis)는 결승골을 넣은 뒤 "나치식" 거수경례 셀레브레이션을 했다. 그리스 축구협회는 그의 국가대표 활동자격을 평생 박탈했고 벌금과 10경기 출장정지라는 중징계를 내렸다. 이집트 알 아흘리(Al Ahli)의 압둘 자헤르(Abdel Zaher)는 엄지손가락을 접은 "네 손가락" 셀레브레이션으로 소속 구단에서 방출되었다. 군부에 의해 축출된 무함마드 무르시(Mohamed Morsy) 전 대통령을 지지하는 정치적 행위로 간주되었기 때문이다.

2013년 11월 20일 크로아티아의 요시프 시무니치는 월드컵 본선을 확정지은 뒤 마이크를 잡고 "조국을 위해"를 선창하고 관중은 "준비됐다"라고 응답하는 셀레브레이션을 펼쳤다. 2차 대전 당시 유대인 학살에 앞장섰던 우스타시(Ustaše)정부가 대중을 선동할 때 사용하던 것이었다. 결국 시무니치는 브라질 월드컵에 출전하지 못했다.

관중 자극

토고 출신의 공격수 엠마누엘 아데바요르(Emmanuel Adebayor)는 맨체스터 시티 소속으로 이전 팀 아스날을 상대로 골을 넣은 뒤 동료들을 뒤로 하고 미친 듯이 질주했다. 무릎을 꿇고 양손을 벌린 곳은 아스날 원정팬들 앞이었고 온갖 오물들이 필드 위로 날아들었다. 아데바요르는 주심에게 경고조치를 받았다. 아데바요르는 "아스날 팬들이 내 가족에 대한 험담을 퍼부었다. 그래서 나도 모르게 흥분했다."며 나름의 이유가 있는 행동임을 밝혔지만 아스날 팬들과는 앙숙 관계로 남게 되었으며 FA는 그에게 출장정지라는 징계를 내렸다.

2006년 1월 22일 맨체스터 유나이티드와 리버풀의 라이벌전에서 게리 네빌(Gary Neville)은 자신의 유니폼을 움켜쥐고 포효하는 셀레브레이션을 하면서 리버풀 서포터들을 자극했다. 결국 영국축구협회의 추가 징계로 벌금까지 물었다.

상의 탈의, 복면 착용

 2006년 독일월드컵에서 에콰도르의 이반 카비에데스(Ivan Kaviedes)는 코스타리카를 상대로 골을 넣은 뒤 바지춤에서 꺼낸 스파이더맨 가면을 착용했다. 교통사고로 숨진 그의 동료 오틸리노 테노리오(Otilino Tenorio)의 아들을 위해서였다. 당시 카비에데스는 옐로카드를 받지 않았지만 이후 복면 착용도 카드의 대상으로 규정되었다.

2010년 남아공 월드컵 결승전 스페인의 안드레 이니에스타 (Andrés Iniesta)는 네덜란드를 상대로 결승골을 성공시킨 뒤 입고 있던 상의를 탈의했다. "다니엘 하르케(Daniel Jarque)[27]는 항상 우리와 함께"가 스페인어로 적힌 글귀는 2009년에 세상을 떠난 동료 다니엘 하르케를 추모하기 위함이었다. 이니에스타는 상의 탈의로 인해 옐로카드를 받았지만 "가장 아름다운 골 셀레브레이션"으로 뽑혔다.

2012년 5월 5일, 독일 분데스리가 아우크스부르크 소속이었던 구자철은 골을 넣은 뒤 유니폼 하의를 살짝 내렸다. 2011년 5월 6일에 세상을 떠난 인천 유나이티드 골키퍼 윤기원을 위한 셀레브레이션으로 "고인의 명복을 빕니다."가 속옷에 적혀있었

---

[27] 스페인 출생의 RCD 에스파뇰(RCD Espanyol) 소속이었으며, 수비수로 활약했다. 2009년 8월 8일, 26세로 갑작스런 심장마비로 인해 사망했다.

다. 옐로카드를 받지 않기 위해 규정을 피해서 하의를 이용한 것이다.

이제는 하의를 이용한 세리머니조차도 볼 수 없게 되었다. 2014년 브라질 월드컵에서는 한층 더 규정이 강화되었다. 브라질의 네이마르(Neymar)는 카메룬과의 경기 이후 유니폼 상의를 교환하는 과정에서 하의를 내려 입었다는 이유로 FIFA의 조사를 받았다. FIFA는 정치적이거나 상업적인 의도를 떠나서 일체의 속옷 셀레브레이션을 금지한 것이다. 큰 문제가 될 셀레브레이션은 제재를 받는 것이 당연하지만 강화된 규정으로 인해 선수들이 기뻐하고 팬들이 즐거워하는 자축 행위가 점점 규제되는 것 같아 아쉬울 따름이다.

6. 항의

남아프리카 공화국 케이프 타운(Cape Town)[28] 동부에서 벌

---

28) 남아프리카 공화국의 입법 수도

어진 클럽팀 간의 축구경기에서 주심이 감독을 권총으로 쏴 숨지게 했다. 주심이 한 선수에게 경고 조치를 내리자 감독과 선수들은 주심에게 강하게 항의했다. 몸싸움으로까지 이어지던 과정에서 위협을 느낀 주심은 카드 대신 권총을 꺼내든 것이다.

경기 중에 선수들이 심판의 판정에 불만을 가지고 주심에게 달려가 항의하는 경우를 자주 볼 수 있다. 절대적인 권한을 갖는 주심에게 항의하는 선수는 경고 조치나 퇴장으로까지 이어질 수 있다. 그럼에도 선수들은 격한 감정을 못 이겨 주심에게 항의를 하는데 팔에 주장완장을 찬 팀의 주장들이 대부분 그 중심에 서 있다. 대부분의 사람들이 주장은 심판 판정에 항의하는 것이 어느 정도 가능하다고 알고 있다. 그러나 규정상으로도 "주장은 자기 팀의 행동에 대해 어느 정도의 책임을 가지고 있다." 라고 명시되어 있을 뿐 그 어떤 선수도 주심의 판정에 이의를 제기할 수 있는 권리는 없다.

7. 골키퍼에게 범해진 위반

2007년 4월 22일, 프리미어리그 맨체스터 유나이티드와 미들스보로(Middlesbrough)의 경기가 열렸다. 1:1 동점 상황이 이어지던 후반 71분, "동안의 암살자" 올레 군나르 솔샤르(Ole Gunnar Solskjaer)는 미들스보로의 마크 슈와처(Mark Schwarzer) 골키퍼의 주위를 서성거렸다. 슈와처 골키퍼가 볼을 잡고 펀트킥[29]을 시도하기 위해 손에서 볼을 잠시 띄운 순간 솔샤르가 볼을 발로 건드려 빼앗았다. 솔샤르는 그대로 골대에 볼을 차

---

29) 골키퍼가 볼을 가볍게 앞으로 던진 후에 볼이 땅에 떨어지기 직전에 차는 킥.

넣었고, 슈와처는 양 손을 들어 주심을 찾았다. 부심이 주심에게 상황을 전달했고 주심은 솔샤르에게 경고 카드를 내밀었다.

이전에는 선수 간의 신체 접촉만 없었으면 이러한 행위에 대해 반칙이 선언되지 않았다. 그러나 선수가 펀트킥을 시도하는 순간에 발을 갖다 대는 행위가 골키퍼의 부상을 유발할 수 있다는 논란 끝에 결국 규정이 개정되었다.

8. 반 스포츠적 행위

경기 중에 선수가 비신사적인 행동을 했을 경우를 말한다. 스포츠맨십에 반하는 행동, 상대 선수에게 언어나 행동으로 해를 입히거나 경기 규칙에 준하지 않는 선수에게 주심은 경고 조치를 내린다.

콜 플레이(Call Play)

볼이 높이 떠올랐다. 양 팀 선수들은 볼 경합을 위해 볼을 보고 모여들었고 한 선수가 어디선가 "마이볼!"을 외친다. 주심은 즉시 휘슬을 불고 간접 프리킥을 선언한다. 주심이 없는 경기에서는 볼 수 없던 상황에 선수들은 어리둥절해 한다.

동네 축구에서 흔히 볼 수 있는 장면이다. 경기 중 동료 선수와 호흡을 맞추기 위해서 "마이볼", "놔둬", "내꺼" 등의 표현을 간혹 사용하는데, 공식경기에서는 반칙으로 이어질 수 있다. 상대 선수들이 주변에 없고 자신의 팀 선수들만 가까이 있는 상황에서는 언급을 해도 상관이 없다. 그러나 주심이 이러한 표현들이 상대 선수에게 혼동을 주었다고 판단하면 그 즉시 간접 프리킥을 선언할 수 있다. 상대 선수를 구두로 속이는 것은 반 스포츠적 행위로 바로 경고조치도 가능하기 때문이다.

허가되지 않은 표시

2012년 10월 4일에 열린 AFC 챔피언스리그 울산 현대와 알 힐랄의 8강 2차전이 열렸다. 울산의 김영광 골키퍼는 후반전이 시작하기 전에 골라인에서 페널티마크 지점으로 두세 걸음 걷다가 주심에게 경고 카드를 받았다. 주심은 잔디를 훼손하고 허가되지 않은 표시를 했다고 판단했고 반 스포츠적 행위로 간주하여 곧바로 김영광에 경고 조치했다. 골키퍼는 때때로 페널티 지역에 자신의 위치를 더 쉽게 식별하기 위해 흔적을 남기곤 한다. 김영광 골키퍼는 자신의 행동이 초등학교 때부터 몸에 배어 있던 습관이었다며 불만을 표했다. 사실 다른 골키퍼들도 자주 하는 행동이었기 때문에 논란이 일기도 하였다.

시뮬레이션

시뮬레이션(Simulation)은 경기 중에 선수가 심판을 의도적으로 속이려는 행위를 말한다. 많은 선수들이 반칙을 유도하기 위해 수비수와 몸에 닿기만 해도 넘어지거나 터무니없이 다이빙을 하는 등의 과장된 행동을 보인다. "헐리웃 액션", "다이빙"으로도 불리는 시뮬레이션은 특히 페널티 에어리어에서 자주 발생한다. 골과 직결되는 페널티킥을 내주는 수비수들 입장에서는 불만을 가질 수밖에 없다. 주심 입장에선 모든 상황을 정확히 볼 수 없기 때문에 선수의 연기에 속아 휘슬을 부는 경우도 생긴다. 나날이 상대 선수의 헐리웃 액션으로 선수들의 연기력이 늘면서 비디오 판독이 아니면 정확히 판단하기 어려운 장면들이 자주 나오고 있다. 이를 역이용해서 선수들은 경기 후에 밝혀질 진실을 뒤로한 채 헐리웃 액션을 서슴지 않는다. '원더보이' 영국의 마이클 오언(Michael Owen)은 "선수들의 75%가 페널티킥을 얻기 위해 수비수와 몸에 닿기만 해도 넘어진다."고 말한다. 정당하지 않은 행위인 만큼 경고나 징계와 함께 많은 비난이 쏟아지지만 시뮬레이션은 계속되고 있다.

2012-13 잉글랜드 프리미어리그 36R **첼시 vs 맨체스터 유나이티드**

첼시가 맨체스터 유나이티드를 상대로 1:0으로 앞선 채 후반 44분이 되었다. 코너 플래그 부근에서 다비드 루이스(David Luiz)와 경합을 벌이던 하파엘(Rafael)은 볼이 아닌 루이스의 정강이를 찼다. 큰 충격이 아닌 듯 보였으나 루이스는 충격이 심한 듯 그라운드를 나뒹굴었다. 주심은 곧바로 하파엘에게 레드카드를 꺼내 들었다. 그러나 카메라에 잡힌 루이스의 얼굴에는 미소가 가득했다. 결국 첼시의 승리로 경기가 끝났고 루이스의 사진이 퍼지면서 그는 비난을 면치 못했다.

9. **퇴장성 플레이**

FIFA는 총 7가지 반칙 행위를 퇴장성 플레이로 규정하고 있다. 1880년에 규정된 난폭한 행위, 1907년에는 심한 반칙 행위와 두 번째 옐로카드를 받은 경우로 규정했다. 1927년에는 모욕적인 발언, 1997과 2000년에는 모욕적인 것과 더불어 공격적인 언행과 행동까지 퇴장 행위로 규정했다. 또한 상대에게 침을 뱉는 행위에 대해서도 1968년부터 퇴장성 행위로 간주되었고, 1990년에는 명백한 득점 기회를 저지하는 행위와 손을 의도적으로 이용하여 득점을 막는 행위가 추가되었다.

두 번째 경고

영국 국적의 존 슬리웬후크(John Sleeuwenhoek)는 아스톤 빌라와 버밍엄 시티(Birmingham City)에서 250경기 가까이 중앙

미드필더로 활약하면서 단 한 장의 옐로카드만을 받았다. 주심은 카드를 받을 선수의 이름을 적게 되는데 그의 이름이 어려워서 그냥 넘겼다는 설도 있지만, 많은 경기 동안 한 장의 옐로카드를 받은 것은 대단한 일이다.

경고로도 불리는 옐로카드는 반 스포츠적 행위, 항의, 경기지연, 규칙의 지속적인 위반 등에 대한 제재의 수단이다. 1972년 8월, FA에서 옐로카드는 두 장만 받을 수 있도록 규정했다. 한 선수가 옐로카드를 두 차례 받는 것은 레드카드 한 장을 받는 것과 같다. 경기당 평균 5장 정도의 옐로카드가 나오는 것을 감안하면 두 장의 옐로카드가 나오는 경우가 빈번하지는 않다.

2006년 독일 월드컵 **크로아티아** vs **오스트레일리아 조별 예선**

▲ 폴 주심을 비난하는 팬들

크로아티아 국적의 수비수 요시프 시무니치의 출생지는 오스트레일리아 캔버라(Canberra)[30]이다. 시무니치는 F조의 예선 마지막 경기에서 자신이 태어나고 자란 오스트레일리아를 상대하게 된 탓인지 의욕이 넘쳤었던 모양이다. 후반 17분 거친 태클을 시도했다가 첫 번째 경고를 받았고, 후반 43분에 같은 이유로 두 번째 경고를 받았다. 한 경기에서 두 번의 경고를 받는 경우 주심은 레드카드를 꺼내들어 선수에게 퇴장을 명해야 한다. 그러나 경기를 관장한 영국의 그래엄 폴(Graham Paul) 주심은 경기를 그대로 진행했다. 주심을 제외한 모두가 당황한 채로 진행되던 후반 48분 시무니치가 다시 한 번 거친 태클을 시도했고 폴 주심은 달려와 세 번째 옐로카드를 꺼내들었다. 그리고는 아무 일 없었다는 듯이 레드카드를 꺼내들어 시무니치에게 퇴장을 명했다.

심한 반칙 행위

심한 반칙 행위(Serious Foul Play)는 볼의 인 플레이, 즉 경기 중에 선수와 선수 간의 경합 과정에서 일어나는 반칙이 해당된다. 상대의 뒤에서 시도하는 백태클, 양 발을 사용한 태클이나 발바닥이 보이는 태클, 그 외의 상대를 가격하는 행위를 예로 들 수 있다. 판정은 주심의 재량이므로 정도에 따라 옐로카드가 주어질 수도 있다. 축구 경기에서의 선수를 보호할 수 있는 장비는 정강이 보호대가 전부다. 페어플레이를 벗어난 거친 태클로 인해 레드카드와 더불어 추가 징계를 받지만 반칙을 당한 선수는 수개월 부상에 시달리거나 선수 생활을 포기해야 하는 상황까지도 이어질 수 있다.

---

30) 오스트레일리아의 수도

2015년 태국 킹스컵 **대한민국** U-22 vs **우즈베키스탄** U-22

정말 경악스러운 장면이었다. 영상을 접한 국내 축구팬들은 물론, 전 세계 언론들도 "폭력축구"라며 비난을 쏟아냈다. 킹스컵 1차전, 후반전 33분에 우즈베키스탄의 야롤리딘 마샤리포프(Aloliddin Masharipov)가 대한민국의 김상우와 공중볼 경합 중에 발을 들어 올려 가슴을 가격했다. 주심은 즉각 야롤리딘에게 퇴장을 명했다. 해외 언론이 그의 행동을 "쿵푸킥"이라 칭할 정도였다. 볼 경합이 아닌 그야말로 발차기였다. 그 후 9분 뒤인 후반전 42분에는 더 심각한 장면이 나왔다. 토시리온 샴시디노프(Tohirjon Shamshitdinov)가 심상민이 태클을 시도하자 이성을 잃고 심상민의 얼굴을 세 차례나 가격하였다. 주심이 레드카드를 내밀어보이자 샴시디노프는 오히려 억울하다는 표정을 보였다.

두 장면 모두 명백한 퇴장성 행위에 해당했다. 첫 번째 장면은 심한 반칙 행위라고 볼 수 있다. 볼은 인 플레이 상황이었고, 두 선수의 볼 경합 중에 벌어진 일이었다. 두 번째 장면의 경우에는 심상민이 샴시디노프에게 태클을 시도했고 주심이 휘슬을 불어 반칙을 선언한 상황이었다. 얼굴을 가격한 상황은 경기가 중단된 이후였기 때문에 굳이 구분하자면 이는 난폭한 행위에 해당한다.

난폭한 행위

난폭한 행위는 볼과는 상관이 없다. 필드 내외의 구분도 없다. 난폭한 행위를 당하는 피해자는 상대 선수만 해당되는 것이 아니다. 관중, 심판과 동료 선수 등 경기장 내에 어느 누구도 포함된다. 경기장 내에서 선수가 과도한 힘을 사용하거나 야만적인 행위를 했을 경우 난폭한 행위로 간주하여 선수에게 퇴장 조치를 내린다. 행위의 정도에 따라 경기가 끝난 이후에 추가 징계도 내려진다.

2012-13 캐피탈 원 컵 4강 2차전 **첼시** vs **스완지 시티**

 스완지 시티의 홈 경기장인 리버티 스타디움(Liberty Stadium)에서 경기가 진행되었다. 후반 35분까지 0-0 무승부. 2골 이상을 넣어야 결승전에 진출하는 첼시는 마음이 급했고 반대로 스완지 시티는 느긋했다. 그때 첼시의 에당 아자르가 17세의 스완지 시티 볼 보이[31]를 걷어차는 사건이 벌어졌다. 당시 상황은 볼이 골라인 아웃되며 스완지 시티의 골킥이 선언된 상황이었다. 첼시의 입장에서는 한시라도 빨리 경기를 재개해야 했다. 그 상

---
31) 공을 관리하는 경기 보조 인력

황에서 스완지의 볼 보이가 골키퍼에게 볼을 넘기지 않은 채로 끌어안고 있었고 마음이 급했던 첼시의 에당 아자르가 볼 보이를 가격한 것이다. 주심은 곧바로 아자르에게 레드카드를 꺼내 들었고, 스완지 시티 홈 관중들의 야유 소리를 들으며 경기장을 빠져나갔다.

명백한 득점 기회 저지

페널티 지역에서 공격자의 명백한 득점 기회를 수비수가 반칙으로 저지하는 경우 주심은 수비수에게 레드카드를 부여한다. 게다가 상대팀에게는 페널티킥이 선언되고 경기가 끝난 후에 다음 경기 출전정지까지 부과 받는다. 이는 3중 제재(Triple Punishment), 혹은 3중 처벌로도 불린다. 명백한 득점기회를 실수로든 고의적으로든 저지했다는 점에서 제재를 받아야함은 분명하다. 그러나 이 규정이 다소 가혹하다는 지적은 계속되어 왔다. 상대에게 페널티킥을 헌납하고 한 선수가 퇴장당하면서 그 팀은 수적 열세를 겪어야하며 그는 자동 출전정지까지 부과받기 때문이다.

결국 2015년 3월, 국제축구평의회 IFAB는 이 규정을 완화하는 방안을 의결했다. IFAB는 삼중제재 중에서 1경기 출전 정지는 부과하지 않기로 했다. 유럽축구연맹은 출전 정지를 완화하는 대신 선수에게 레드카드가 아닌 옐로카드를 주는 방식이 더 나은 방안이라며 불만을 표했다.

2008-09 UEFA 챔피언스리그 준결승 2차전 아스날 vs 맨체스터 유나이티드

아스날의 홈 경기장 에미레이츠 스타디움(Emirates Stadium)에서 아스날과 맨체스터 유나이티드의 준결승 2차전이 열렸다. 1차전에서 1:0 승리를 거둔 맨체스터 유나이티드는 2차전에서도 경기를 쉽게 풀어갔다. 전반전 박지성의 선취골에 이어 크리스티아노 호날두의 전반 11분과 후반 61분에 터진 2골에 힘입어 결승전 진출을 일찌감치 확정짓고 있었다. 그러던 후반전 76분 페널티 박스 안으로 침투하던 세스크 파브레가스에게 맨유의 대런 플레쳐(Darren Fletcher)가 파울을 범했고 주심은 페널티킥을 선언했다. 명백한 득점 기회라고 판단했던 주심은 그에게 레드카드를 내밀며 퇴장을 명했다. 결국 맨체스터 유나이티드는 결승전에 진출했지만 플레쳐는 웃을 수 없었다. 레드카드를 받은 선수는 다음 경기에 출전할 수 없는 규정 때문이었다.

침을 뱉는 행위

스포츠 전문채널 ESPN이 26,115명을 대상으로 "침 뱉는 선수에 대한 6경기 출전정지 제재"에 대한 설문조사를 진행했다. 50%의 응답자가 정당한 제재라고 답했고, 과도하다는 의견은 34%, 너무 가볍다는 의견과 징계할 행동이 아니라는 답변이 각각 12%, 4%를 차지했다.

축구 전문가 스티브 클래리지(Steve Claridge)는 "축구장 뿐만 아니라 일상생활에서도 절대 해서는 안 되는 행동이며, 자기 자신의 존엄성까지 추락시키는 행위"라고 말한다. 빠른 속도로 경기장을 달려야 하는 특성상 선수들은 입 안의 점도가 높은 침을 뱉지 않고는 견딜 수 없다. 경기 중에도 선수가 클로즈업되는 경우 침을 뱉는 장면을 목격할 수 있다. 자연스러운 장면이라고 볼 수 있는데 침이 문제가 되는 점은 이것이 누군가를 향했을 경우다. 상대에게 침을 뱉는 행위는 퇴장성 플레이에 해당되어 바로 퇴장을 당하게 되며 이후 추가징계까지 이뤄진다. 현재 FIFA의 주관으로 열리는 대회에서는 이러한 경우 무조건 최소 6경기 출전정지를 선수에게 부과하고 있다.

2014-15 잉글랜드 프리미어리그 28R
맨체스터 유나이티드 vs 뉴캐슬 유나이티드

뉴캐슬 유나이티드의 홈 경기장 세인트 제임스 파크(Saint James Park)에서 열린 리그 경기에서 다소 더러운 장면이 나왔다. 뉴캐슬 유나이티드의 공격수 파피스 시세(Papiss Cisse)를 맨체스터 유나이티드의 수비수 조니 에반스(Jonny Evans)가 수비하는 중에 시세가 발에 걸려 넘어졌다.

 다소 격해진 몸싸움 탓인지 에반스는 흥분한 채로 시세에게 침을 뱉었다. 격분한 시세는 에반스의 얼굴을 붙잡고 침을 뱉었다. 주심은 두 선수가 침을 뱉는 장면을 목격하지 못했다는 이유로 퇴장조치 없이 에반스의 파울을 선언한 뒤 경기를 재개했다. 경기가 끝난 후 FA로부터 에반스는 6경기, 시세는 7경기 출전 정지 징계를 받았다.

반칙과 불법 행위 규칙 요약

반칙과 불법 행위는 다음에 따라 처벌한다:

직접 프리킥

　직접 프리킥은 선수가 주심의 견해로 조심성 없이, 무모하게 또는 과도한 힘을 사용하여 다음의 7개 반칙 중 어느 것을 범했을 경우 상대팀에게 부여한다.
- 상대를 차거나 차려고 시도했을 경우
- 상대를 걸었거나 걸려고 시도했을 경우
- 상대에게 뛰어 덤벼들었을 경우
- 상대를 차징했을 경우
- 상대를 때리거나 때리려고 시도했을 경우
- 상대를 밀었을 경우
- 상대 선수를 태클했을 경우

　선수가 다음 3개의 반칙 중 어느 한 가지를 범한다면, 직접 프리킥은 역시 상대 팀에게 부여된다.
- 상대 선수를 붙잡았을 경우
- 상대 선수에게 침을 뱉었을 경우
- 의도적으로 볼을 손댔을 때(자신의 페널티 에어리어 내에 있는 골키퍼는 제외)

　직접 프리킥은 반칙이 발생한 지점에서 실시된다(규칙 13-프리킥의 위치 참고).

페널티킥

인 플레이 중에 볼의 위치에 관계없이 선수가 자신의 페널티 에어리어 내에서 위의 10가지 반칙 중 한 가지를 범한다면 페널티킥이 부여된다.

간접 프리킥

간접 프리킥은 골키퍼가 자신의 페널티 에어리어 내에서 다음 4가지 반칙 중 어느 것을 범한다면 상대 팀에게 부여된다:
- 자신의 손에서 볼을 놓기 전에 6초를 초과하여 가지고 있는 경우
- 자신의 손에서 볼을 놓고 다른 선수가 볼을 터치하기 전에 다시 볼을 손으로 터치할 경우
- 볼이 팀 동료에 의해 골키퍼에게 의도적으로 킥이 된 후 손으로 볼을 터치한 경우
- 팀 동료에 의해 실시된 스로인에서 직접 볼을 받은 후 손으로 터치한 경우

만일 주심의 견해로 선수기 다음의 행동을 한다면, 역시 상대 팀에게 간접 프리킥이 부여된다:
- 위험한 태도로 플레이한 경우
- 상대 선수의 진행을 방해한 경우
- 손에서 볼을 방출하는 골키퍼를 방해한 경우
- 규칙 12에서 언급하지 않은 다른 반칙을 범하여 선수에게 경고 또는 퇴장을 주기 위해 경기를 중단한 경우

간접 프리킥은 반칙이 발생한 지점에서 실시된다(규칙 13-프리킥의 위치 참고).

징계 처벌

옐로카드는 선수, 교체 선수 또는 교체된 선수에게 경고를 할 경우 사용한다.

레드카드는 선수, 교체 선수 또는 교체된 선수를 퇴장시키기 위해 사용한다.

오직 선수, 교체 선수 또는 교체된 선수들만이 레드 또는 옐로카드를 제시받을 수 있다.

주심은 경기장에 들어가는 순간부터 최종 휘슬 후 경기장을 떠날 때까지 징계적 처벌을 하는 권한을 가지고 있다.

경기장 안 또는 밖에서, 상대 선수, 팀 동료, 주심, 부심 또는 그 밖의 모든 사람들에게 경고성 또는 퇴장성 행동을 취한 선수는 행동의 성격에 따라 징계한다.

경고성 반칙

선수가 다음 7가지 반칙 중 어느 한 가지를 범한다면, 선수는 구두경고 혹은 옐로카드를 받는다:
- 반 스포츠적 행위를 한 경우
- 말 또는 행동으로 항의한 경우
- 경기 규칙의 지속적인 위반을 한 경우
- 플레이 재개를 지연시킬 경우
- 플레이가 프리킥, 코너킥 또는 스로인으로 재개될 때, 규정

된 거리를 지키지 않을 경우
- 주심의 허락 없이 경기장으로 입장 또는 재입장한 경우
- 주심의 허락 없이 의도적으로 경기장을 떠난 경우

교체 선수 또는 교체된 선수가 다음 3가지 반칙 중 어느 한 가지를 범할 경우 경고를 받는다.
- 반 스포츠적 행위를 한 경우
- 말 또는 행동으로 항의를 한 경우
- 플레이 재개를 지연시킬 경우

퇴장성 반칙

선수, 교체 선수 또는 교체된 선수가 다음 7가지 반칙 중 어느 한 가지를 범한다면 선수, 교체 선수 또는 교체된 선수는 퇴장된다.
- 심한 반칙 플레이를 한 경우
- 난폭한 행위를 한 경우
- 상대 선수 또는 그 밖의 사람에게 침을 뱉은 경우
- 의도적인 핸드볼에 의해 상대 팀의 득점 또는 명백한 득점 기회를 저지할 경우(이것은 자신의 페널티 에어리어 내에 있는 골키퍼에게는 적용되지 않는다)
- 프리킥 또는 페널티킥으로 처벌할 수 있는 반칙으로 골을 향해 이동하고 있는 상대 선수의 명백한 득점 기회를 저지시킨 경우
- 공격적, 모욕적 또는 욕설적인 언어를 사용하거나 행동을

한 경우
- 한 경기에서 두 번째 경고를 받은 경우

퇴장된 선수, 교체 선수 또는 교체된 선수는 경기장과 기술지역 주변을 반드시 떠나야 한다.

반칙의 기본 조건

위반이 반칙으로 간주되기 위해서는 다음의 조건들이 맞아야 한다.
- 선수에 의해 범해져야 한다.
- 경기장 내에서 발생해야 한다.
- 인 플레이 중에 발생해야 한다.

주심이 (볼이 인 플레이일 때) 경기장 밖에서 범해진 위반 때문에 플레이를 중단한다면, 플레이가 골에어리어 내에서 중단된 경우가 아닐 경우 중단된 위치에서 드롭볼로 재개한다.

골에어리어 내에서 중단된 경우에는 주심은 플레이가 중단되었을 때의 볼에서 가장 가까운 골라인과 평행한 골에어리어 선상에서 드롭볼로 재개한다.

조심성 없거나 무모하게, 또는 과도한 힘을 사용한 경우

"조심성 없이"는 도전을 할 때 선수가 주의력 또는 배려의 부족을 나타내는 것 또는 선수가 경계심이 없이 행동하는 것을 의미한다.
- 반칙이 조심성 없는 것으로 판단된다면 추가적인 징계 처벌은 필요하지 않다.

"무모하게"는 선수가 상대 선수에 대한 위험, 또는 그 위험의 결과를 완전히 무시한 채로 행동하는 것을 의미한다.
- 무모한 태도로 플레이한 선수는 경고를 받아야 된다.

"과도한 힘을 사용하여"는 선수가 필요한 힘을 훨씬 초과하여 사용하고 상대 선수에게 부상을 입힐 위험이 있는 상태를 의미한다.
- 과도한 힘을 사용한 선수는 퇴장되어야 한다.

상대 선수 차징하기

차징 행동은 팔 또는 팔꿈치의 사용 없이 볼을 플레이하는 거리 내에서 신체 접촉을 이용한 공간에 대한 도전이다. 다음의 경우에 상대 선수를 차징하는 것은 위반이다.
- 조심성이 없는 태도로
- 무모한 태도로
- 과도한 힘을 사용하여

상대 선수 붙잡기

상대 선수 붙잡기는 양 손, 양 팔 또는 몸통을 이용하여 지나가는 또는 주변으로 돌아가는 상대 선수를 방해하는 행동을 포함한다.

심판들은 코너킥 그리고 프리킥 때에 특히 페널티 에어리어 내에서 붙잡기 위반에 대해 초기에 개입하고 엄중하게 처리해야 함을 상기해야 한다.

이런 상황을 처리하기 위해서

- 주심은 볼이 인 플레이 되기 전에 상대 선수를 붙잡는 선수에게 주의를 주어야 한다.
- 볼이 인 플레이 되기 전에 붙잡기가 계속된다면 그 선수를 경고해야 한다.
- 볼이 인 플레이 후에도 붙잡기가 발생한다면 직접 프리킥 또는 페널티킥을 부여하고 그 선수를 경고해야 한다.

수비수가 공격수를 페널티 에어리어 밖에서 붙잡기 시작하여 페널티 에어리어 안까지 붙잡기를 계속한다면 주심은 페널티킥을 부여해야 한다.

징계 처벌

- 상대 선수가 볼의 소유를 얻는 것 또는 유리한 위치를 차지하는 것을 방해하기 위해 선수가 상대 선수를 붙잡을 때, 반 스포츠적 행위로 경고 조치되어야 한다.
- 선수가 상대 선수를 붙잡음으로써 명백한 득점 기회를 저지한다면, 선수는 퇴장되어야 한다.
- 상대 선수 붙잡기의 다른 상황에서는 추가적인 징계 조치

가 취해지지 않아야 한다.

플레이 재개

- 위반이 발생한 지점에서 직접 프리킥 (규칙 13-프리킥의 위치 참고) 또는 만일 위반이 페널티 에어리어 내에서 발생했다면, 페널티킥이 부여된다.

핸드볼

볼을 손으로 다루는 것은 자신의 손 또는 팔로 볼을 접촉하는 선수의 의도적인 행동이 관련된다. 주심은 다음 사항을 고려해야 한다.
- 볼을 향한 손의 움직임(볼이 손을 향한 것이 아님)
- 상대 선수와 볼 사이의 거리(예상하지 못한 볼)
- 손의 위치가 반드시 위반으로 이어지는 것은 아니다.
- 손에 쥐고 있는 물체로(의류, 정강이 보호대 등) 볼을 터치하는 것은 위반으로 간주된다.
- 물체를 던져(신발, 정강이 보호대 등) 볼을 맞추는 것은 위반으로 간주된다.

징계 처벌

선수가 의도적으로 볼을 손으로 다룰 때 반 스포츠적 행위를 이유로 경고가 요구되는 상황들이 있다. 예를 들면:
- 상대편의 볼 소유권을 저지하기 위해 의도적으로 볼을 손으로 다루는 경우

- 의도적으로 볼을 손으로 다루어 득점을 시도할 때

하지만 선수가 의도적으로 볼을 손으로 다루어 득점 또는 명백한 득점 기회를 저지한다면 선수는 퇴장된다. 이 처벌은 의도적으로 볼을 손으로 다룬 선수의 행동 때문이 아니라 용납될 수 없고 불공정한 간섭이기 때문이다.

플레이 재개
- 위반이 발생한 지점에서 직접 프리킥(규칙 13-프리킥의 위치 참고) 또는 페널티킥

자신의 페널티 에어리어 밖에서 골키퍼는 다른 선수들이 하는 것처럼 볼을 손으로 다루는 것에 대한 동일한 제한을 갖는다. 자신의 페널티 에어리어 안에서 골키퍼는 직접 프리킥을 초래하는 핸드볼 위반 또는 볼을 손으로 다루는 것과 관련된 불법 행위의 잘못은 있을 수 없다. 하지만 골키퍼는 간접 프리킥을 초래하는 여러 핸드볼 위반의 잘못은 있을 수 있다.

골키퍼가 범하는 위반들
골키퍼는 자신의 손으로 볼을 6초 초과하여 소유(컨트롤)하는 것이 허용되지 않는다. 골키퍼는 다음의 경우에 볼을 소유하고 있는 것으로 간주된다.
- 볼이 골키퍼의 양 손 사이 또는 골키퍼의 손과 어떤 표면(예-지면, 자신의 신체) 사이에 있는 동안

- 손을 편 채로 팔을 쭉 뻗어 볼을 잡고 있는 동안
- 볼을 지면에 바운드하거나 공중에 토스하는 행동을 하고 있는 동안

골키퍼가 양손으로 볼의 소유를 획득했을 때, 골키퍼는 상대 선수에 의해 도전받지 않는다.

골키퍼는 다음의 상황에서 자신의 페널티 에어리어 내에서 자신의 손으로 볼을 터치하는 것이 허용되지 않는다:
- 볼이 골키퍼의 소유에서 방출된 후 다른 선수를 터치하지 않았는데 골키퍼가 볼을 다시 손으로 다룬다면:
  - 볼이 골키퍼를 맞고 우연하게 리바운드 되어 나온 경우를 제외하고, 골키퍼가 세이브를 한 후 골키퍼가 자신의 손 또는 팔의 어느 부분으로 볼을 터치하고 있는 것은 볼을 소유하고 있는 것으로 간주된다.
  - 볼의 소유는 골키퍼가 볼을 의도적으로 잡기를 회피하는 것도 포함된다.
- 볼이 동료 선수에 의해 골키퍼에게 의도적으로 킥이 된 후 만일 골키퍼가 자신의 손으로 볼을 터치한다면
- 동료 선수에 의해 실시된 스로인에서 골키퍼가 볼을 직접 받은 후 만일 골키퍼가 자신의 손으로 볼을 터치한다면

플레이 재개

- 위반이 발생한 지점에서 간접 프리킥 (규칙 13-프리킥의 위치 참고)

골키퍼에게 범해진 위반

- 선수가 골키퍼의 손에서 볼을 방출하고 있는 골키퍼를 방해하는 것은 위반이다.
- 골키퍼가 볼을 방출하고 있는 과정일 때 만일 선수가 볼을 차거나 또는 차려고 시도한다면, 그 선수는 위험한 태도로 플레이한 것을 이유로 처벌을 받아야 한다.
- 예를 들어 코너킥을 실시하고 있는 중에 골키퍼를 불공정하게 방해함으로써 골키퍼의 움직임을 제한하는 것은 위반이다.

위험한 태도로 플레이하기

볼을 플레이하려고 노력하는 동안 위험한 태도로 플레이하는 것은 (선수 자신을 포함하여) 누군가에게 부상을 위협하는 행동으로 정의된다. 이것은 근처에 있는 상대 선수에게 범해지고 부상의 공포 때문에 상대 선수가 볼을 플레이하는 것을 방해한다.

가위차기는 주심의 견해로 상대 선수에게 위험하지 않다는 조건이라면 허용될 수 있다.

위험한 태도로 플레이하는 것은 선수들 사이의 신체 접촉을 수반하지 않는다. 만일 신체 접촉이 있다면 그 행동은 직접 프리킥 또는 페널티킥으로 처벌할 수 있는 위반이 된다. 신체 접촉의 경우 주심의 불법 행위가 역시 범해졌을 가능성이 많음을 주의 깊게 고려해야 한다.

징계 처벌

- 선수가 "정상적인"도전에서 위험한 태도로 플레이를 한다면, 주심은 어떠한 징계 조치도 취하지 않아야 한다. 만일 행동이 분명히 부상을 유발할 위험이 있다면, 주심은 선수를 경고해야 한다.
- 선수가 위험한 태도로 플레이함으로써 명백한 득점 기회를 저지한다면 주심은 선수를 퇴장시켜야 한다.

플레이 재개

- 위반이 발생한 지점에서 간접 프리킥(규칙 13-프리킥의 위치 참고)
- 접촉이 있고 다른 위반이 범해졌다면 직접 프리킥 또는 페널티킥으로 처벌될 수 있다.

상대 선수의 진행 방해

상대 선수의 진행을 방해하는 것은 볼이 각 선수의 플레이 거리 내에 있지 않을 때에 상대 선수에 의한 방향의 변화를 방해, 차단, 늦추기 또는 강요하기 위해서 상대 선수의 경로 내로 이동하는 것을 의미한다.

모든 선수는 경기장에서 그들의 위치에 대한 권리를 가지고 있고 상대 선수의 경로에 존재하는 것은 상대 선수의 경로로 이동하는 것과 동일하지 않다.

볼을 감싸는 것은 허용된다. 전술적인 이유 때문에 상대 선수와 볼 사이에 위치한 선수는 플레이 거리 내에서 볼을 지키면서 팔과 몸을 이용해서 상대를 멀어지게 하지 않는 한 위반이 아니다. 만일 볼이 플레이 거리 내에 있다면 선수는 공정하게 상대방에 의해 차징될 수 있다.

카드를 제시하기 위한 경기 재개 지연

주심이 선수에게 경고 조치를 내리거나 퇴장시키는 경우에 카드를 제시하기로 결정을 했다면 플레이는 처벌이 이루어질 때까지 재개되지 않아야 된다.

반 스포츠적 행위를 이유로 경고

선수가 반 스포츠적 행위를 이유로 경고를 받아야 되는 여러 상황들이 있다. 예를 들어 선수가:
- 직접 프리킥을 초래하는 7가지 위반 중 한 가지를 무모한 태도로 범한다면
- 가능성 있는 공격을 방해하기 또는 무산시키기 위한 전술적인 목적으로 반칙을 범한다면
- 상대 선수를 볼에서 멀리 떼어 놓기 또는 상대 선수가 볼을 획득하는 것을 방해하기 위한 전술적인 목적으로 상대 선수를 붙잡는다면

- 볼을 소유하려 하거나 공격을 진행하는 상대 선수를 방해하기 위해서 의도적으로 핸드볼을 했다면(자신의 페널티에어리어 내에 있는 골키퍼가 아닌 선수)
- 득점을 시도하기 위해 핸드볼을 했다면(시도의 성공 여부와 상관없이)
- 부상을 가장하거나 또는 반칙을 당했다고 주심을 속이기 위한 시도를 한다면(시뮬레이션)
- 플레이 동안 또는 주심의 허락이 없이 골키퍼와 위치를 바꾼다면
- 경기에 대해 존중을 나타내지 않는 불경한 태도로 행동을 한다면
- 선수가 경기장을 떠나도록 허락을 받은 후 경기장 밖으로 나가고 있던 중에 볼을 플레이를 한다면
- 플레이 동안이나 재개 중에 상대 선수를 구두로 속인다면
- 경기장에 허가되지 않은 표시를 한다면
- 볼이 인 플레이일 때 규칙을 역이용하기 위해 자신의 머리나 가슴, 무릎 등으로 자기편 골키퍼에게 볼을 패스하는 의도적인 속임수를 사용한 상황에서, 골키퍼가 손으로 볼을 터치한 여부와 관계없이 이 반칙을 경기 규칙 12를 역이용한다면 주심은 간접 프리킥을 선언한다.
- 선수가 프리킥을 실시하는 동안 규칙을 역이용하여 자신의 골키퍼에게 볼을 패스하기 위해 의도적인 속임수를 사용할 경우 (선수는 경고를 받은 후 프리킥을 다시 실시하도록 한다.)

득점 축하 행동

득점이 되었을 때 선수가 자신의 기쁨을 표현하는 것은 허용될 수 있지만 축하는 지나치지 않아야 한다.

타당한 축하는 허용되지만, 안무성 축하 행동이 지나친 시간 낭비의 결과가 될 때 이는 권장되지 않고 주심은 이런 경우에 중재하도록 요구된다.

선수는 경고를 받아야 된다. 만일
- 주심의 견해로, 선수가 선동적인, 조롱이나 또는 혐오스런 동작(제스처)을 한다면
- 선수가 득점을 축하하기 위해 주변의 담장에 올라간다면
- 선수가 자신의 상의를 벗거나 상의로 머리를 덮는다면
- 선수가 복면 또는 이와 유사한 물품으로 자신의 머리나 얼굴을 덮는다면

득점을 축하하기 위해 경기장을 떠나는 것은 그 자체로 경고성 위반이 아니지만 선수들은 가능한 빨리 경기장으로 복귀하는 것은 필수적이다.

심판들은 득점 축하를 처리할 때에 예방적인 태도와 상식을 사용하여 행동하도록 요구된다.

말 또는 행동으로 항의

주심의 판정에 대해 (말로써 또는 말이 아닌 것으로) 반대를 함으로써 항의의 행동을 범한 선수는 경고되어야 한다.

팀의 주장은 경기 규칙 하에 특별한 자격 또는 특권을 가지고 있지 않지만 주장은 자기 팀의 행동에 대해 어느 정도의 책임을 가지고 있다.

플레이 재개 지연

주심은 다음과 같은 전술로 플레이 재개를 지연시킨 선수를 경고해야 한다:
- 주심이 프리킥을 다시 하라는 의도의 지시를 받고 잘못된 위치에서 프리킥을 시도한 경우
- 스로인을 하려다가 갑자기 동료 선수에게 넘겨주는 경우
- 주심이 플레이를 중단시킨 후 볼을 멀리 차거나 손으로 볼을 멀리 옮기는 경우

지속석인 위반

심판들은 지속적으로 경기 규칙을 위반하는 선수들을 항상 경계해야 한다. 특히 심판들은, 선수가 다양한 위반을 범할지라도 그 선수는 지속적인 경기 규칙의 위반을 이유로 계속해서 경고를 받게 됨을 반드시 인지해야 한다.

"지속성" 또는 형태의 존재를 구성하는 위반의 특정 횟수는

없다. 이것은 전적으로 판단영역의 문제이며 효과적인 경기 운영의 맥락에서 결정되어야 한다.

심한 반칙 플레이

선수가 볼이 인 플레이 중에 볼을 향해 도전할 때, 상대 선수에게 과도한 힘을 사용하거나 잔인한 행동을 한다면 그 선수는 심한 반칙 플레이를 범한 것이다.

상대방의 안전을 위태롭게 하는 태클은 심한 반칙 풀레이로 처벌해야 한다.

전방이나 측면, 또는 후방에서 볼을 향해 도전할 때 한 쪽 또는 양 쪽 다리를 사용하여 상대 선수에게 다리를 뻗어 과도한 힘이나 상대 선수의 안전을 위협한 경우 심한 반칙 플레이로 간주한다.

확실한 득점 기회 상황이 아니라면, 어드밴티지는 심한 반칙 플레이가 관련된 상황에서 적용되지 않아야 된다. 주심은 볼이 아웃 오브 플레이가 될 때에 반칙을 범한 선수를 퇴장시켜야 한다.

심한 반칙 플레이의 잘못이 있는 선수는 반드시 퇴장되어야 하고 플레이는 위반이 발생한 지점에서 직접 프리킥(규칙 13-프리킥의 위치 참고) 또는 페널티킥(위반이 페널티 에어리어 내에서 발생했다면)으로 재개된다.

난폭한 행위

선수가 볼을 향한 도전이 아닐 때 상대 선수에게 과도한 힘을 사용하거나 또는 잔인한 행위를 한다면 그 선수는 난폭한 행위를 범한 것으로 간주한다.

선수가 동료 선수, 관중, 심판 또는 다른 사람에게 과도한 힘을 사용하거나 또는 잔인한 행위를 한다면 그 선수는 역시 난폭한 행위를 범한 것이다.

난폭한 행위는 볼의 인 플레이 여부와 관계없이 경기장 안이나 경계선 밖 어디에서나 발생할 수 있다.

어드밴티지는 분명히 연속된 득점 기회가 없다면 난폭한 행위에 관련된 상황에서는 적용되지 않아야 한다. 주심은 볼이 아웃 오브 플레이가 될 때 난폭한 행위 잘못이 있는 선수를 퇴장시켜야 한다.

심판들은 난폭한 행위가 종종 집단 충돌을 유발함을 기억해야 하며 적극적인 개입으로 이를 막기 위한 노력을 해야 한다.

난폭한 행위의 잘못이 있는 선수, 교체 선수 또는 교체된 선수는 반드시 퇴장되어야 한다.

플레이 재개

- 볼이 아웃 오브 플레이라면, 플레이는 이전의 판정에 따라 재개된다.
- 볼이 인 플레이이고 위반이 경기장 밖에서 발생했었다면:
  - 플레이가 골에어리어 내에서 중단된 경우가 아닌 상황에서 선수가 이미 경기장 밖에 있으면서 위반을 범했다

면, 중단된 위치에서 드롭볼로 재개한다. 골에어리어 내에서 중단된 경우, 주심은 플레이가 중단되었을 때의 볼에서 가장 가까운 골라인과 평행한 골에어리어 선상에서 드롭볼로 재개한다.
- 선수가 위반을 범하기 위해 경기장을 떠난다면, 플레이가 중단되었을 때 볼이 있던 지점에서 간접 프리킥으로 재개된다(규칙 13-프리킥의 위치 참고).

• 볼이 인 플레이이고 선수가 경기장 내에서 다음의 대상에게 위반을 범한다면:
- 상대선수인 경우 : 위반이 발생한 지점에서 직접 프리킥(규칙 13-프리킥의 위치 참고) 또는 페널티킥으로 경기를 재개한다(규칙 13-프리킥의 위치 참고).
- 동료인 경우 : 위반이 발생한 지점에서 간접 프리킥으로 경기를 재개한다(규칙 13-프리킥의 위치 참고).
- 교체 선수 또는 교체된 선수인 경우: 경기가 중단될 때 볼 위치에서 간접 프리킥으로 경기를 재개한다(규칙 13-프리킥의 위치 참고).
- 주심 또는 부심인 경우 : 위반이 발생한 지점에서 간접 프리킥으로 경기를 재개한다(규칙 13-프리킥의 위치 참고).
- 그 외의 다른 사람인 경우 : 플레이가 골에어리어 내에서 중단된 경우가 아니라면 중단된 위치에서 드롭볼로 재개한다. 골에어리어 내에서 중단된 경우 주심은 플레이가 중단되었을 때 볼에서 가장 가까운 골라인과 평행한 골에어리어 선상에서 드롭볼로 재개한다.

물체(또는 볼)를 던져 발생한 위반

볼이 인 플레이 중에 선수, 교체 선수 또는 교체된 선수가 상대 선수 또는 다른 사람에게 무모한 태도로 물체를 던진다면 주심은 플레이를 중단하고 그 선수를 경고조치해야 한다.

볼이 인 플레이 중에 선수, 교체 선수 또는 교체된 선수가 상대 선수 또는 다른 사람에게 과도한 힘을 사용하여 물체를 던진다면 주심은 플레이를 중단하고 그 선수를 난폭한 행위로 퇴장시켜야 한다.

플레이 재개

- 자신의 페널티 에어리어 안에 서 있는 선수가 페널티 에어리어 밖에 서 있는 상대 선수에게 물체를 던진다면, 주심은 물체가 상대 선수를 맞히거나 맞힐 수 있었던 지점에서 상대 팀의 직접 프리킥으로 플레이를 재개한다.
- 자신의 페널티 에어리어 밖에 서 있는 선수가 페널티 에어리어 안에 서 있는 상대 선수에게 물체를 던진다면, 주심은 페널티킥으로 플레이를 재개한다.
- 경기장 안에 서 있는 선수가 경기장 밖에 서 있는 사람에게 물체를 던진다면, 주심은 플레이가 중단되었을 때 볼이 있던 지점에서 간접 프리킥으로 플레이를 재개한다(규칙 13-프리킥의 위치 참고).
- 경기장 밖에 서 있는 선수가 경기장 안에 서 있는 상대 선수에게 물체를 던진다면, 주심은 물체가 상대 선수를 맞히거나 맞힐 수 있었던 위치에서 상대 팀의 직접 프리킥 또

는 페널티킥(만일 위반 선수 자신의 페널티 에어리어 내라면)으로 플레이를 재개한다.
- 경기장 밖에 서 있는 교체 선수 또는 교체된 선수가 경기장 안에 서 있는 상대 선수에게 물체를 던진다면, 주심은 플레이가 중단되었을 때 볼이 있던 지점에서 상대 팀의 간접 프리킥으로 플레이를 재개한다(규칙 13-프리킥의 위치 참고).

득점 또는 득점 기회의 저지

상대 선수의 명백한 득점 기회의 저지를 처리하는 2가지 퇴장성 위반이 있다. 페널티 에어리어 안에서 발생한 위반만 해당되는 것은 아니다.

주심이 명백한 득점 기회에 상대 팀이 핸드볼 또는 상대 선수에게 반칙을 하는 것에도 불구하고 어드밴티지를 적용하고 직접 득점이 된다면, 그 선수는 퇴장시킬 수 없지만 경고조치할 수 있다.

주심은 득점 또는 명백한 득점 기회의 저지를 이유로 선수를 퇴장시킬지 여부를 결정할 때에 다음의 조건들을 반드시 고려해야 한다.
- 위반과 골 사이의 거리
- 볼의 통제를 유지하거나 볼을 소유할 가능성
- 플레이의 방향
- 수비수의 위치와 숫자
- 상대 선수의 명백한 득점 기회를 저지한 위반은 직접 프리킥 또는 간접 프리킥을 초래하는 위반이 될 수 있다.

제13장 프리킥

"사람은 누구나 장애물을 만난다. 성공하는 사람은 장애물을 발판삼아 도약하고 실패하는 사람은 장애물 때문에 좌절한다." 존 홉킨스(John Hopkins)센터 소아과 벤 카슨(Ben Carson) 박사의 말처럼 우리는 살아가면서 앞길을 막는 장애물을 마주한다. 많은 사람들이 인생을 장애물 경기에 비유하기도 한다. 모두가 인생의 탄탄대로를 꿈꾸지만, 뜻하는 대로 흘러가지 않는 것이 인생이다. 우리는 위기, 시련, 고난과 역경 등 부정적인 상황을 겪는다. 어떻게 슬기롭게 대처하고, 장애물을 넘어 도약하는가에 따라 인생의 방향은 좌우된다. 좀 더 나은 방향으로 말이다. 때문에 오늘도 우리는 장애물들을 극복하기 위해 노력한다.

수비벽이라는 장애물을 넘어 골이라는 목표에 도달하는 프리킥을 보면서 이는 사람의 인생과도 같다는 생각이 든다. '인생은 B(Birth)와 D(Death) 사이의 C(Choice)'라는 말처럼 우리는 늘 선택의 기로에 놓인다. 키커는 9.15m 떨어진 거리에 중요부위를 가리고 서 있는 선수들을 넘고 골키퍼를 넘어서 골네트에 볼을 넣어야 한다. 인생의 목표를 향해 달려가듯 축구의 원초적인 목표인 골을 위해 키커는 선택을 해야 한다. 볼을 찰 방향을 선택해야 하고, 강하게 찰지 수비벽을 살짝 넘기는 슛을 시도할지 점프를 시도하는 장애물의 허를 찌를지 말이다. 든든한 동반자들과 함께 슬기롭게 난관을 헤쳐 나가는 선택도 가능하다. 또한 우리가 다양한 장애물을 마주하듯 키커 앞을 가로막는 수비벽은 다양하다. 1명이 될 수도 있고 7명이 될 수도 있으며 160cm 혹은 2m의 높이까지 다양하다.

▲ 4천억 원(?) 상당의 장애물

1998년 프랑스 월드컵, 데이비드 베컴(David Beckham)은 16강에서 만난 아르헨티나와의 경기에서 상대 선수를 걸어찬다. 레드카드와 함께 그의 축구 인생에 빨간불이 켜졌다. 잉글랜드는 승부차기 끝에 아르헨티나에게 패배하였고 베컴에게 언론들과 팬들의 비난이 쏟아진다. 베컴의 집 정원에 나체 상태의 극성팬이 잠입해서 실랑이를 벌이기도 했다. 소속팀인 맨체스터 유나이티드에서는 승승장구를 이어가던 베컴은 대표팀에서 팬들의 비난에 시달려야 했다.

그리고 2001년 10월에 열린 2002년 한·일 월드컵 지역 예선 마지막 그리스와의 경기. 주장 완장을 팔에 차고 출전한 베컴은 1:2로 뒤쳐진 상황에서 잉글랜드를 탈락으로부터 가까스로 구해냈다. 잉글랜드는 최소한 무승부를 기록해야 월드컵 본선에 직행하는 상태였다. 후반 90분이 되도록 1:2의 스코어는 변하지 않았다. 추가 시간이 주어지고 1분 뒤 페널티 박스 정면에서 테디 셰링엄(Teddy Sheringham)이 프리킥을 얻어낸다. 시계를 들여다보는 팬, 초조함에 머리를 감싸쥐는 팬이 차례로 카메라에 잡힌다. 92분 42초, 아크 정면 30야드 거리의 프리킥을 성공시키며 자신을 욕하던 사람들에게 환호를 받게 된다. 앞서 언급한 벤 카슨 박사의 말처럼 베컴은 장애물을 넘어섰고 이를 발판삼아 영웅이 되었다.

아름다운 포물선을 그리며 골네트로 꽂히는 순간에 누군가는 숨을 죽이고 지켜보고 누군가는 플래쉬를 터뜨린다. 예측할 수 없는 우리네 인생처럼 무회전으로 날아가서 골네트를 가르는 장면이 보는 이들의 탄성을 더욱 내게 할지도 모른다. 수비벽을 넘어 골이라는 목표를 이뤄내는 과정을 지켜보면서 왠지 모를 감정이입에 더욱 환호하는 것은 아닐까.

1. 직접 프리킥과 간접 프리킥

일반적으로 프리킥이라는 용어를 사용할 때 간접 프리킥과 직접 프리킥으로 구분을 짓지 않는다. 언론 매체를 통해서 접하는 글에서도 구분을 짓지 않고 프리킥을 쓰는 경우가 많으며 잘못된 정보를 전달하기도 한다. 한 기사에서는 직접 골문으로 슛을 시도하는 프리킥이 직접 프리킥, 동료 선수에게 연결하여 득점을 노리는 것을 간접 프리킥으로 표현했다. 전적으로 잘못된 표현은 아니지만, 직접 프리킥에서도 동료 선수에게 연결하여 득점을 노리는 경우도 있다.

▲ 직접 프리킥(좌)과 간접 프리킥(우) 수신호

직접 프리킥과 간접 프리킥은 득점 가능 여부, 주심의 신호, 그리고 프리킥이 발생한 원인으로 구분되는 것이 더 정확하다. 키커가 시도한 직접 프리킥이 동료 선수의 터치 없이 상대 골문에 들어가더라도 득점이 인정된다. 이에 반해 간접 프리킥은 곧바로 골문으로 들어가더라도 득점으로 인정되지 않는다. 반드시 슛 이전에 동료 선수가 볼을 터치한 상태여야 한다. 또한 그림과 같이 프리킥 절차를 밟은 뒤 주심이 경기를 재개하는 수신호가 다르다.

직접 프리킥

- 상대를 차거나 차려고 했을 경우
- 상대 선수를 걸거나 또는 걸려고 한 경우

- 상대 선수에게 뛰어 덤벼들었을 경우
- 상대 선수를 차징했을 경우
- 상대 선수를 때리거나, 때리려고 했을 경우
- 상대 선수를 밀었을 경우
- 상대 선수에게 거친 태클을 시도했을 경우
- 상대 선수를 붙잡았을 경우
- 상대 선수에게 침을 뱉었을 경우
- 의도적으로 볼에 손을 댔을 경우

간접 프리킥
- 골키퍼가 자신의 손에서 볼을 놓기 전에 6초를 초과하여 가지고 있을 경우
- 골키퍼가 자신의 손에서 볼을 놓고 다른 선수가 터치하기 전에 다시 볼을 손으로 만질 경우
- 팀 동료가 골키퍼에게 의도적으로 시도한 패스를 골키퍼가 손으로 만질 경우
- 팀 동료가 실시한 스로인을 직접 받은 후 손으로 만질 경우
- 위험한 태도로 플레이했을 경우
- 상대 선수의 진행을 방해했을 경우
- 손에서 볼을 방출하는 골키퍼를 방해하는 경우
- 규칙에 언급되지 않은 상황에서 선수를 경고 또는 퇴장시키기 위해서 플레이가 중단된 경우

2. 위험한 태도로 플레이했을 경우

간접 프리킥의 "위험한 태도로 플레이했을 경우"는 직접 프리킥의 "침을 뱉는 경우"와 "의도적으로 볼에 손을 댄 경우"를 제외하고 모두를 포함할 수 있는 문장이다. 주심은 선수가 선수 자신이나 상대 선수에게 부상의 위험이 있는 행동을 했다고 판단했을 시 간접 프리킥을 선언한다. 여기서 간접 프리킥과 직접 프리킥의 구분은 위험한 태도에서 비롯된 행동에서 선수 간의 신체 접촉이 있었는지의 여부이다.

2011-12 스페인 프리메라리가 35R **세비야 vs 레알 마드리드**

2011년 프리메라리가 경기 중 레알 마드리드의 크리스티아노 호날두는 위험천만한 상황을 맞이했다. 상대팀 세비야를 상대로 페널티 박스 안에서 헤딩을 시도하는 순간 상대팀 세비야의 수비수 파지오(Fazio)는 호날두를 막아내기 위해 발을 높이 들어올렸다. 파지오의 발은 볼을 사이에 두고 호날두의 머리와 맞닥뜨렸다. 주심은 곧바로 휘슬을 불었고 페널티 박스 내에서의 간접 프리킥을 선언했다. 파지오의 발이 호날두의 머리에 닿지 않았으나 위험한 태도였다고 판단했다. 만약 그의 발이 호날두의 머리에 닿았다면 페널티킥이 선언되었을 것이다.

3. 상대 선수의 진행을 방해했을 경우

"상대 선수의 진행을 방해했을 경우"에 대해 왜 간접 프리킥으로 분류되었는지 의구심이 들 수 있다. 일반적으로 선수는 의도적이지 않더라도 몸을 이용해서 다른 선수의 움직임을 방해할 수 없다.

볼과 선수의 거리를 지칭하는 플레이 거리[32] 내에 볼이 없는 상황에서 상대 선수의 진행을 방해하면 주심은 간접 프리킥을 선언한다. 반대로 볼이 선수의 플레이 거리 내에 있고 볼을 건드릴 수 있는 거리에 있을 경우에는 볼로부터 상대 선수의 진행을 차단할 수 있다. 코너킥이나 스로인 같이 볼이 밖으로 나가는 라인 근처에서 많이 보는 광경이다. 볼을 가지고 있는 골키퍼 앞에 서서 방해하는 행위도 같은 규정을 적용하여 간접 프리킥이 선언된다.

4. 골키퍼가 자신의 손에서 볼을 놓기 전에 6초를 초과하여 가지고 있을 경우

흔히 "6초룰"이라고 한다. 프로 선수들 경기에서는 자주 일어나는 상황은 아니다. 대부분 골키퍼는 가까이에 있는 팀 동료 수비수들에게 연결하거나 전방에 있는 선수들에게 길게 연결한다. 그러나 골키퍼가 6초 내로 볼을 연결하지 않고, 손에 혹은 품에 볼을 안은 채로 있는 경우 상대팀에 간접 프리킥을 선사할 수 있다. 경기 중 6초룰로 인해 간접 프리킥 상황이 벌어지면 관중들부터 선수들까지 모두들 그 상황을 의아해한다. 골키퍼가 가장 당황한다. 프로생활 9년 차인 전북 현대의 권순태 골키퍼도 "선수 생활하면서 (6초룰에 걸린 것은) 이번이 두 번째인

---

[32] Playing Distance, 3ft=91.44cm

듯하다. 10년 정도 전에 한 번 걸렸었나? 정확하게 6초, 7초를 세면서 부를 거라고 생각도 못 했다."라고 인터뷰를 통해 밝힌 바 있다. 많은 골키퍼들이 권순태 골키퍼와 같이 생각하는 것일까. 아주 가끔 이러한 상황이 발생한다.

2012년 런던 올림픽 아시아지역 최종예선 5차전 **대한민국** vs **오만**

전반 28분, 1-0으로 앞서가던 대한민국 올림픽 대표팀은 뜻밖의 위기 상황에 마주했다. 대한민국의 이범영 골키퍼가 오만이 오른쪽에서 시도한 크로스를 잡아냈다. 보통 골키퍼가 볼을 잡으면 전방의 선수에게 볼을 연결하거나 가까이 있는 수비수에게 짧게 연결한다. 이범영 골키퍼는 볼을 바로 처리하지 않고 천천히 걸으면서 선수들에게 침착하라고 손짓했다. 품 안에 볼을 품은 지 6초가 지난 뒤에야 정작 침착했었어야 했던 사람은 자신이라는 걸 깨달았다. 재빨리 좌측 수비수에게 볼을 던졌지만 주심은 이미 휘슬을 불었다. 그리고는 페널티 박스 안에서 간접 프리킥이 선언됐다. 다행히 프리킥 상황이 골로 연결되지는 않았다. 사소한 실수가 팀에 위기를 가져올 수 있는 아찔한 상황이었다.

2013년 하나은행 FA컵 8강전 FC **서울** vs **부산 아이파크**

또다시 이범영 골키퍼의 실수로 간접 프리킥 상황이 벌어졌다. 전광판의 시계가 멈춘 상황에서 점수는 2:0이었다. 승리를 확신하던 부산은 추가 시간에 서울에게 만회골을 내주었다. 추가시간 4분이 남은 상황에서 막판 대역전을 노리던 서울은 종료 직전 간접 프리킥을 얻어냈다. 부산의 이범영 골키퍼가 오만전의 실수를 되풀이한 것이다. 시간을 끌기 위해 볼을 손에 6초 이상 가지고 있었고 주심은 곧바로 간접 프리킥을 선언했다. 서울의 김진규가 시도한 프리킥이 부산의 수비벽에 맞고 나오면서 경기는 그대로 종료되었다. 이범영 골키퍼는 2년 전과 같은 실수로 팬들의 비판을 받기도 했다.

5. 동료가 의도적으로 패스한 볼을 골키퍼가 손으로 만질 경우

1990년 이탈리아 월드컵 아일랜드의 골키퍼 패키 보너(Packie Bonner)는 동료 수비수들과 밥 먹듯이 백패스를 주고받았다. 이 당시만 해도 골키퍼에게 백패스를 하는 것은 규정상으로 문제가 없었다. 스코어를 앞서나가고 있는 경우나 공격이 여의치 않을 때 선수들은 골키퍼에게 백패스를 했다. 골키퍼는 굴러 들어온 볼을 잡고 몇 걸음을 걸어 다니다가 다시 가까이 있는 동료에게 패스한다. 그 동료는 다시 골키퍼에게 패스하고 골키퍼는 다시 잡는다. 패키 보너 골키퍼는 이를 무려 6분 동안 반복했다고 한다. FIFA는 이 장면을 보고 조치를 취하기로 결정했고, 1992년부터 "골키퍼에게 발로 차서 백패스하는 행위를 금지한다."는 규정을 적용했다.

사실 규정상에 명시된 "Deliberately(의도적으로)"라는 부분이 판정 상에 애매한 부분을 가져온다. 일반적으로 골키퍼의 팀 동료가 헤딩을 이용하거나 가슴을 이용해서 골키퍼에게 패스를 했을 경우에는 손으로 볼을 잡아도 문제가 되지 않는다. 간혹 수비를 하는 상황에서 걷어내기 위해 발을 뻗어 볼을 찬 것이 골키퍼에게 연결되는 경우도 있다. 이런 경우 골키퍼의 팀 동료가 의도적으로 패스를 하지 않았음에도 주심이 의도적인 패스라고 판단할 경우 간접 프리킥을 선언할 수 있다.

그나마 간접 프리킥이 벌어지는 상황 중 가장 자주 일어나는 상황이라 할 수 있다. 프리킥 상황에서 규정상으로 볼과 수비벽의 거리는 최소 9.15m 떨어져야 한다. 페널티 박스 내에서 간접 프리킥이 이뤄지게 되면 수비수들은 9.15m보다 가까운 위치에 수비벽을 형성해야 한다.

6. 수비벽과 빠른 프리킥

주심은 가능한 한 경기를 중단하지 않고 경기 흐름을 이어가려 한다. 프리킥을 이어가는 공격팀은 상대 선수들이 꼭 9.15m 거리에 떨어져있지 않아도 프리킥을 진행할 수 있다. 상대 진영을 넘기 이전, 즉 하프라인 이전에서 프리킥 상황이 발생한 경우에 수비수들이 수비벽을 형성하는 일은 극히 드물다. 게다가 주심의 휘슬이나 신호에 관계없이 진행이 가능하기 때문에 대부분의 키커들은 빠르게 프리킥을 시도하여 공격을 이어간다.

하프라인을 넘어선 이후에 발생하는 프리킥도 다르지 않다. 키커는 주심의 휘슬 없이 빠르게 경기를 진행할 수 있다. 다만 하프라인을 넘어서는 프리킥 절차를 밟아야 하는 상황이 이전보다 많아진다. 절차는 수비수들이 수비벽을 형성하고 주심이 휘슬을 불면 키커가 프리킥을 시도하는 일반적인 프리킥 상황을 말한다. 다음과 같은 4가지 경우에 주심은 경기를 중단하고 프리킥 절차를 밟은 뒤, 휘슬을 불고 경기를 재개한다.

프리킥 절차를 밟는 경우

- 반칙을 범한 선수가 옐로, 레드카드를 받을 때
- 의료진이 경기장에 들어올 때
- 공격팀이 수비벽 위치(9.15m)의 조정을 요청할 때
- 주심이 경기 진행을 늦춰야 한다고 판단할 때

위와 같은 상황에서 키커는 반드시 주심이 휘슬을 불어야 킥을 시도할 수 있다. 4가지 경우 중 수비벽의 위치를 조정하는 것을 제외하면 모두 주심이 경기를 중단한다. 키커가 수비벽의 위치에 대해서 주심에게 언급을 하지 않는 경우에는 절차와 주심의 휘슬 없이도 프리킥을 시도할 수 있는 것이다. 이러한 규정을 이용하여 영리하게 골을 넣는 선수들도 있다. 수비벽을 쌓던 선수들은 그저 멍하니 볼을 바라볼 뿐이다.

2007-08 UEFA 챔피언스리그 16강 **맨체스터 유나이티드** vs **릴** OSC

　0:0 상황을 이어가던 후반 38분 맨체스터 유나이티드가 프리킥 찬스를 얻어냈다. 맨유의 라이언 긱스는 릴(Lille OSC)의 선수들이 수비벽을 쌓기 전에 프리킥을 시도했다. 볼은 그대로 골문 안으로 들어가면서 득점으로 인정되었고, 결국 맨체스터 유나이티드가 승리하게 되었다.

　릴 측은 경기가 끝난 후 긱스의 프리킥 골에 대해 UEFA측에 오심에 대한 번복으로 재경기를 정식으로 제기하였으나 UEFA측에서는 규정상에 문제가 없다며 맨체스터 유나이티드의 손을 들어줬다. 당시 릴 측에서는 수비벽이 형성되기 전이었고 주심이 휘슬을 불기 전에 프리킥을 시도한 점에 대해 지적하였다. 그러나 긱스는 수비벽의 위치를 조정해달라는 요청을 하지 않았고 그대로 킥을 시도하였기 때문에 규정상으로는 전혀 문제가 없는 명백한 골이다.

2011-12 스페인 프리메라리가 25R

FC 바르셀로나 vs 아틀레티코 마드리드

스페인에서도 같은 상황이 벌어졌다. 후반 35분 바르셀로나의 프리킥 상황에서 아틀레티코 마드리드(Atletico Madrid) 선수들이 수비벽을 쌓기도 전에 리오넬 메시(Lionel Messi)가 빠르게 프리킥을 시도했다. 아름다운 포물선을 그리며 날아간 볼은 골대 모서리로 향했고 수비벽 위치를 조정하던 골키퍼는 속수무책으로 골을 허용했다. 아틀레티코 마드리드 선수들은 주심에게 강력하게 항의했지만 돌아오는 주심의 대답은 노란색 카드뿐이었다. 바르셀로나가 수비벽의 위치를 조정하기 위한 요청을 하지 않았기 때문에 휘슬을 불지 않아도 무방했다.

7. 베니싱 스프레이 시스템

프리킥을 실시하는 경우 수비벽을 형성하는 수비수들은 볼과 수비벽 사이의 거리 최소 9.15m 떨어져 있어야 한다. 그들은

조금이라도 가깝게 수비벽을 형성하기 위해 슬금슬금 움직인 뒤에 중요부위를 가리고 선다. 키커는 볼을 들었다 놨다 하며 조금씩 거리를 좁힌다. 양 팀 선수들은 주심에게 항의하고 주심은 수비벽과 볼의 위치를 재조정한다. 자연스레 경기는 지체될 수밖에 없다.

보다 빠른 경기진행과 실제 경기시간을 늘리기 위한 방책으로 필드 위에 스프레이를 도입했다. 1980년대에 로버트 바비 찰튼 경(Sir Robert Bobby Charlton)과 FA 주심들이 스프레이의 도입을 주장했으나 영국협회에 거절당했다. 2000년이 되어서 브라질의 한 개발자가 스푸니(Spuni)라는 스프레이를 개발하여 브라질리그 컵대회에 시범적으로 운용했다. 이후 많은 리그가 사용하기 시작했고 K리그 클래식도 2013년에 베니싱 스프레이(Vanishing Spray) 시스템을 도입했다. 2014년 브라질 월드컵에서도 베니싱 스프레이가 사용되었다.

베니싱 스프레이는 인체에 무해하며 그라운드에 뿌리면 45초~2분 이내로 사라진다. 주심은 스프레이를 사용하여 프리킥 상황에서 볼의 위치와 수비벽의 위치를 표시한 뒤 프리킥 상황을 전개한다. 수비벽 위치 조정에 따른 시간 소요를 줄였고 선수들끼리 혹은 선수들과 주심 간에 일어나던 대립도 줄어들었다. 실제로 K리그 클래식은 베니싱 스프레이를 통해 40초~1분 정도의 불필요한 시간을 줄이게 되었다.

프리킥 규칙 요약

프리킥의 종류

프리킥은 직접 프리킥과 간접 프리킥이 있다.

직접 프리킥

볼이 골문에 들어가는 경우

- 직접 프리킥 한 볼이 상대 팀의 골문에 직접 들어가면, 득점이 부여된다.
- 직접 프리킥 한 볼이 자기 팀의 골문에 직접 들어가면, 상대 팀에게 코너킥이 부여된다.

간접 프리킥

신호

주심은 자신의 팔을 머리 위로 올려 간접 프리킥을 표시한다. 주심은 킥이 실시되고 다른 선수가 볼을 터치하거나 아웃 오브 플레이가 될 때까지 그 자세를 유지한다.

볼이 골문에 들어가는 경우

- 볼이 골에 들어가기 전에 다른 선수가 터치한 경우에만 득점이 된다.
- 간접 프리킥 한 볼이 상대 팀의 골문으로 직접 들어가면, 상대 팀에게 골킥이 부여된다.

- 간접 프리킥 한 볼이 자기 팀의 골문으로 직접 들어가면, 상대 팀에게 코너킥이 부여된다.

절차

모든 직접 및 간접 프리킥은 볼이 정지된 상태에서 실시하고 키커는 다른 선수가 볼을 터치할 때까지 다시 터치하지 않아야 한다.

프리킥의 위치

페널티 에어리어 내의 프리킥

수비 팀의 직접 또는 간접 프리킥

- 상대 선수들은 볼에서 최소 9.15m 떨어져 있어야 한다.
- 상대 선수들은 볼이 인 플레이될 때까지 페널티 에어리어 밖에 머물러야 한다.
- 볼이 페널티 에어리어 밖으로 직접 킥이 된 경우 인 플레이이다.
- 골 에어리어 내에 부여된 프리킥은 골 에어리어 내 모든 위치에서 실시할 수 있다.

공격 팀의 간접 프리킥

- 상대 선수들이 자기 진영의 골포스트 사이의 골라인 위에 서 있을 경우를 제외하고는 볼이 인 플레이 될 때까지 볼에서 최소 9.15m 떨어져 있어야 한다.

- 볼이 킥이 되어 이동하면 인 플레이이다.
- 골 에어리어 내의 간접 프리킥은 반칙이 발생한 지점에서 가장 가까운 골라인과 평행한 골 에어리어 선상에서 실시한다.

페널티 에어리어 밖에서의 프리킥

- 모든 상대 선수들은 인 플레이될 때까지 볼에서 최소 9.15m 떨어져 있어야 한다.
- 볼이 킥이 되어 이동하면 인 플레이이다.
- 프리킥은 위반이 발생한 지점에서 또는 위반이 발생(위반의 종류에 따라)하였을 때 볼의 위치에서 실시한다.

위반과 처벌

프리킥이 실시될 때 상대 선수가 규정된 거리보다 볼에 더 가까이 있다면

- 프리킥은 다시 실시한다.

골키퍼가 아닌 다른 선수에 의한 프리킥

볼이 인 플레이 된 후 다른 선수가 터치하기 전에 키커가 다시 볼을 터치한다면(키커의 손은 제외)

- 위반이 발생한 지점에서 상대 팀에게 간접 프리킥을 부여한다(규칙 13-프리킥의 위치 참고).

볼이 인 플레이 된 후, 다른 선수가 터치하기 전에 키커가 의도적으로 핸드볼을 한다면:

- 위반이 발생한 지점에서 상대 팀에게 직접 프리킥을 부여한다(규칙 13-프리킥의 위치 참고).
- 위반이 키커의 페널티 에어리어 안에서 발생하였다면 페널티킥이 부여된다.

골키퍼에 의한 프리킥

인 플레이된 후, 다른 선수가 터치하기 전에 골키퍼가 다시 터치한다면 (골키퍼의 손은 제외)
- 위반이 발생한 지점에서 상대 팀에게 간접 프리킥을 부여한다(규칙 13-프리킥의 위치 참고).

인 플레이된 후, 다른 선수가 터치하기 전에 골키퍼가 의도적으로 손으로 다룬다면
- 위반이 페널티 에어리어 밖에서 발생 했다면, 위반이 발생한 지점에서 상대 팀에게 직접 프리킥을 부여한다.(규칙13-프리킥의 위치 참고).
- 위반이 페널티 에어리어 안에서 발생 했다면, 위반이 발생한 지짐에서 상대 딤에게 간집 프리킥을 부여한다.(규칙13-프리킥의 위치 참고).

절차

볼이 킥이 되어 이동할 때 인 플레이이다.
프리킥은 한 발 또는 동시에 두 발로 볼을 들어 올려 실시될 수 있다.

상대 선수들에게 혼돈을 주기 위해 프리킥의 실시를 속이는 것은 축구의 일부분으로서 허용된다. 만일 주심의 견해로, 속이는 행위를 반 스포츠적 행위로 간주된다면, 그 선수는 반드시 경고조치 받아야 한다.

선수가 프리킥을 정확하게 실시하는 동안 볼을 다시 플레이하기 위해서 상대 선수에게 볼을 의도적으로 찼지만 조심성 있거나 무모하지 않게 또는 과도한 힘을 사용하지 않았다면 주심은 플레이가 계속되도록 허용해야 한다.

주심이 팔을 들어 간접 프리킥임을 알리지 않은 상황에서 볼이 골문을 향해 날아가 골이 되었다면 간접 프리킥은 다시 실시되어야 한다. 최초의 간접 프리킥은 주심의 실수로 인해 무효화되지 않는다.

거리

선수가 프리킥을 빨리하기로 결정하고 볼에서 9.15 미터 내에 있는 상대 선수가 볼을 가로챘다면, 주심은 플레이가 계속되도록 허용해야 한다.

선수가 프리킥을 하기로 결정을 하고 볼 근처에 있는 상대 선수가 프리킥의 실시를 방해한다면, 주심은 플레이 재개의 지연을 이유로 그 선수를 경고조치 해야 한다.

만일 프리킥이 수비 팀에 의해 자신의 페널티어 에어리어 내에서 실시될 때, 수비수가 프리킥을 빨리 하기로 결정하고 상대 선수들이 페널티 에어리어를 떠날 시간이 없었기 때문에 한 명 또는 그 이상의 상대 선수들이 페널티 에어리어 내에 남아 있다면, 주심은 플레이가 계속되도록 허용해야 한다.

제14장 페널티킥

터키의 아타튀르크 올림픽 스타디움(Atatürk Olympic Stadium)에서 열린 2004-05 챔피언스리그 결승전. 120분의 혈투를 마친 필드 위에 있는 선수들이 승부차기를 준비한다. 카메라는 자신 없는 듯 터벅터벅 걸어오는 AC 밀란의 첫 번째 키커와 한마음으로 어깨동무를 하고 있는 리버풀의 선수들을 잡아준다. 세르지뉴(Serginho)는 푸른 잔디에 찍힌 흰 점에 볼을 조심스럽게 놓는다.

골키퍼와 눈을 못 마주치는 그를 위한 리버풀 팬들의 야유 소리가 경기장을 가득 메운다. 폴란드 출신의 골키퍼 예지 두덱(Jerzy Dudek)은 양 손을 높이 들고 좌우로 방방 뛴다. 볼은 골대 위로 날아간다. 두 번째 키커 안드레 피를로(Andre Pirlo)가 페널티 박스로 들어선다. 두덱은 양 손을 높이 들고 흔들더니 자세를 낮추고 움직인다. 피를로는 평소와는 다른 템포로 볼을 향해 나아갔고 그가 찬 볼을 두덱은 오른손을 뻗어 막아냈다. 이후 다른 선수들의 연이은 성공으로 승부차기 스코어는 결국 2:3. AC 밀란에서 "우크라이나의 영웅" 안드레이 쉐브첸코(Andriy Shevchenko)가 키커로 나선다. FIFA 발롱도르(Ballond'or)[33]상을 받으며 전성기를 보내던 쉐브첸코. 당시 최고의 공격수였던 그마저도 두덱 골키퍼의 몸놀림에 리듬을 빼앗기고 말았다. 자신 없는 듯 뻗은 발에서 나아간 볼은 온몸을 흔들며 상대를 혼란에 빠뜨리던 두덱의 선방에 막혔다. 전반전 3:0의 스코어에서 3:3 동점, 그리고 승부차기 승리로 "이스탄불의 기적"의 마침표를 찍었다. 리버풀의 오랜 팬들은 리버풀 전설의 골키퍼 브루스 그로벨라(Bruce Grobbelaar)를 떠올렸을 것이다. 1984년 유럽컵 결승전 승부차기에서 춤을 추듯이 다리를 흔들며 수비를 했고 AS 로마 선수의 페널티킥을 두 차례 막아내며 우승컵을 거머쥐었다. 일명 "스파게티 다리"로 불렸던 그로벨라도, 두덱도 모두 혼란스러운 동작을 통해 상대방의 리듬을 빼앗았다.

초조함과 불안함, 승리에 대한 일말의 기대감이 공존하는 경기장 어딘가에서 승리의 여신만이 한 팀을 향해 미소를 지어 보

---

[33] 유럽 선수를 대상으로 선정하던 최고 권위의 '발롱도르'상과 FIFA에서 매년 선정하던 'FIFA 올해의 선수상'을 통합해 2010년부터 시상하는 상

이고 있다. 프랑스 철학자 미셸 드 몽테뉴(Michel de Montaigne)는 "어떻게 죽을지 몰라도 걱정하지 마라. 때가 되면 대자연이 친절하고도 적절하게 알려줄 테니까."라는 명언을 남겼다. 승부차기가 끝나면 한 팀은 하늘을 향해 손을 뻗으며 승리의 기쁨을 누릴 것이고, 그 나머지는 땅을 향해 고개를 숙인 채 패배의 쓰라림을 맛볼 것이다. 운명의 장난을 지켜보기 위해 경기장을 가득 채운 관중들은 페널티 박스 안에 있는 한 선수의 손과 한 선수의 발, 그리고 둥그런 볼에 주목한다. 동시에 카메라는 두 선수의 심리 상태를 표현해주는 표정과 몸짓 언어를 담아낸다.

심리학에서 '행동편향(Action bias)'라는 용어가 있다. 페널티킥 상황에 놓인 키커와 골키퍼의 심리를 가장 적절하게 표현해 준다. 인간은 긴장되는 순간에 '무언가를 하는 것'이 '아무것도 하지 않는 것'보다 낫다고 믿는다. 그 '무언가'가 아무런 소용이 없거나 좋지 않은 결과를 초래할지라도, 혹은 그냥 아무것도 하지 않고 좋은 결과로 이어질 가능성이 있음에도 인간은 '무언가'를 한다. '아무것도 하지 않고 있다가 불운을 겪을 때' 느끼는 부정적인 감정은 실제로 무언가 행동을 하고 나서 불운을 겪었을 때 느끼는 부정적인 감정보다 더 크다. 페널티킥 상황에서의 심리적인 안정을 위해서 양 선수는 다양한 모습을 보여준다. 골키퍼는 자신을 더 크게 보이기 위해서 팔을 높게 들고 키커에게 위압감을 주기 위해 노력한다. 볼을 들고 있다가 키커가 다가오는 순간 던지기도 한다.

아르헨티나 전설의 골키퍼 세르지오 고이코체아(Sergio Goycochea)는 승부차기에서 네 차례나 키커의 볼을 막은 기록을 보유하고 있다. 그는 "승부차기에 돌입하기 전에 소변을 보는 버릇이 있었는데, 그것이 내겐 행운의 마법과도 같았다." 실제로 1986년 이탈리아 월드컵 8강전 유고슬라비아와의 승부차기 전에 그라운드에 소변을 봤고, 그는 아르헨티나를 준결승에 올려놓았다. 행동 편향의 조금은 극단적인 예가 아닐까 싶다.

그에 반해 키커는 골키퍼의 눈을 보지 않기 위해 노력한다. 볼에 입맞춤을 하고 조심스레 페널티 지점에 볼을 놓기도 하며 골키퍼의 타이밍을 뺏기 위해서 긴 도움닫기를 하거나 제자리에서 킥을 시도한다. 중압감을 이겨내기 위해서 다양한 방법으로 킥을 시도한다. 아랍에미리트의 故 아와나 디아브(Awana Diab)는 레바논과의 친선경기에서 발뒤꿈치로 페널티킥을 시도했다. 물론 페어플레이에 어긋난 행동으로 주심에게 경고를 받았고 감독은 그를 즉시 교체했다. 이렇듯 막대한 중압감을 피하기 위해 선수들은 다양한 방법을 시도한다. 무엇이든 시도하려는 키커와 골키퍼의 심리가 마음을 비우고 한 가운데로 가볍게 차서 넣는 파넨카킥의 성공률이 높은 까닭은 아닐까. 또 우리가 페널티킥에 열광하는 이유도 이 때문이 아닐까.

1. 역사

▲ 페널티킥을 고안해낸 윌리엄 맥크럼, 그는 장사꾼으로도 유명했다고 한다.

페널티킥은 북아일랜드 남부에 위치한 아마 주의 밀포드 에버튼(Milford Everton)의 골키퍼였던 윌리엄 맥크럼(William McCrum)의 제안으로 시작되었다. 당시에는 현재의 페널티 박스 안에서 수비수들이 심한 반칙으로 실점의 위기를 모면하곤 했다. 부상을 당하고 싸움이 나는 상황에서도 이를 제지할만한 제도가 존재하지 않았다. 맥크럼은 이에 아일랜드 축구협회에 페널티킥 방식의 도입을 제안했고 아일랜드 축구협회는 국제축구협회이사회에 건의했다. 아래는 아일랜드 축구협회가 건의한 내용의 일부다.

- 어떤 선수든 골라인으로부터 12야드 이내에서 의도적으로 상대 선수를 넘어뜨리거나 붙잡는 경우, 혹은 핸드볼을 하는 경우에는 주심은 그 선수를 제재해야 한다.
- 또한 상대 팀에 페널티킥을 부여해야 하며, 페널티킥은 골라인으로부터 12야드 떨어진 아무 지점에서 시도할 수 있다.
- 단, 페널티킥을 시도하는 선수를 제외한 모든 선수는 공으로부터 6야드 떨어진 지점에 위치해야 하며, 페널티킥을 막아낼 골키퍼는 골라인에서 6야드 이상 전진할 수 없다.

초기에 반대하는 여론도 있었으나 제도 도입에 결정적인 요인을 준 사건이 몇 차례 발생하였다. 1890년 스코틀랜드 컵대회 8강전에서 퍼거슨 감독이 첫 감독을 맡았던 이스트 스털링셔 FC(East Stirlingshire FC)와 하트 오브 미들로디언 FC(Heart of Midlothian FC)의 경기였다. 그 경기에서 수비수 지미 아담스(Jimmy Adams)가 골대 아래를 향해 들어가는 볼을 의도적으로 주먹으로 쳐낸 것이다. 이후 1891년 잉글랜드 FA컵 8강전에서 노츠 카운티(Notts County)와 스토크 시티(Stoke City)의 경기에서도 유사한 상황이 벌어졌고, 유사한 상황이 반복되자 잉글랜드 축구협회는 결국 1891년 6월 2일에 승인했다.

2. 볼이 인 플레이 되기 이전

침범의 위반	킥의 결과	
	득점	득점이 되지 않음
공격수	페널티킥 재실시	간접 프리킥
수비수	득점	페널티킥 재실시
양 팀 모두	페널티킥 재실시	페널티킥 재실시

 키커는 주심이 휘슬을 분 뒤에 페널티킥을 시도한다. 페널티 지점에 놓인 볼이 움직이는 순간부터 인 플레이 상황으로 경기가 재개된다. 공격 선수들은 골키퍼가 막아낸 뒤 흘러나온 볼을 재차 슛으로 연결하기 위해 준비하며 수비 선수들은 이를 막아내기 위해 준비한다. 페널티 박스 밖에 위치한 양 팀 선수들은 볼이 인 플레이가 되기 이전에는 페널티 박스 안으로 들어올 수 없다.
 키커가 페널티킥을 성공한 상황에서 동료 선수가 인 플레이 이전에 박스 안으로 들어올 경우 페널티킥을 다시 실시해야 한다. 득점이 되지 않으면 상대팀에게 간접 프리킥이 선언되면서

공격권이 넘어간다. 수비 선수가 박스 안으로 들어왔을 경우에는 키커가 득점하지 못했더라도 페널티킥을 재차 부여받는다. 양 팀 선수 모두가 위반하게 되면 페널티킥은 다시 실시해야 한다.

3. 탭 페널티

'Two-man Penalty' 혹은 'Tap Penalty'로 불린다. 네덜란드의 전설 요한 크루이프가 1982년 독일의 헬몬드 스포르트(Helmond Sport)를 상대로 탭 페널티를 성공시키면서 널리 알려지게 되었다. 일반적으로 페널티킥에 나선 키커는 득점을 위해 슛을 하는데, 그것과 달리 탭 페널티는 볼을 살짝 앞으로 패스 한 후 동료 선수가 달려와서 슛을 시도한다. 키커를 제외한 다른 선수들은 페널티 마크에서 최소 9.15m 떨어진 곳에 위치해야 하기 때문에 수비수에게 차단될 가능성이 있다. 2005년 아스날의 티에리 앙리(Thierry Henry)는 당시 팀 동료인 로버트 피레스(Robert Pires)와 함께 맨체스터 시티를 상대로 탭 페널티를 시도하였다. 그런데 키커였던 피레스가 볼을 너무 살짝 터치하는 바람에 달려오던 앙리가 슛을 시도하지 못하면서 맨체스터 시티의 수비수였던 실뱅 디스틴(Sylvain Distin)이 볼을 빼앗으면서 실패로 돌아가고 말았다.

4. 파라딘하

2010년 아프리카 네이션스컵 4강전 이집트와 알제리의 경기에서 이집트의 호스니 압드 라보(Hosny Abd Rabo)가 페널티킥 상황에서 파라딘하(Paradinha)를 사용하여 페널티킥을 성공했다. 이에 대해 알제리의 골키퍼 파우지 차우치(Faouzi Chaouchi)가 격분하여 주심에게 머리를 들이받는 사건이 빚어졌다. '파라딘하'는 페널티킥 상황에서 키커가 볼을 차기 위해 달려가다가 볼 앞에서 순간 멈추면서 골키퍼를 속이는 동작을 말한다.

▲ 파라딘하를 자주 시도했던 브라질의 네이마르

국제축구평의회에서는 이 페널티킥 기술을 스포츠 정신에 위배된다고 결정함으로써 이 기술을 금지했다. 규정을 위반하는 선수는 경고 카드를 받고 페널티킥을 다시 차야 한다. 당시 2010년 남아공 월드컵을 코앞에 둔 시점이어서 많은 논란이 일었다. 갑자기 규정이 바뀌면서 선수, 심판, 코치를 비롯한 팬들도 혼란에 빠졌다. FIFA 사무국장은 규정을 이해시키는데 총력을 기울이겠다고 밝혔지만 그와 함께 남긴 "볼을 차기 위해 달려드는 상황에서의 정상적인 페인팅과는 관계가 없다."라는 말은 더 혼란을 초래했다.

5. 골라인

골키퍼의 경우 1997년까지는 키커가 볼을 차기 전까지 반드시 양발을 골라인에 붙인 채 그대로 서있어야만 했다. 양 옆으로도 움직일 수 없었던 것이다. 그러나 이후 규정이 바뀌면서 주심이 킥을 알리는 휘슬을 불게 되는 순간부터 골라인을 따라 양 옆으로 움직일 수 있게 되었다.

▲ 호아킨이 볼을 차는 순간 이운재 골키퍼의 발은 골라인을 벗어나 있었다.

2002년 월드컵 대한민국과 스페인의 4강전 당시 이운재 골키퍼가 마지막 키커인 스페인의 호아킨 산체스(Joaquin Sanchez)의 볼을 선방해내는 과정도 어느 정도 논란이 될 수 있었다. 당시에는 이운재가 앞으로 나오면서 볼을 막아낸 것에 대해 이야기가 많았다. 충분히 문제가 될 수 있는 부분이었다. 골키퍼는 키커가 볼을 차는 순간까지 골라인 위에서만 움직여야 한다.

사진 상으로는 주심에 가려 명확히 보이지 않지만 호아킨이 페널티킥을 시도하는 순간 이운재 골키퍼의 발은 골라인을 벗어났다. 호아킨이 킥을 하는 동작 중에 상대의 박자를 빼앗기 위해 살짝 멈칫하면서 이운재 골키퍼가 발을 먼저 떼어버린 애매한 상황이었다. 주심이 페널티킥을 재차 시도하도록 판정을 내렸더라도 무방했던 상황이다.

6. 35 yard 페널티킥

1970년~1980년대의 북아메리카 리그와 1990년에 출범한 메이저리그에서 시행했던 제도이다. 기존의 페널티킥 방식과는 다르게 골문에서 35yard 떨어진 지점에 볼을 놓고 5초 내에 슛을 시도해야 한다. 키커는 5초 안에 무슨 수를 써서라도 골문으로 볼을 몰고 가서 슛을 시도해야 한다. 골키퍼는 자유롭게 움직일 수 있게 되어서 각을 좁히기 위해 뛰쳐나와야 했다. 흡사 말을 탄 무사들 간의 일기토의 광경과 비슷한 모습을 연출했다. 두 선수가 아이스 하키의 페널티 샷(Penalty Shot)과 유사한 이러한 방식은 관중들의 흥미를 이끌기 위해 시도되었다. 그러나 재미를 위한 일시적인 제도로 전락한 채 미국 축구 역사의 뒤안길로 사라졌다.

7. 다른 선수의 볼 터치 이전에 키커가 볼을 터치할 경우

페널티킥을 시도한 키커가 다른 선수의 볼 터치 이전에 재차 볼을 터치할 경우에는 상대팀에 간접 프리킥이 선언된다. 때문에 골키퍼가 막아낸 뒤 흘러나온 볼을 키커가 재차 슛으로 연결하는 것은 문제가 되지 않는다. 키커가 아닌 골키퍼가 막아내면서 이미 볼을 터치했기 때문이다. 간접 프리킥이 선언될 수 있는 경우는 키커의 발을 떠난 볼이 골대를 맞고 나온 경우다.

키커가 페널티킥을 시도하는 시점에 페널티 박스 바깥에 위치한 선수들은 박스 안으로 뛰어 들어갈 준비를 한다. 따라서 페널티킥 키커로 나선 선수의 발을 떠난 볼이 골대에 맞고 다른 선수들이 아닌 키커의 발 앞으로 다시 떨어지는 일은 확률적으로 굉장히 적다. 극히 드물게 발생하는 경우지만 경기장에선 언제 어디서 어떤 일이 벌어질지 모른다.

2012-13 이탈리아 세리에A 9R **피오렌티나 vs 라치오**

전반 26분 페널티 박스 내에서 피오렌티나의 마누엘 파스쿠알(Manuel Pasqual)이 페널티킥을 얻어냈고 마티아스 베치노(Matias Vecino)가 키커로 나섰다. 마티아스의 발을 떠난 볼은 골포스트에 맞고 튀어 나왔고, 볼은 그대로 마티아스 왼발에 맞은 뒤 옆으로 흘렀다. 침투하던 다른 피오렌티나 선수들이 그 볼을 그대로 슛으로 연결하여 골을 성공했으나 주심은 라치오의 간접 프리킥을 선언했다. 골대에 맞고 나온 볼이 마티아스의 발에 먼저 맞았기 때문이다. 주심은 규정을 정확히 인지하고 있었고 피오렌티나 선수들은 아쉬움을 표할 수밖에 없었다.

페널티킥 규칙 요약

볼이 인 플레이일 때, 수비수가 페널티 에어리어 내에서 직접 프리킥에 해당되는 10가지 반칙 중 하나를 범하였다면 상대 팀에게 페널티킥을 부여한다.

페널티킥에서 직접 득점이 될 수 있다.

추가 시간은 전, 후반의 종료 또는 연장 전, 후반의 종료 시에 실시되는 페널티킥을 위해 허용된다.

볼과 선수들의 위치

볼은
- 페널티 마크에 놓여 있어야 한다.

페널티킥을 실시하는 선수는
- 정확하게 확인되어야 한다.

수비 팀의 골키퍼는
- 볼이 킥이 될 때까지, 키커를 바라보며 골포스트 사이의 골라인 위에 있어야 한다.

키커가 아닌 다른 선수들은 다음에 위치해야 한다
- 경기장 내

- 페널티 에어리어 밖
- 페널티 마크 뒤
- 페널티 마크에서 최소 9.15m 떨어진 곳에 있어야 한다.

절차

- 선수들이 경기 규칙에 따라 위치를 잡은 후, 주심은 페널티킥을 실시하기 위한 신호를 한다.
- 페널티킥을 실시하는 선수는 볼을 앞으로 킥해야 한다.
- 키커는 다른 선수들이 볼을 터치하기 이전에 볼을 플레이 할 수 없다.
- 볼이 킥이 되어 앞으로 이동하면 인 플레이이다.

페널티킥이 정상적인 플레이 동안이나 페널티킥을 다시 실시하도록 허용하기 위해 전, 후반 종료 시간이 연장된 경우, 만일 볼이 골포스트 사이와 크로스바 아래를 통과하기 전에 다음의 상황이라면 득점이 부여된다:

- 볼이 골포스트, 크로스바, 골키퍼 중 어느 하나 또는 모두를 터치하고 골에 들어가는 경우

주심은 페널티킥이 완료된 시점에 판정한다.

위반과 처벌

볼이 인 플레이되기 전에, 주심이 페널티킥 실시를 위한 신호를 한 상황에서 다음 중 한 가지가 발생한다면:

페널티킥을 실시하는 선수가 경기 규칙을 위반 한다면
- 주심은 킥을 허용한다.
- 볼이 골문에 들어가는 경우, 페널티킥을 다시 실시한다.
- 볼이 골문에 들어가지 않는 경우, 주심은 경기를 중단시키고 위반이 발생한 지점에서 수비 팀의 간접 프리킥으로 재개한다.

골키퍼가 경기 규칙을 위반 한다면:
- 주심은 킥을 허용한다.
- 볼이 골문에 들어가는 경우, 득점으로 인정된다.
- 볼이 골문에 들어가지 않는 경우, 페널티킥을 다시 실시한다.

킥을 실시하는 동료 선수가 경기 규칙을 위반 한다면:
- 주심은 킥을 허용한다.
- 볼이 골문에 들어가는 경우, 페널티킥을 다시 실시한다.
- 볼이 골문에 들어가지 않는 경우, 주심은 경기를 중단시키고 위반이 발생한 지점에서 수비 팀의 간접 프리킥으로 재개한다.

골키퍼의 동료 선수가 경기 규칙을 위반 한다면:
- 주심은 킥을 허용한다.
- 볼이 골문에 들어가는 경우, 득점으로 인정된다.
- 볼이 골문에 들어가지 않는 경우, 페널티킥을 다시 실시한다.

공격과 수비 양 팀의 선수가 경기 규칙을 위반 한다면:
- 페널티킥을 다시 실시한다.

만일 페널티킥을 한 이후:

키커가 다른 선수를 터치하기 전에 볼을 다시 터치 한다면 (키커의 손은 제외):
- 위반이 발생한 지점에서 상대 팀에게 간접 프리킥을 부여한다(규칙 13-프리킥의 위치 참고).

키커가 다른 선수를 터치하기 전에 의도적으로 핸드볼을 한다면:
- 위반이 발생한 지점에서 상대 팀에게 직접 프리킥을 부여한다(규칙 13-프리킥의 위치 참고).

앞으로 움직이고 있는 도중에 볼이 외부 요소에 의해 터치 된다면:
- 페널티킥을 다시 실시한다.

볼이 골키퍼, 크로스바 또는 골포스트를 맞고 경기장 내로 다시 튀어 나와 외부 작용에 의해 터치된다면:
- 주심은 플레이를 중단한다.
- 골에어리어 내에서 외부 작용에 터치되지 않은 경우 플레이는 외부 작용이 터치된 위치에서 드롭볼로 재개한다. 골에어리어 내에서 발생한 경우 플레이가 중단되었을 때의 볼에서 가장 가까운 골라인과 평행한 골에어리어 선상에서 드롭볼로 재개한다.

절차

페널티킥을 하기 위해 달려가는 도중 상대방에게 혼돈을 주고자 하는 속임 행위는 축구의 일부분으로서 허용된다. 그러나 일단 달리는 동작을 끝낸 후 킥하는 과정에서 하는 속임 행위는 규칙14의 위반이 되고 반 스포츠적 행위로 간주되며, 이 행위를 한 선수는 반드시 경고조치 해야 한다.

페널티킥의 준비

주심은 페널티킥이 실시되기 전에 다음의 요구조건을 확인해야 한다:
- 키커를 확인한다.
- 볼은 페널티 마크에 정확하게 놓아야 한다.
- 골키퍼는 양 골포스트 사이의 골라인 위에 있고 키커를 향한다.
- 키커와 골키퍼의 동료 선수들은 다음과 같이 위치한다.
    - 페널티 에어리어 밖에
    - 페널티 아크 밖에
    - 볼 뒤편에

제15장 스로인

 2008년 11월 2일, 잉글랜드 프리미어리그 아스날과 스토크 시티의 경기 중 볼이 터치라인 밖으로 나갔다. 평소 같았으면 터치라인 부근으로 모여들었을 선수들이 유난히 페널티 박스 안으로 모여든다. 넓은 어깨와 매력적인 턱수염을 가진 한 선수가 터치라인 부근에서 볼을 주워든다. 그가 볼을 잡자 아스날 선수들의 얼굴에는 묘한 긴장감이 서린다. 골키퍼 역시 불안한 듯 골대를 잡고 볼을 맞이할 준비를 한다. 오프사이드를 걱정하지 않는 공격수들은 골키퍼 주변을 에워싼다. "DELAP"이라고 쓰인 유니폼으로 볼을 정성스레 닦은 뒤 동료들을 바라본다. 입술을 꼭 다문채로 온 힘을 다해 던진 볼은, 그의 머리 위를 지나 골문을 향해 빠르게 날아간다. 그가 던진 볼은 무려 44.8야드를 날아간 뒤 수비수의 머리를 맞고 골네트를 갈랐다. 후반전에 한 번 더 악몽을 선사한 로리 델랍(Rory Delap)의 스로인에 힘입어 스토크 시티는 승리를 거두었다.

아스날의 아르센 벵거(Arsene Wenger) 감독은 그의 스로인에 대해 이렇게 말한다. "사실 그의 스로인은 축구에서 필요 없는 팔의 힘을 이용하는 것이기 때문에 불공평하다. 스로인 대신 볼을 발로 차는 킥인(Kick-in)을 도입해야 한다. 아마도 경기가 좀 더 빠르게 진행될 것이다." 전 FIFA 회장인 제프 블래터는 취임 전부터 스로인 대신 킥인 제도 도입을 강력히 주장해왔다. 축구 황제 펠레도 2002년에 킥인을 주장했고, 실제로 2부 리그나 친선 경기에 시범 운영되었다. 그러나 "발로 하는 스포츠"라는 축구의 본질에 충실하자는 킥인은 여러 가지 문제점이 발생하면서 이는 철회되었고, 현재 풋살경기의 스로인으로 사용되고 있다.

그동안 롱 스로인에 대한 제재는 계속 이어져왔다. 한 손으로 스로인을 시도했던 1880년경에 크리켓 선수 출신의 윌리엄 건(William Gunn)과 함께 프레스턴의 존 그라함(John Graham), 선더랜드의 휴즈 윌슨(Hugh Wilson) 등은 터치라인에서 골대 안까지 볼을 던지곤 했다. 이후 양 손 던지기로 규정이 바뀌었다. 1970년 첼시에 첫 FA컵 우승컵을 안겨다준 데이비드 웹의 결승골 역시 이안 허친슨(Ian Hutchinson)의 롱 스로인으로부터 시작되었다. 당시에도 킥인 도입에 대한 논의가 이루어졌다.

▲ 축구는 발로 하는 스포츠지만, 발로만 하는 스포츠는 아니다.

그동안 많은 축구인들이 블래터나 펠레, 벵거 감독처럼 발로 하는 축구에 손을 사용하는 스로인을 없애길 원했다. 경기장 내에서 손을 이용해서 볼을 터치할 수 있는 것은 골키퍼뿐이다. 엄밀히 말하면 스로인이라는 행위는 필드 위기 아닌 볼이 터치라인 밖으로 나갔을 때만 가능하지만 이 역시 경기의 일부이다. 흔히 "축구는 발로 하는 스포츠"라 하지만 그동안 축구는 유독 손에만 엄격했다. 호나우지뉴(Ronaldinho)는 어깨로 상대 선수들을 농락했고, 지네딘 지단은 아이를 돌보듯 가슴으로 볼을 트래핑했으며, 호날두는 등으로 패스를 하곤 한다. 그 뿐만이 아니다. 월드컵 최다골의 역사를 쓴 미하슬로브 클로제는 그의 16

골 중 7골을 발이 아닌 머리로 만들어냈다.

델랍의 롱 스로인은 경기의 흐름을 끊음으로써 오히려 다소 지루할 수 있는 스로인에 긴장감을 부여했다. 볼을 짧게 연결하는 것에 그치지 않고 득점으로 연결하는 하나의 세트피스 무기이자 전술이 된 것이다. 감독은 이를 이용하거나 역이용할 수 있고 상대팀 역시 대비책을 세워야 한다. 자연스럽게 전술은 다양해졌다. 기존 축구의 패러다임과는 조금 다른 것이지 틀린 것은 아니다. 롱 스로인은 축구 역사 속의 자연스러운 흐름이며 스로인은 그저 경기의 일부일 뿐이다.

1. 역사

현재 양손을 이용하여 볼을 던지는 방법과는 달리 초창기의 스로인은 두 가지 방법으로 가능했다. 1870년 셰필드 규정에 따라서 상대팀과 상관없이 그라운드 밖으로 나간 볼을 먼저 줍는 사람이 아무 방향으로 킥인을 통해 경기를 재개하거나 런던 규정에 따라 한 손을 이용해서 경계선에서 볼을 던졌다.

현재 스로인과 같이 손을 이용하는 방식은 1863년에 영국 축구협회가 경기규칙을 제정하면서 시작되었다. 이 무렵에도 두 가지 방식이 사용되었는데, 기존의 셰필드 규정에 따른 킥인과 경계선과 직각을 이루는 경기장을 향해 한 손으로 볼을 던지는 방식이 혼용되었다. 1877년이 되어서야 두 가지 방식이 통합되었고 볼을 밖으로 내보내면 상대팀에 스로인을 부여하도록 규정되었다.

1882년부터는 볼을 한 손이 아닌 양 손으로 던지기 시작했다.

1880년에 열린 잉글랜드와 스코틀랜드 경기가 계기로 작용한 것이다. 크리켓 선수였던 잉글랜드의 윌리엄 건이 한 손으로 볼을 54미터 가량 던지면서 직접 득점을 노렸다. 윌리엄 건은 잉글랜드 국가대표로도 선발되었는데 스로인 능력으로 뽑혔다고 할 정도로 그의 스로인은 굉장히 위협적이었다. 발로 하는 축구에 손을 이용해서 득점을 시도하기에 이르자 국제축구평의회는 양 손을 이용하도록 개정했다. 게다가 1898년에는 스로인이 골문으로 들어가더라도 득점으로 기록되지 않도록 규정을 추가했다. 1895년부터는 선수들의 양발은 반드시 터치라인에 위치해야 했고, 1925년에 터치라인 밖에 발을 두도록 개정했으나 1932년부터 다시 터치라인 위 혹은 밖에 두는 것이 모두 가능해졌다. 그러나 이후 스로인 자세에 대한 규정은 점점 더 까다로워졌다. 주심이 스로인 반칙을 잡아내기 위해서 터치라인 앞에서 휘슬을 물고 있을 정도였다. 발로 하는 축구에 손을 사용한 스로인에 대한 억압은 계속해서 이어졌다.

2004년에 밀월(Millwall)의 아드리안 시리욱스(Adrian Serioux)는 스로인을 시도하려는 중 자신의 코앞에 서 있는 퀸스 파크 레인저스(Queens Park Rangers)의 리 쿡(Lee Cook)에게 볼을 던졌다. 당시에는 주심이 시리욱스에게 퇴장을 선언했으나 이후 논란이 불거졌고 2005년부터는 인 플레이가 되기 전까지 상대 선수가 2야드 밖에 위치해야 하는 것으로 규정이 바뀌었다.

2. 스로인 반칙

손을 사용할 수 있는 특권을 가진 골키퍼를 제외한 나머지 필드 플레이어들은 손으로 볼을 만지는 경우가 극히 드물다. 손으로 볼을 만질 수 있는 유일하게 합법적인 순간이 바로 스로인이다. 발로 차는 행위는 볼을 완벽하게 제어할 수 없지만, 양손을 이용해서 볼을 잡고 던지는 행위는 볼을 완벽하게 제어할 수 있다. 프리킥과 코너킥보다 더욱 정확한 방향으로 볼을 전달할 수 있는 셈이다. 이런 까닭인지 스로인에 관한 규정은 까다롭다. 단순히 양손으로 잡은 볼을 던지는 행위이지만, 쉽게 생각하는 순간 상대팀에게 볼을 넘겨줄 수 있는 것이다. 물론 스로인 반칙이 프로 경기에서는 자주 발생하진 않지만, 조기축구와 같은 사회인 축구에서는 자주 발생하곤 한다. FIFA에서는 위의 7가지 경우를 스로인 반칙행위로 규정하고 있다. 여기에 기본 규정을 추가하자면, 선수의 몸과 시선은 경기장을 향해야 하며, 볼은 양손으로 던져야 한다.

- 볼을 던진 지점이 잘못되었을 경우
- 볼을 던지면서 지면에서 한 발이라도 뗀 경우
- 머리 뒤에서부터 앞쪽으로 움직이면서 머리 위에서 볼을 마지막으로 터치해야 하는데, 이를 어겼을 경우
- 몸을 비틀어 상대를 현혹하면서 던진 경우
- 한 발이라도 경기장 안에 있을 경우
- 무릎이 땅에 닿은 경우
- 허리를 구부려 상체가 경기장 안으로 들어오게 하여 던진 경우

간단한 동작이라고 생각했던 스로인 상황에서 반칙을 범한다면? 공격권을 상대에게 넘겨주는 동시에 동료들의 한숨 쉬는 소리가 들려올 것이다. 간단하지만 까다로운 스로인 상황에서 자주 범하는 실수와 중요하게 생각하지 않았던 부분을 정리해 보았다.

터치라인을 밟는 경우

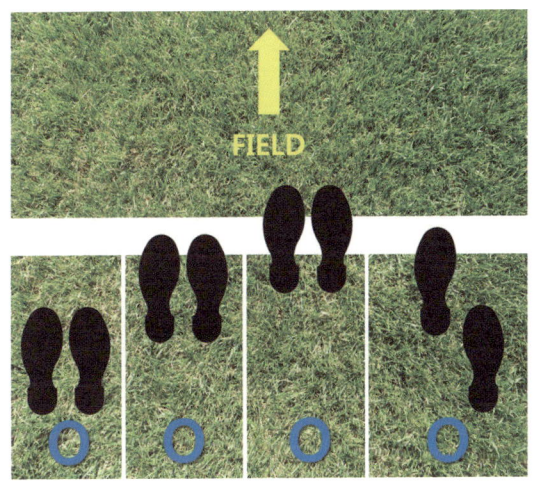

많은 사람들이 스로인 상황에서 터치라인을 밟고 볼을 던지면 반칙인 것으로 알고 있다. 그러나 규정상으로는 터치라인을 밟더라도 전혀 문제가 되지 않는다. 규정에 명시된 '터치라인 위 또는 터치라인 밖의 지면에 각 발의 일부분을 둔다.'에 따라 양발 중 어느 한 쪽 발이라도 터치라인을 완전히 넘지 않는다면 주심은 휘슬을 불지 않는다. 양발이 모두 터치라인을 밟은 채로 스로인을 시도하더라도 무방하다. 양발의 뒤꿈치가 터치라인 위 혹은 밖에 두었다면, 발가락이 터치라인을 벗어나도 문제가 되지 않는다.

한 쪽 발을 떼는 경우

▲ 스로인 방법 중 하나인 핸드스프링 스로인

스로인을 시도할 경우, 볼이 선수의 손을 벗어나는 순간까지 한 쪽 발이라도 지면에서 떨어지게 되면 반칙이다. 볼을 던지는 순간에만 양발이 지면에서 떨어지지 않으면 문제가 되지 않으며, 볼이 선수의 손을 떠난 뒤에는 발을 떼어도 상관이 없다. 선수들은 이러한 규정을 이용해서 독특한 방법으로 스로인을 시도하는데 대표적인 예가 "핸드스프링 스로인(Handspring Throw-in)"이다. 다소 몸에 무리가 갈 수 있는 스로인 동작으로 부상의 우려로 인해 감독과 코치들은 권장하지 않으며 선수들도 자주 하지 않는 방식이다. 그럼에도 불구하고 일반적인 스로인과 달리 비교적 먼 거리로 볼을 던질 수 있다는 이유로 몇 명의 선수들이 시도한다. 남자 선수들은 물론 여자 선수들도 이 방법을 이용해서 스로인을 시도한다. 잉글랜드 프리미어리그 뉴캐슬 유나이티드의 스티브 왓슨(Steve Watson)은 이 방식을 이용하여 볼을 30m 이상 던졌다.

스로인 상황에서 속임수 동작을 하는 경우

스로인을 시도하는 선수의 상체방향과 볼을 던지는 방향이 서로 다르면 스로인 반칙이다. 상체는 왼쪽 방향을 향해서 있는데 볼을 잡은 손의 방향을 살짝 틀어서 다른 방향으로 던질 수 없다. FIFA에서도 몸을 비틀어 상대방을 현혹하면서 던지는 경우를 스로인 반칙으로 규정하고 있다.

가까이 있는 동료에게 던지려는 경우

스로인은 곧바로 득점으로 연결하는 득점루트가 되거나 상대를 위협하는 다른 세트피스들과는 다르다. 멀리 볼을 던질 수 있는 몇 명의 선수를 제외하면 많은 선수들은 모험보다는 안전을 선택한다. 2m 이내에는 상대 선수가 접근할 수 없기 때문에 안전한 위치나 동료 선수의 발에 정확히 연결한 뒤, 공격을 그대로 이어나가는 것이 일반적이다.

그러나 정확한 스로인 자세로 가까이 있는 선수에게 볼을 연결하기란 쉽지 않다. 바로 앞에 볼을 던지기 위해서는 허리를 굽혀 몸을 기울이면서 던지거나 손이 머리를 지난 뒤에 볼을 던지는 방법이 있는데 모두 반칙에 해당한다. 간혹 볼을 던지는 것이 아닌 땅에 내려찍듯이 던지는 경우가 있는데 이는 허리를 굽히면서 던지거나 머리를 지나 이마 앞에서 볼을 던지기 때문이다. 가까이 볼을 던지기 위해 무릎을 꿇고 던지는 행위도 마찬가지로 FIFA에서 반칙으로 규정하고 있다.

2010-11 잉글랜드 프리미어리그 27R
맨체스터 유나이티드 vs 맨체스터 시티

올드 트래포드(Old Trafford)에서 열린 맨체스터 시티 더비전에서는 색다른 스로인 장면이 나오기도 했다. 수비수 파트리스 에브라(Patrice Evra)가 터치라인에서 볼을 주워들자 동료인 라이언 긱스는 그 바로 앞에 섰다. 에브라는 볼을 던져 라이언 긱스의 등에 맞췄고 볼이 자신의 발 앞에 떨어지자 다시 공격을 이어나갔다.

스로인 규칙 요약

스로인은 플레이를 재개하는 방법이다.

스로인은 볼 전체가 지면 또는 공중으로 터치라인을 넘어갔을 때 마지막으로 터치한 선수의 상대 팀에게 부여한다.

스로인은 직접 득점으로 이어질 수 없다.

절차

스로인을 하는 선수는:

- 경기장을 향한다.
- 터치라인 위 또는 터치라인 밖의 지면에 각 발의 일부를 둔다.
- 양 손으로 볼을 잡는다.
- 머리 뒤에서 그리고 머리 위를 지나 볼을 던진다.
- 경기장을 나간 지점에서 볼을 던진다.

모든 상대 선수들은 스로인이 실시되는 지점에서 최소 2m 이상 떨어져 있어야 한다.

볼이 경기장에 들어오면 인 플레이이다.

스로인을 실시한 선수는 볼이 다른 선수를 터치할 때까지 볼을 다시 터치하지 않아야 한다.

위반과 처벌

골키퍼가 아닌 다른 선수가 스로인을 하는 경우

인 플레이 후, 다른 선수가 볼을 터치하기 전에 스로인 한 선수가 다시 터치한다면(스로인을 실시한 선수의 손은 제외):
- 위반이 발생한 지점에서 상대 팀에게 간접 프리킥을 부여한다(규칙 13-프리킥의 위치 참고).

인 플레이 후, 다른 선수가 볼을 터치하기 전에 스로인 한 선수가 의도적으로 핸드볼을 한다면:
- 위반이 발생한 지점에서 상대 팀에게 직접 프리킥을 부여한다(규칙 13-프리킥의 위치 참고).
- 위반이 스로인을 실시한 선수의 페널티 에어리어 내에서 발생 하였다면, 페널티킥이 부여된다.

골키퍼가 스로인을 하는 경우

인 플레이 후, 다른 선수가 볼을 터치하기 전에 골키퍼가 다시 터치한다면(골키퍼의 손은 제외):
- 위반이 발생한 지점에서 상대 팀에게 간접 프리킥을 부여한다. (규칙 13-프리킥의 위치 참고)

인 플레이 후, 다른 선수가 볼을 터치하기 전에 골키퍼가 의도적으로 핸드볼을 한다면:
- 위반이 골키퍼의 페널티 에어리어 밖에서 발생 하였다면, 위반이 발생한 지점에서 상대팀에게 직접 프리킥을 부여

한다(규칙 13-프리킥의 위치 참고).
- 위반이 골키퍼의 페널티 에어리어 안에서 발생 하였다면, 위반이 발생한 지점에서 상대팀에게 간접 프리킥을 부여한다(규칙 13-프리킥의 위치 참고).

상대 선수가 스로인을 하는 선수를 부당하게 현혹하거나 방해 한다면:
- 상대 선수는 반 스포츠적 행위로 경고조치 해야 한다.

이 규칙의 기타 위반의 경우는:
- 스로인은 상대 팀 선수가 실시한다.

절차-위반

심판들은 상대 선수들이 스로인을 실시하는 지점으로부터 2미터 이내에 접근할 수 없음을 기억해야 한다. 필요하다면 주심은 스로인이 실시되기 전에 이 거리 내에 있는 선수에게 주의를 주어야 하며, 선수가 정확한 거리를 계속해서 물러서지 않는다면 그 선수를 경고해야 한다. 플레이는 스로인으로 재개한다.

선수가 스로인을 정확하게 실시하는 동안 볼을 다시 플레이하기 위해서 상대 선수에게 볼을 의도적으로 던졌지만, 조심성 있거나 무모하지 않게 또는 과도한 힘을 사용하지 않았다면 주심은 플레이가 계속되도록 허용해야 한다.

볼이 스로인에서 상대 골문에 직접 들어간다면 주심은 골킥을 부여해야 한다. 만일 볼이 스로인을 하는 선수 자신의 골문에 직접 들어간다면 주심은 코너킥을 부여해야 한다.

스로인이 정확한 절차에 따라 실시되었다는 조건 하에 볼이 경기장에 들어가기 전에 지면에 닿는다면 스로인은 동일 지점에서 동일팀에 의해 실시되어야 한다. 만일 스로인이 정확한 절차에 따라 실시되지 않았다면 스로인은 상대 팀에 의해 다시 실시되어야 한다.

제16장

골킥

제16장 골킥

193cm의 단단한 체격의 골키퍼가 코너킥 상황에서 날아온 볼을 양손으로 잡아낸 뒤, 전방으로 온 힘을 다해 볼을 던진다. 볼은 하프라인을 넘어 동료 선수에게 연결되고 빠르게 전개된 역습은 득점을 만들어낸다. 그는 골문을 비우고 나와서 하프라인 근처에서 슬라이딩 태클을 시도하는가 하면 다이빙 헤딩으로 볼을 전방으로 연결한다. 그의 정확한 킥은 공격의 시발점 역할까지 한다. 2014년 브라질 월드컵 결승전이 끝난 직후 독일 유니폼을 입은 그의 손에는 브라질 우승컵과 골든 글러브 상이 쥐어졌다. 그리고 언론은 그를 스위퍼 키퍼라 불렀다.

스위퍼 키퍼는 헝가리 출신의 지울라 그로시치(Gyula Grosics)부터 시작됐다. 그는 수비 뒷 공간을 폭 넓게 커버하며 스위퍼 역할을 수행했다. 전설적인 러시아의 골키퍼 레프 야신(Lev Yashin)은 좀 더 공격적으로 페널티 박스 앞까지 나와서 상대의 공격을 끊어냈다. 이후 네덜란드 대표팀을 1974년 서독 월드컵 준우승으로 이끈 얀 용블루트(Jan Jongbloed), 수리남 출신으로 아약스의 전성기를 이끌었던 스텐리 멘조(Stanley Menzo), 영국의 야신으로 불리는 고든 뱅크스(Gordon Banks) 등은 스위퍼의 역할을 도맡았다. 당시에는 골키퍼가 하프라인까지 올라와도 그리 놀라운 일이 아니었다.

▲ 백패스 금지 조항에 큰 공헌을 한 패키 보너

그러던 1990년 이탈리아 월드컵에서 아일랜드 골키퍼 패키 보너의 행동은 축구사의 한 획을 그었다. 한 경기에서 그는 수비수들의 볼을 받은 뒤 수비수에게 다시 볼을 굴려주고, 볼을 받은 수비수가 다시 패스하면 볼을 잡는 식으로 6분이라는 시간을 보냈다. 규정상으로는 전혀 문제가 없었지만 FIFA 임원진들은 중대한 결심을 하게 되었다. 1992년에 생겨난 "백패스 금지" 조항이 생겨나면서 골키퍼들은 페널티 박스 밖으로 섣불리 발을 딛을 수 없게 되었다.

자연스레 골키퍼가 손으로 볼을 다루는 시간은 줄어들었고, 스카우터들은 골키퍼의 발을 주목하기 시작했다. 골키퍼들은 경기의 전체적인 흐름을 읽어내는 동시에 동료 선수에게 패스를 연결하는 등 정확하게 볼을 처리해야 했다. 그와 동시에 골키퍼들의 활동 반경은 페널티 박스 안으로 좁혀졌고 하프라인까지 올라와서 스위퍼 역할을 담당하던 스위퍼 키퍼는 축구사의 뒤안길로 사라지는 듯했다.

그러나 네덜란드의 반 데 사르, 스페인의 빅토르 발데스, 페페 레이나(Pepe Reina)와 같은 새로운 형태의 스위퍼 키퍼가 경기장에 등장했다. "수비수가 볼을 빼앗은 후 상대진영까지 이동하는 과정"을 뜻하는 빌드업(Build-up)이 그들로부터 시작되었다. 골키퍼들은 골킥마저도 볼을 길게 연결하지 않고 수비수에게 짧게 연결하며 볼을 지켜냈다. "킥 앤 러쉬"보다 점유율을 유지하며 공격의 활로를 찾는 방식이 대두되기 시작한 것이다. 알렉스 퍼거슨 감독 체제의 맨체스터 유나이티드와 호셉 과르디올라(Josep Guardiola) 체제의 바르셀로나는 유럽 무대를 평정했다. 그리고 티키-타카(Tiki-Taka)[34]에서 비롯되는 스페인의 점유율 축구는 세계무대를 호령했다. 규정의 변화와 전술의 흐름이 잘 부합했다고 볼 수 있다.

이에 따라 스페인 축구에 대항하는 전술들이 계속해서 시도되었다. 절대적일 것만 같았던 점유율 축구도 끝이 보이기 시작했다. 볼을 점유할 수 없도록 강하게 압박하고 빼앗은 뒤에는 빠르게 역습을 하는 전술이 대두되었다. 독일 분데스리가에서

---

34) 스페인어로 "탁구공이 왔다 갔다 한다."는 뜻으로 짧은 패스로 경기를 풀어나가는 전술

시작된 "게겐프레싱(GegenPressing)"을 필두로, 강한 압박과 빠른 속도의 역습은 점유율 축구를 격파하기 시작했다. 바르셀로나는 바이에른 뮌헨에게 챔피언스리그에서, 스페인은 브라질 월드컵에서 조별예선 탈락이라는 수모를 겪었다.

전방부터의 압박을 위해서는 수비 라인을 최대한 끌어올려야 했다. 수비수들과 골키퍼의 거리는 점차 멀어졌고, 수비수 뒷 공간이 비어있는 약점이 드러났다. 독일의 골키퍼는 골문을 비우고 나와서 스위퍼 역할을 담당하며 이 약점을 보완했다.

마누엘 노이어(Manuel Neuer)는 브라질 월드컵에서 진가를 유감없이 발휘했다. 그는 7경기 가운데 4경기를 무실점으로 막아냈고, 86.2%의 선방률과 82.2%의 패스 성공률을 기록했다. 결승전에서 노이어는 120분 동안 6.9km의 활동량을 기록했다. 페널티 박스에 제한되는 다른 골키퍼들과 달리 노이어의 활동반

경은 굉장히 넓게 나타난다. 그는 적극적으로 달려나와서 수비수처럼 볼을 처리하고 태클을 시도한다. 덕분에 독일 수비진은 전체적으로 전진할 수 있으며 10명이 아닌 11명의 필드 플레이어가 뛰는 효과를 낼 수 있었다.

언론은 "새로운 골키퍼의 전형을 제시했다." "스위퍼 키퍼 창조"라는 문구를 내걸며 노이어 골키퍼를 재조명했다. 그러나 스위퍼 키퍼는 그동안 계속 존재해왔다. 규정의 변화와 현대축구 전술의 흐름에 발맞춰 조금씩 다른 형태로 나타났고 그 흐름에 발맞춘 골키퍼들은 황금기를 구가하는 팀의 골문을 굳건히 지켜냈다. 노이어 역시 전술과 규정이 변화하는 흐름에 가장 잘 부합한, 한 시대를 대표하는 골키퍼라 할 수 있다.

1. 역사

1871년 전까지는 어떠한 선수도 손으로 볼을 터치해도 주심이 옐로카드를 꺼낼 수 없었다. 1871년에 선수 중 1명은 손으로 볼을 잡을 수 있다는 규정이 생겼고, 각 팀들은 손으로 볼을 잡거나 잘 던지는 선수를 수비 진영에 배치하는 전술을 사용하기 시작했다.

규정이 생겨난 직후에는 많은 골키퍼(손을 이용하는 선수)들은 종종 하프라인까지 올라왔다. 잉글랜드의 레이 리치몬드 루즈(Leigh Richmond Roose)는 두 손을 이용해서 볼을 뺏으러 달려드는 상대 선수들을 농락했다. 잉글랜드 축구협회는 그 광경을 보고 마음에 들지 않았는지 1921년에 페널티박스 안에서만 손으로 볼을 만질 수 있도록 규정했다. 페널티박스 안에서만 손을 사용할 수 있게 되면서 오늘날의 가장 "외로운 포지션" 골키퍼가 탄생했다.

골킥 규정은 골키퍼의 역사보다 오래되었다. 골킥의 시작은 1866년으로 거슬러 올라간다. 선수들은 골포스트 6야드 이내의 거리에서 골킥을 시도했다. 상대팀 선수들은 볼과 6야드 이상의 거리에 접근할 수 없었다. 1913년에 상대팀 선수들은 볼과 10야드 이상의 거리를 유지해야 하는 규정이 생겼고 1948년부터 페널티 에어리어 밖에 위치해야 한다고 개정되었다.

2. 위치

간혹 골킥을 시도하는 골키퍼에게 주심이 볼의 위치를 조정할 것을 요구하는 상황을 볼 수 있다. 골키퍼가 골라인 밖으로

나간 볼을 빠르게 전개하기 위해서 급하게 볼을 굴린 뒤에 골킥을 하는 경우가 있다. 보통 지고 있는 팀이 경기 종료까지 시간이 얼마 남지 않은 상황에서 자주 볼 수 있는데, 마음이 급해서인지 골키퍼들이 골 에어리어가 아닌 페널티 에어리어까지 볼을 굴리는 경우가 있다. 주심은 볼이 골에어리어를 벗어났을 경우 제재를 통해 볼의 위치를 조정해야 한다. 골킥은 골 에어리어 내에서 시도하는 것이다. 꼭 라인(골 에어리어의 경계선)에 볼을 놓고 골킥을 시도할 필요는 없는 것이다. 골 에어리어를 벗어나지 않는 범위에서 어느 위치에서든 시도한다면 문제되지 않는다.

1992년부터 골킥은 골 에어리어의 좌측과 우측, 어디에서든 시도할 수 있게 되었다. 규정의 빈틈을 이용해서 의도적으로 골키퍼가 먼 방향의 골 에어리어로 천천히 걸어가면서 시간을 지체하기 시작했고, 이에 주심은 경고카드로 맞섰다.

3. 골킥 득점

2008년 7월 27일 수원에서 코트디부아르와의 U-23 대표팀 친선 경기가 열렸다. 전반 40분 정성룡 골키퍼가 페널티 박스 앞까지 나와서 찬 볼이 그대로 코트디부아르 골키퍼를 넘어 골네트를 갈랐다. 어이없는 표정의 코트디부아르 골키퍼와 기뻐하는 정성룡 골키퍼의 모습이 대비되었고 85m의 최장거리 골로 기네스북에 등록되기도 했다. 한국 대표팀 사상 공식 국제경기에서 골을 기록한 최초의 골키퍼가 되었고 언론과 팬들 사이에서도 화제가 되었다. 그런데 언론은 "골킥 골"이라는 표현을 사용했고 심지어 뉴스에서도 85m 골킥 골을 심층 취재하여 보도했다. 이는 맞지 않는 표현이다.

골킥은 플레이를 재개하는 방법으로, 공격팀이 마지막에 터치한 볼이 골라인 밖으로 나갔을 경우 수비팀에게 주어지는 프리킥 상황이다. "Goal Kick"에서의 "Goal"이 골키퍼의 골이 아닌 골 에어리어의 골이다. 골킥은 골키퍼만이 아닌 같은 팀 선수라면 모두 시도할 수 있다. 즉, 골키퍼가 차는 볼이 골킥이 아닌 골 에어리어 안에서 경기를 재개하는 프리킥 상황이 골킥인 것이다. 정성룡 골키퍼가 넣었던 골은 골킥 상황에서의 골이 아니었고, 수비수가 볼을 골키퍼에게 연결한 상황에서 페널티 박스 앞까지 볼을 몰고 나와서 롱킥을 시도한 것이다.

1997년에는 규정이 개정되면서 골킥이 상대편 골문으로 곧바로 들어갈 경우 골로 인정하기 시작했다. 물론 경기가 재개되지 않은, 즉 중단된 상황에서 시도하는 골킥이 상대편 골키퍼가 골문을 비우고 있지 않다면 들어갈 확률은 굉장히 적다. 반대로 골킥이 자책골이 될 순 없다. 바람이 불거나 주심의 몸에 맞고 골킥을 시도한 팀의 골문으로 볼이 들어가더라도 주심은 상대팀에 코너킥을 부여한다.

골킥 규칙 요약

골킥은 플레이를 재개하는 방법이다.

골킥은 공격 팀의 선수를 마지막으로 터치하고 규칙 10에 따라 득점이 되지 않은 상태에서 볼 전체가 지면 또는 공중으로 골라인을 넘어 갔을 때 부여한다.

골은 골킥으로 직접 득점할 수 있지만 상대 팀 골에만 해당된다.

절차

- 수비 팀 선수에 의해 골 에어리어 내의 어느 지점에서나 킥이 된다.
- 상대 선수들은 볼이 인 플레이될 때까지 페널티 에어리어 밖에 머무른다.
- 키커는 다른 선수를 터치할 때까지 볼을 다시 플레이하지 않아야 한다.
- 페널티 에어리어 밖으로 직접 킥이 될 때에 볼은 인 플레이다.

위반과 처벌

골킥에서 페널티 에어리어 밖으로 직접 킥이 되지 않았다면:
- 골킥을 다시 실시한다.

골키퍼가 아닌 다른 선수에 의해 실시된 골킥

인 플레이 후, 다른 선수가 볼을 터치하기 전에 키커가 다시 터치한다면(키커의 손은 제외):
- 위반이 발생한 지점에서 상대 팀에게 간접 프리킥을 부여한다(규칙 13-프리킥의 위치 참고).

인 플레이 후, 다른 선수가 볼을 터치하기 전에 키커가 의도적으로 핸드볼을 한다면:
- 위반이 발생한 지점에서 상대 팀에게 직접 프리킥을 부여한다(규칙 13-프리킥의 위치 참고).
- 키커의 페널티 에어리어 내에서 위반이 발생한다면 페널티킥을 부여한다.

골키퍼가 골킥을 한 경우

인 플레이 후, 다른 선수가 볼을 터치하기 전에 골키퍼가 다시 터치한다면(골키퍼의 손은 제외):
- 위반이 발생한 지점에서 상대 팀에게 간접 프리킥을 부여한다(규칙 13-프리킥의 위치 참고).

인 플레이 후, 다른 선수가 볼을 터치하기 전에 골키퍼가 의도적으로 핸드볼을 한다면:
- 골키퍼의 페널티 에어리어 밖에서 위반이 발생한다면 발생한 지점에서 상대 팀에게 직접 프리킥을 부여한다(규칙 13-프리킥의 위치 참고).

- 골키퍼의 페널티 에어리어 안에서 위반이 발생한다면 발생한 지점에서 상대 팀에게 간접 프리킥을 부여한다(규칙 13-프리킥의 위치 참고).

이 규칙의 다른 위반의 경우는:
- 골킥을 다시 실시한다.

절차-위반

골킥을 정확하게 실시한 선수가 다른 선수가 볼을 터치하기 전에 볼이 페널티 에어리어를 벗어나 있는 상황에서 의도적으로 볼을 재차 플레이했다면, 선수가 두 번째 터치를 한 지점에서 상대 팀에게 간접 프리킥을 부여한다(규칙 13-프리킥의 위치 참고).

하지만 선수가 자신의 손으로 볼을 터치한다면 그 선수는 징계조치를 받아야 하며 상대 팀에게 직접 프리킥을 부여한다.

상대 선수가 볼이 인 플레이 되기 전에 페널티 에어리어 안으로 들어온 상황에서 수비수에 의해 반칙을 당한다면, 골킥은 다시 실시되고 수비수는 위반의 성격에 따라 경고 또는 퇴장될 수 있다.

제17장 코너킥

코너 에어리어에 키커가 들어선다. 볼을 모시듯 살포시 코너 라인에 올려놓는 키커의 모습이 카메라에 잡힌다. 야유 소리와 함께 골을 외치는 팬들의 함성소리가 경기장을 가득 메운다. 키커는 그저 자신의 발과 볼, 그리고 자신의 동료들에게 모든 신경을 집중한다. 페널티 박스 내에서는 볼을 기다리는 선수들의 치열한 눈치싸움과 몸싸움이 벌어지고 있다. 공간을 찾는 자와 찾는 자를 막는 자들의 싸움 속에서 골키퍼는 위험을 무릅쓰고 달려들 태세를 마친다.

1998-99 시즌 UEFA 챔피언스리그 결승전에서 맨체스터 유나이티드와 바이에른 뮌헨의 명승부는 아직까지도 많은 축구팬들 사이에서 회자된다. 후반 45분까지 1:0으로 앞서가면서 뮌헨 팬들은 승리의 노래를 열창하고 있었다. 독일로 돌아가서 또 다른 옥토버 페스트(OctoberFest)[35]가 열리기를 고대했을 것이다.

그러나 야구는 9회 말 투아웃부터라는 말처럼 축구는 후반

---

35) 독일 뮌헨에서 매년 9월 말부터 10월 초까지 열리는 축제이며, 세계 3대 맥주 축제 중 하나

인저리 타임부터라 했던가. 후반 46분 데이비드 베컴의 코너킥이 혼전 끝에 라이언 긱스의 오른발에 걸렸고, 긱스의 슈팅은 테디 셰링엄에 연결되었다. 골대 모서리로 침착하게 차 넣은 셰링엄의 발끝에서 맨체스터 유나이티드의 동점골이 터졌다. Red Devils[36]와 Reds[37]의 싸움은 원점으로 돌아갔다. 뭔지 모를 불안감과 초조함의 기운이 Reds 팬들을 감쌌고, 뭔지 모를 기대감과 설렘이 Red Devils 팬들을 감싸고 있었다. 그리고 후반 48분, 2분 전에 터진 동점골이 시작된 위치에서 다시 시도한 베컴의 코너킥이 셰링엄의 머리를 거쳐 "동안의 암살자" 올레 군나르 솔샤르의 발에 걸리면서 역전 승리를 일궈냈다.

그로부터 15년 뒤인 2013-14 UEFA 챔피언스리그 결승전 레알 마드리드와 아틀레티코 마드리드에서도 코너킥은 기적을 만들어냈다. 90분의 정규시간이 지나고 추가 시간이 5분 주어졌다. 레알 마드리드는 동점 상황을 만들기 위해 1점이 필요했다. 93분 경에 레알 마드리드가 얻어낸 코너킥 찬스에서 세르히오 라모스의 헤딩골로 동점 상황을 만들었다. 연장 승부까지 간 끝에 빅이어[38]는 레알 마드리드의 품으로 돌아갔다.

경기 내내 슈팅 한번 못하며 고전을 면치 못하는 팀을 응원하던 팬들도 코너킥은 그들에게 일말의 기대감을 갖도록 한다. 객관적인 전력 차이는 무의미하다. 단 3%, 지난 2012-13시즌 프리미어리그 경기들에서 나온 코너킥 득점 성공률이다. 수치상으로는 굉장히 적은 확률이다. 그러나 무슨 일이 벌어질지 모른

---

36) 맨체스터 유나이티드 애칭
37) 바이에른 뮌헨의 애칭
38) UEFA 챔피언스리그 우승컵의 명칭

다. 다윗이 골리앗을 이기는, 약자가 강자를 이기는 여러 시나리오 혹은 극적인 상황이 연출되는 드라마와 같은 상황들 속에 코너킥은 빼놓지 않고 등장한다. 코너킥은 골을 만들어내고, 골은 기적을 만들어낸다.

1. 올림피코

라틴어 gol olímpico에서 비롯되었다. 코너킥 상황에서 곧바로 문전으로 들어가는 골로 올림픽 골, 올림픽 킥으로도 불린다. 국제축구위원회는 1924년 6월 15일 이후로 선수들이 코너킥이 곧장 골문을 노릴 수 있도록 규정을 수정했다. 최초의 코너킥 골 기록은 1924년 8월 1일 스코틀랜드 2부리그 소속의 빌리 앨스턴(Billy Alston)이 넣은 골이다. 국제대회에서는 아르헨티나의 왼쪽 미드필더였던 세사레오 온자리(Cesáreo Onzari)가 그해 10월 2일 올림픽 챔피언 우루과이와의 경기에서 첫 번째 코너킥 골을 만들어냈다. 이후 그를 기리기 위해서 남아메리카에서 올림피코로 부르면서 명칭이 계속 쓰이게 되었다.

이후 조지 베스트(Geroge Best), 호나우지뉴, 데이비드 베컴과 티에리 앙리 등 여러 선수들이 종종 올림피코를 시도하여 성공하곤 했다. 미국 여자 대표팀의 메간 라피노(Megan Rapinoe)는 2012년 런던 올림픽 캐나다와의 준결승전에서 코너킥 골을 만들어냈다.

2. 코너 아크

코너 에어리어(Corner Area)로도 불리는 코너 아크는 경기장에 놓인 4개의 코너 플래그를 중심으로 반지름 1m의 1/4 원호를 말한다. 1887년부터는 의무적으로 코너 아크 내에서 코너킥을 실시하도록 했고 1938년에 규정으로 제정되어 지금까지 이어지고 있다. 코너킥을 시도하는 선수는 코너 아크 내에 볼을 놓은 뒤 코너킥을 시도해야 한다. 선수들은 볼을 조금이라도 앞쪽으로 놓거나 좋은 각도를 위해 볼을 선 밖에 두면 부심은 곧바로 지적한다. 다른 골라인, 터치라인과 마찬가지로 볼이 선을 완전히 벗어나지만 않으면 문제가 되지 않는다.

키커의 킥으로 볼이 움직이면 인 플레이가 된다. 반드시 볼이 코너 아크를 벗어날 필요는 없이, 볼이 코너 아크 내에서 움직이더라도 인 플레이가 된다.

2008-09 잉글랜드 프리미어리그 21R **맨체스터 유나이티드** vs **첼시**

당시 우승 경쟁을 하던 양 팀의 대결로 많은 논란과 언론의 주목을 받고 있어서 이 사례는 더욱 화제가 되었다. 맨체스터 유나이티드의 코너킥 상황에서 웨인 루니가 코너킥을 위해 코너 아크로 터벅터벅 걸어갔다. 코너킥을 시도하는 듯 보이던 루니는 볼을 코너 아크에 놓은 뒤 라인을 살짝 벗어나게끔 볼을 건드렸다. 코너킥은 수비팀의 선수가 볼에서 9.15m 이내에 위치하지 않고, 공격팀 선수가 볼을 코너 아크를 벗어나지 않게 놓는다면 주심의 휘슬 없이 진행할 수 있다.

루니는 이 부분을 이용하여 볼을 살짝 이동시켰고, 볼은 코너 아크 라인을 벗어난 상황이었다. 코너 부근에서 볼과 멀리 떨어져서 페널티 박스의 상대 선수들을 수비하던 첼시 선수들은 이를 인지하지 못했다. 곧이어 라이언 긱스는 자신이 키커인 것처럼 코너 부근을 향해 천천히 걸어갔다. 이때까지도 첼시 선수들은 전혀 눈치를 채지 못했다. 코너 부근에 다다른 긱스는 갑자기 볼을 가지고 드리블을 한 뒤, 골문을 향해 침투하는 크리스티아노 호날두에게 연결했다. 첼시 선수들은 어안이 벙벙한 채로 멀뚱히 서 있었고, 호날두의 머리를 떠난 볼은 골로 연결되었다. 부심은 잘못되었다는 판단 하에 깃발을 들었고 주심은 휘슬을 불었다. 부심이 루니가 볼을 건드리는 것을 보지 못했거나 비신사적 행위라고 판단을 했고 주심은 득점을 인정하지 않고 코너킥을 재시도하라는 판정을 내렸다.

루니가 볼을 코너 아크에서 건드린 시점에서 이미 경기는 인플레이 상황이었다. 게다가 코너킥은 주심의 휘슬 없이도 빠르게 진행할 수 있다. 경기 이후에도 어떤 이유에서 이러한 판정을 내렸는지 밝혀지지 않았지만, 규정에 따른다면 맨체스터 유나이티드의 코너킥은 문제의 여지가 없었다.

3. 9.15m

코너킥 상황에서 곧바로 페널티 부근의 동료에게 연결하는 방식이 아닌, 가까이 있는 동료 선수에게 짧게 연결하는 경우도 있다. 경기가 끝나갈 시점에 점수를 앞서 나가고 있는 팀이 시간을 지체하기 위해 자주 시도하는 방법이다.

　수비수들은 최대한 가까이 다가가서 한시라도 빨리 볼을 빼앗으려 하지만 이내 주심은 수비들에게 물러서라고 제재한다. 이는 코너킥 상황에서 수비하는 선수는 볼이 키커의 발을 떠나기 전까지는 10야드 밖에 위치하기 때문이다. 10야드 안에 위치한 키커의 동료는 상대 선수에게 방해를 받지 않고 볼을 받을 수 있다. 주심과 부심이 9.15m의 거리를 정확히 판단하기에는 어려움이 따르기 때문에 대부분의 경기장에는 코너킥 지점으로부터 9.15m 떨어진 곳에 흰색 표시가 되어 있다.

코너킥 규칙 요약

코너킥은 플레이를 재개하는 방법이다.

코너킥은 수비 팀의 선수를 마지막으로 터치하고 규칙 10에 따라 득점이 되지 않은 상태에서 볼 전체가 지면 또는 공중으로 골라인을 넘어갔을 때에 부여한다.

코너킥으로 직접 득점할 수 있지만 상대 팀 골대만 해당한다.

절차

- 볼은 골라인을 넘어간 지점에서 가장 가까운 코너 아크 내에 놓아야 한다.
- 코너 플래그는 이동할 수 없다.
- 상대 선수들은 볼이 인 플레이 될 때까지 코너 아크에서 최소 9.15m 떨어져야 한다.
- 볼은 공격 팀의 선수에 의해 킥이 되어야 한다.
- 볼이 킥이 되어 이동하면 인 플레이이다.
- 키커는 다른 선수가 볼을 터치할 때까지 다시 볼을 터치할 수 없다.

위반과 처벌

골키퍼가 아닌 다른 선수에 의해 실시된 코너킥

인 플레이 후, 다른 선수가 볼을 터치하기 전에 키커가 다시 터치한다면(키커의 손은 제외):

- 위반이 발생한 지점에서 상대 팀에게 간접 프리킥을 부여

한다. (규칙 13-프리킥의 위치 참고)

인 플레이 후, 다른 선수가 볼을 터치하기 전에 키커가 의도적으로 핸드볼을 한다면:
- 위반이 발생한 지점에서 상대 팀에게 직접 프리킥을 부여한다(규칙 13-프리킥의 위치 참고).
- 키커의 페널티 에어리어 내에서 위반이 발생한다면, 페널티킥이 부여된다.

골키퍼에 의해 실시된 코너킥

인 플레이 후, 다른 선수가 볼을 터치하기 전에 골키퍼가 다시 터치 한다면(골키퍼의 손은 제외):
- 위반이 발생한 지점에서 상대 팀에게 간접 프리킥을 부여한다(규칙 13-프리킥의 위치 참고).

인 플레이 후, 다른 선수가 볼을 터치하기 전에 골키퍼가 의도적으로 핸드볼을 한다면:
- 골키퍼의 페널티 에어리어 밖에서 위반이 발생한다면 발생한 지점에서 상대 팀에게 직접 프리킥을 부여한다(규칙 13-프리킥의 위치 참고).
- 골키퍼의 페널티 에어리어 안에서 위반이 발생한다면, 발생한 지점에서 상대 팀에게 간접 프리킥을 부여한다(규칙 13-프리킥의 위치 참고).

이 규칙의 다른 위반의 경우는:
- 골킥을 다시 실시한다.

절차-위반

심판들은 상대 선수들이 볼이 인 플레이가 될 때까지 코너 아크로부터 최소 9.15미터 떨어져 있어야 됨을 기억해야 한다(경기장 밖의 임의의 표시가 도움을 위해 사용될 수 있다). 필요하다면, 주심은 코너킥이 실시되기 전에 이 거리 내에 있는 선수에게 주의를 주어야 하고 선수가 정확한 거리를 계속해서 물러서지 않는다면 그 선수를 경고조치해야 한다.

키커가 볼이 다른 선수를 터치하기 전에 볼을 다시 터치한다면 간접 프리킥은 두 번째 터치가 발생한 지점에서 상대 팀에게 부여한다(규칙 13-프리킥의 위치 참고).

선수가 코너킥을 정확하게 실시하는 동안 볼을 다시 플레이하기 위해서 상대 선수에게 볼을 의도적으로 차지만 조심성 있거나 무모하지 않게 또는 과도한 힘을 사용하지 않았다면 주심은 그대로 플레이를 진행해야 한다.

볼은 코너 아크 내에 놓여 있어야 하고 볼이 킥이 되어 이동하면 인 플레이이다. 그러므로 코너 아크를 꼭 벗어나야 볼이 인 플레이 되는 것은 아니다.

제18장 기타조항

1. 승부차기

 승부차기는 반드시 승자와 패자를 가려내야 하는 상황에서 진행된다. 90분의 정규시간과 30분의 연장 전, 후반전까지도 무승부가 이어질 경우 승부차기로 승자를 가린다. 토너먼트와 같은 다음 라운드로 진출할 팀을 가리는 방식이기 때문에 공식 전적은 무승부로 기록이 된다.

 승부차기 방식은 이스라엘의 요세프 다간(Yosef Dagan)이 고안해냈다. 1968년 멕시코시티에서 열린 하계 올림픽에서 이스라엘이 추첨 끝에 8강에서 탈락한 것이 계기였다. 이전까지는 재경기, 동전 던지기, 플레이오프 방식으로 승자를 가리곤 했다. 이후 1969년에 이스라엘 축구협회 회장이 된 마이클 알모그(Michael Almog)가 다간의 아이디어를 FIFA에 제안했고 많은 반대에도 부딪혔지만 여러 회의 끝에 1970년 6월 27일 IFAB에 의해 채택되었다. 2006년에 독일 언론매체인 Deutsche Presse-Agentur에서는 프랑크푸르트 (Frankfurt)출신의 심판이었던 칼 발트(Karl Wald)가

1970년 바바리아(Bavaria)[39] 축구협회에 같은 방식을 제안했다고 뒤늦게 전해졌다. 어찌되었든 다간의 승부차기 방식이 현재까지 이어지고 있다.

양 팀에서 각각 5명의 키커가 나와서 한 번씩 번갈아가며 킥을 시도한다. 5명의 선수가 킥을 모두 시도하기 전에 이미 승패가 결정이 난 경우, 5번째 키커는 킥을 하지 않고 경기는 그대로 종료된다. 10명의 키커가 모두 킥을 시도한 후에도 승부가 나지 않는다면, 한 팀이 성공하고 한 팀이 실패할 때까지 진행하는 "서든데스" 방식으로 진행한다. 선축의 여부는 동전 던지기를 통해서 결정된다. 2003년 이전까지는 동전 던지기에서 이긴 팀이 무조건 먼저 킥을 시도했으나, 현재는 이긴 팀의 주장

---

39) 독일 남동부에 있는 주로 주도는 뮌헨, 영어로 바바리아라고 한다.

이 선축의 여부를 결정한다.

키커는 연장전을 포함한 경기 종료까지 경기장에 있었던 선수들만 승부차기를 시도할 수 있다. 때문에 많은 팀들이 연장전 종료 직전에 승부차기를 위한 골키퍼를 교체하기도 한다. 그러나 진행되는 동안에 골키퍼가 부상을 당했을 경우, 가능한 선수 교체카드가 남아있다면 골키퍼는 교체 선수와 교체될 수 있다.

2. 기술 지역

기술 지역은 1993년에 터치라인으로부터 1야드 떨어진 지점에 만들어졌다. 감독과 코치들이 선수들에게 지시를 내릴 수 있는 공간이 만들어진 것이다. 물론 감독과 코치진을 위한 공간이지만 그들 역시 심판의 제재로부터 자유로울 수는 없다. 공격적인 언행이나 남을 모욕하는 행위는 물론 금지되며 심판 판정에 대한 강력한 항의 역시 퇴장으로 이어질 수 있다. 알렉스 퍼거슨 감독은 2003년에 볼을 멀리 차낸 이유로, 2004년에 그레메 수네스(Graeme Souness)는 물병을 필드 위로 걷어차는 바람에 퇴장을 당했다. 퇴장당한 선수는 필드에서는 물론이고 기술 지역에도 머무를 수 없다. 파파 부바 디우프(Papa Bouba Diop)는 2004년 풀럼(Fulham)에서 뛰던 당시 웨스트 브롬위치를 상대로 경기 중에 퇴장을 당했다. 이는 선수가 기술 지역에 머물렀기 때문이었고 풀럼은 징계위원회에 제재를 받았다.

3. 감독 및 코치 퇴장

대기심은 주심과 부심의 시야 밖에서 일어나는 상황들을 주심에게 알릴 권한을 가지고 있다. 주심과 부심은 주로 필드 내에서 일어나는 일들에 시선을 두고 있기 때문에 필드 밖에서 일어나는 상황들을 보지 못하는 경우가 많다. 선수들을 포함한 기술 지역에 위치한 감독 및 코치진들이 문제를 일으키기도 한다. 그들은 책임감 있는 태도로 행동해야 하며 잘못된 행동에 대해 주심은 퇴장 조치를 내릴 수 있다. 이때 대기심이 터치라인 밖에 위치하여 이러한 상황들을 인지하고 주심에게 알리는 역할을 하게 된다.

2009-10 잉글랜드 프리미어리그 4R **맨체스터 유나이티드** vs **아스날**

아스날의 미드필더 아부 디아비(Abou Diaby)가 자책골을 기록하면서 맨체스터 유나이티드가 2:1로 앞서갔다. 동점골을 위해 몰아치던 아스날은 추가 시간 95분에 상대 골네트를 갈랐다.

페널티 박스로 올라온 크로스를 수비수 윌리엄 갈라스(William Gallas)가 헤딩으로 떨궜고 당시 아스날의 공격수 로빈 반 페르시가 그대로 슛을 연결했다. 아스날 선수들이 기쁨을 나누던 것도 잠시, 부심의 오프사이드 기가 올라갔고 주심은 오프사이드를 선언했다. 안절부절못하던 벵거 감독도 두 주먹을 불끈 쥐며 기뻐했으나 이내 오프사이드임을 알게 되었다.

그는 분노를 이기지 못하고 물병을 차며 불만을 표시했다. 그 옆에서 광경을 목격한 대기심이 주심에게 알렸고 그는 곧바로 벵거 감독에게 퇴장 조치를 내렸다. 감독석이 아닌 관중석으로 올라가는 것이 일반적인데 주심이 이에 대한 정확한 지시를 내리지 않았고, 벵거 감독은 맨체스터 유나이티드의 홈 팬들 앞에 위치하여 남은 경기를 지켜봤다.

4. 주심 교체

부상은 선수들에게만 찾아오는 것이 아니다. 2014년 브라질 월드컵에서는 팀의 동점골에 기뻐하던 잉글랜드 팀닥터가 발목이 꺾여 실려 나가기도 했다. 벤치에 앉아있던 코치도 피할 수 없는 부상. 당연히 선수들과 90분 내내 같이 뛰어 다니는 주심과 부심에게도 예외는 없다. 선수들과 부딪히거나 공에 맞는 등의 이유로 주심이나 부심이 경기를 더 이상 진행할 수 없는 상태인 경우에는 예비 부심이나 대기심이 투입된다.

대회 규정마다 경기에 배정되는 심판의 수가 상이하다. 예비 부심과 대기심 모두 배정되는 경우도 있고 대기심만 배정되는 경우도 있다. 예비 부심은 부심을 대체하거나, 대기심이 주심의 역할을 대신한 경우 대기심의 빈자리를 대신한다. 대기심은 주심을 대체하며 예비 부심이 없을 경우에는 부심으로 투입된다.

2014년 AFC U-22 챔피언십 3-4위전 **요르단** vs **대한민국**

요르단과 대한민국이 3위 자리를 놓고 1:1로 치열한 승부를 이어가고 있었다. 그러던 73분경 말레이시아 출신의 빈 야코브(Bin Yaacob) 주심이 몸의 이상을 느끼고 경기장에 누웠다. 한국 대표팀 의무진이 응급 처치를 도와주었으나 그는 더 이상 경기 운영이 힘들다고 판단했다. 결국 스스로 교체를 선언했다. 기술 지역에 대기하고 있던 대기심인 사우디아라비아 심판이 주심으로 투입되어 나머지 경기를 진행했다.

기타 조항 규칙 요약

경기의 승자를 결정하는 절차

대회 규정에 승자가 있어야 하는 무승부 경기에서는 어웨이 골, 연장전, 승부차기의 3가지 방법으로 승자를 결정한다.

어웨이 골

대회 규정은 양 팀이 홈 앤드 어웨이 방식으로 플레이를 한 경우, 합산한 득점이 두 번째 경기 후 같다면 상대 팀의 그라운드에서 얻은 득점은 두 배로 계산한다.

연장전

대회 규정은 각각 15분이 초과되지 않는 선에서 연장 전반과 후반을 규정할 수 있다. 규칙 8조의 조건이 적용될 것이다.

승부차기

절차

- 주심은 페널티킥을 시행할 골대를 선정한다.
- 주심은 동전 토스를 하고 이긴 팀의 주장이 첫 번째 또는 두 번째 킥을 할 것인지를 결정한다.
- 주심은 승부차기 상황을 모두 기록한다.
- 다음의 설명된 상황을 조건으로, 양 팀은 총 다섯 번의 킥을 한다.

- 양 팀은 교대로 킥을 시도한다.
- 양 팀이 다섯 번의 킥을 다하기 전에 이미 승패가 확실해 졌을 때는 나머지 킥을 시도할 필요가 없다.
- 양 팀이 다섯 번의 킥을 했는데 득점이 같거나 무득점일 경우, 각 팀에서 한 명씩 번갈아 가면서 같은 수의 킥을 시도하여, 한 팀이 다른 팀보다 더 많은 득점을 할 때까지 실시한다.
- 승부차기를 하고 있는 동안 부상으로 임무를 계속할 수 없는 골키퍼는 그의 팀이 대회 규정에 허용된 최대 수의 선수 교체를 다하지 않았다면 교체 선수와 교체될 수 있다.
- 앞에서 언급한 경우를 제외하고, 연장전을 포함하여 경기 종료까지 경기장에 있었던 선수들만 승부차기를 하도록 허용한다.
- 킥은 서로 다른 선수가 행하며, 모든 선수들이 전부 킥을 시도한 후에는 같은 선수가 재차 킥을 시도할 수 있다.
- 자격을 가진 선수는 승부차기 동안 자기 팀 골키퍼와 위치를 바꿀 수 있다.
- 승부차기에 참여하는 선수들과 심판만이 경기장에 머물 수 있도록 허용한다.
- 킥을 시도하는 키커와 두 골키퍼를 제외하고, 모든 선수들은 센터 서클 내에 있어야 한다.
- 키커의 팀 동료인 골키퍼는 경기장 안이나 킥이 진행되고 있는 페널티 에어리어 밖, 또는 페널티 에어리어 경계선과 만나는 골라인 위에 머물러야 한다.
- 승부차기를 행할 때 경기규칙과 관련 있는 것을 제외한 기

타사항은 국제축구평의회 결정사항을 적용한다.

승부차기의 실시

- 만일, 경기 종료 후 승부차기를 시작하기 전에 한 팀이 상대 팀보다 선수 수가 더 많다면, 그 팀의 선수 수와 같도록 선수 숫자를 줄여야 하며 그 팀의 주장이 제외된 각 선수의 번호와 이름을 주심에게 알려야 한다. 이렇게 제외된 선수는 승부차기에 참여할 수 없다.
- 승부차기 실시 전 주심은 양 팀에서 같은 숫자의 선수들만 센터 서클 내에 머물게 하며 이들이 승부차기에 참여한다.

절차

- 승부차기는 경기의 일부분이 아니다.
- 승부차기가 실시되고 있는 페널티 에어리어는 골 또는 경기장 표면이 사용될 수 없는 경우에만 바뀔 수 있다.
- 일단 자격이 있는 모든 선수가 승부차기를 실시했다면, 동일한 반복 진행은 첫 번째 킥의 순서처럼 따르지 않아도 된다.
- 각 팀은 경기 종료 시에 경기장에 있던 선수들 중에 선수를 선발하고 그들이 킥을 실시할 순서에 대한 책임이 있다.
- 부상을 입은 골키퍼가 아닌 선수는 승부차기를 실시하는 동안 교체될 수 없다.
- 골키퍼가 승부차기를 실시하는 동안 퇴장된다면 골키퍼는 경기를 마친 선수에 의해 바뀌어야 한다.

- 선수, 교체 선수 또는 교체된 선수는 승부차기를 실시하는 동안 경고 또는 퇴장될 수 있다.
- 한 팀이 승부차기를 실시하는 동안 7명 미만의 선수로 줄어든다 하더라도 주심은 경기를 중단시켜서는 안 된다.
- 선수가 승부차기를 실시하는 동안 부상을 입거나 또는 퇴장되어 그 팀의 선수 한 명이 적다면 주심은 상대 팀에서 킥을 실시하는 선수의 숫자를 줄이지 않아야 한다. 각 팀의 동일한 선수의 수는 승부차기를 시작할 때만 요구된다.

기술 지역

기술 지역은 다음의 설명처럼 경기장에서 플레이되는 경기와 관련된 팀 임원들과 교체 선수들을 위한 좌석이 지정된 지역이다.

기술 지역은 경기장마다 크기, 위치 등이 다를 수 있지만 다음의 사항들을 일반지침으로 제안한다.

- 기술 지역은 설치된 좌석 구역의 각 측면으로 1m 연장되고, 터치라인에서 1m 거리까지 앞쪽으로 확장된다.
- 이 지역을 구분하기 위한 표시가 사용되는 것이 권장된다.
- 기술 지역을 사용하기 위해 허용되는 인원의 수는 대회 규정에 의해 규정한다.
- 기술 지역의 팀 임원은 대회 규정에 따라 경기 시작 전에 신분을 확인한다.
- 한 번에 오직 한 사람만이 기술지역 내에서 전술적 지시를 전달하도록 허락한다.

- 코치, 기타 임원들은 물리치료사 또는 의사가 부상당한 선수를 평가하기 위해, 주심의 허락으로 경기장에 들어가는 특별한 상황을 제외하고는 기술 지역의 범위 내에 머물러야 한다.
- 기술 지역의 팀 임원들은 책임 있는 태도로 행동해야 한다.

대기심과 예비 부심

- 대기심은 대회 규정 하에 임명될 수 있으며, 만일 예비 부심이 임명되지 않은 상황에서 세 명의 심판 중 어느 한 명이 계속할 수 없다면, 심판 활동을 대신할 수 있다. 대기심은 항상 주심을 돕는다.
- 경기 시작 전, 조직 위원회는 주심이 경기를 진행할 수 없는 경우 대기심이 주심을 대신할지 또는 1부심이 주심을 대신하고 대기심이 부심의 임무를 대신할 지에 대해 명백하게 규정해야 한다.
- 대기심은 주심의 요청에 따라 경기 전, 중 그리고 후의 행정적 의무를 돕는다.
- 대기심은 경기 동안 선수 교체 절차를 도울 책임이 있다.
- 대기심은 교체 선수가 경기장에 들어가기 전에 교체 선수의 장비를 검사할 권한을 가지고 있다. 만일 교체 선수의 장비가 경기 규칙에 맞지 않다면, 대기심은 주심에게 알린다.
- 대기심은 필요시 볼의 교체를 관리한다. 만일 경기용 공이 경기 도중에 교체되어야 한다면, 대기심은 주심의 지시에

따라 다른 공을 제공하고 지연을 최소화한다.
- 대기심은 경기규칙에 의해 주심이 경기를 운영하는 과정을 돕는다. 물론 주심이 경기와 관련된 행위에 대한 모든 결정 권한을 갖는다.
- 경기 후, 대기심은 주심과 부심의 시야 밖에서 발생했던 불법 행위 또는 다른 사건에 대한 보고서를 해당 기관에 반드시 제출해야 한다. 대기심은 보고서를 작성하는 주심과 부심에게 반드시 조언을 해야 한다.
- 대기심은 기술 지역에 있는 팀임원에 의한 무책임한 행동을 주심에게 알릴 권한을 가지고 있다.
- 예비 부심은 대회 규정 하에 역시 임명될 수 있다. 예비 부심의 유일한 임무는 계속할 수 없는 부심을 대신하거나 또는 필요하다면 대기심을 대신하는 것이 되어야 한다.

추가 부심

추가 부심은 대회규정에 따라 배정할 수 있다.

추가 부심은 기용할 수 있는 가장 높은 수준의 활동 심판이어야 한다.

대회 규정은 주심이 임무수행을 계속할 수 없을 때의 진행 절차에 대해 명시해야 한다.
- 대기심이 주심 임무를 수행할 것인지
- 대기심이 추가부심이 되고, 선임 추가 부심이 주심 임무를 수행할 것인지

의무

추가 부심을 지정하는 경우, 추가 부심은 주심의 결정을 조건으로 다음을 나타내야 한다.
- 공 전체가 골라인으로 경기장을 넘어 갔을 때
- 어느 팀이 골킥 또는 코너킥을 할 권리가 있는지
- 불법행위 또는 어떤 상황이 주심의 시야 밖에서 발생했을 때
- 반칙이 발생하였을 때 추가 부심이 주심보다 더욱 좋은 시야에 있을 경우(특히 페널티에어리어 안에서)
- 페널티킥에서 골키퍼가 공이 킥이 되기 전 골라인을 벗어났는지, 공이 골라인을 완전히 넘었는지 여부

조력

추가 부심은 경기규칙에 의해 주심이 경기를 운영하는 과정을 돕는다. 그러나 주심은 경기에 관련된 행위에 대한 모든 결정 권한을 갖는다.

부당한 간섭이나 부적절한 행동의 경우 주심은 그의 임무에서 해임시킬 것이고 해당 기관에 보고서를 제출해야 한다.